中国都市商業銀行の
成立と経営

門 闖

日本経済評論社

目　　次

序　章　課題と方法 …………………………………………… 1

　　　Ⅰ　課題と対象　1
　　　Ⅱ　研究の方法と構成　9
　補足-1　先行研究の整理　14
　補足-2　データベースの構築　19

第1章　中国の金融発展と都市商業銀行 ………………… 25

　　　Ⅰ　はじめに　25
　　　Ⅱ　金融発展と銀行の創設　26
　　　Ⅲ　銀行業の市場構造と資金配分　37
　　　Ⅳ　おわりに　60

第1部　中国都市商業銀行の成立と経営

第2章　都市商業銀行前史
　　　　――都市信用社からの転換を中心に ……………… 67

　　　Ⅰ　はじめに　67
　　　Ⅱ　都市信用社の歴史と機能　70
　　　Ⅲ　都市信用社の設立と組織・運営　76

Ⅳ　都市商業銀行への転換——政府の役割を中心に　81

　　　Ⅴ　民間銀行の成立条件——保留社の事例　90

　　　Ⅵ　おわりに　95

補足-3　成都市匯通城市合作銀行の事例　98

第3章　都市商業銀行の所有と経営
　　　　——地方政府による所有を中心に ………………………… 103

　　　Ⅰ　はじめに　103

　　　Ⅱ　先行研究　105

　　　Ⅲ　商業銀行の株式化とガバナンス構造　108

　　　Ⅳ　都市商業銀行の実証データ　119

　　　Ⅴ　実証分析　126

　　　Ⅵ　おわりに　132

第4章　都市商業銀行の経営効率性 ……………………………… 137

　　　Ⅰ　はじめに　137

　　　Ⅱ　効率性の計測　139

　　　Ⅲ　データ　141

　　　Ⅳ　費用非効率性の計測　148

　　　Ⅴ　おわりに　158

第2部　浙江・湖北・四川三省の都市商業銀行

第5章　地域金融市場と都市商業銀行
　　　　――預金・貸出金の推移を中心として……………… 163

　Ⅰ　はじめに　163
　Ⅱ　都市商業銀行と所在地　164
　Ⅲ　地域金融市場の特徴比較　171
　Ⅳ　地域金融市場における都市商業銀行の位置づけ　179
　Ⅴ　おわりに　198

第6章　都市商業銀行の経営――経営者へのアンケート調査 …201

　Ⅰ　はじめに　201
　Ⅱ　都市商業銀行の経営者　202
　Ⅲ　経営者へのアンケート調査　210
　Ⅳ　おわりに　221

第7章　都市商業銀行における外資導入と経営システム
　　　　――寧波市商業銀行と南充市商業銀行の事例研究 ……225

　Ⅰ　はじめに　225
　Ⅱ　都市商業銀行における外資導入　227
　Ⅲ　経営状況の比較　234
　Ⅳ　経営システムの比較　243
　Ⅴ　おわりに　252

終　章　中国の金融発展と銀行経営 ………………………… 257
　　Ⅰ　地域金融からみた銀行経営　257
　　Ⅱ　さらなる課題　261

附　表　265
あとがき　273
参考文献　279
図表一覧　291
索　引　295

序　章

課題と方法

I　課題と対象

1．課題の設定

　本書の課題は、中国の都市部に数多く設立された都市商業銀行の成立過程と経営の実態を考察対象として、国有銀行によって支配されてきた中国の金融セクターにおいて、地域の金融が実体として成立しうるものなのか、そして成立しているとすれば、それがどのような仕組みで金融仲介機能を実現しているのか、さらにそれが地域経済のなかでどのような意味を持つのかを考察することにある。

　こうした課題を設定する理由は、以下の2点を重視することによる。ひとつは中国の金融発展を正確に把握するミクロ経済の視点であり、もうひとつは地域金融機関の成立と経営に関連する地域経済の視点である。この2点とも、近年の中国経済研究における潮流の変化と関係している。

　まず、近年の中国経済研究においては、ミクロの視点から中国の金融システムを理解することの重要性と必要性が高まっている。中国経済の高成長に伴い急速に発展したアメリカや日本等の先進国の中国経済研究では、現在その大半が中国経済は普通の市場経済になりつつあるとの認識で一致している（中兼［2002a］、Naughton［2006］）。これにより、研究の関心は、中国経済の高成長を支える諸要因および他の移行経済との移行パターンの相違を究明することから、中国経済が経済システムとしての経済合理性を備えているかどうかを解明

することへと移っていった[1]。つまり、中国式市場経済の可能性を探るものへとシフトしている。これを裏付ける現象のひとつは、中国経済研究の専門書においてかなり長期的に中国経済の発展経路を描くようになったことである[2]。また中国国内でも、中華民国期に関する歴史研究が盛んになり、中国経済の長期的特徴と歴史的経路に対する分析が行われるようになった[3]。

しかし、普通の市場経済といっても、標準的なモデルあるいは発展様式（パターン）が存在するとは必ずしも言えない。一国の歴史的初期条件の違いや、政治、経済的な制度や秩序、社会、文明的な規範や習慣などの相違から、多種多様な市場経済システムが存在すること自体は十分にありうることである[4]。経済を支える金融システムの多様性を理解する際にも、比較金融システム（comparative financial system）の見方が広がりつつある[5]。よく知られる英米の市場主導型（market-based system）と日本・ドイツの銀行主導型（bank-centered system）の金融システムについては、それぞれの資金配分の仕組みを分析し、経済成長を支える金融システムの機能と特徴を金融制度の進化に注目して分析した研究がある（Allen and Gale [2001]）。この分析では、両者の優劣判断ではなく、長期的進化の視点から、各自の金融制度にはどのような特徴があるか、そしてそれをベースとした資金配分がどのように経済成長に影響するか、といった点が比較されている。こうした観点から見ると、中国の高度経済成長を支える金融システム、とりわけ間接金融の担い手である銀行の資金配分にはどのような特徴と機能があるのだろうか。

多くの研究によって浮き彫りにされた中国の金融システムの特徴としては、資金配分における間接金融の優位、金融市場における国有銀行の寡占、行政介入による資金配分の非効率性などが挙げられる。多くの発展途上国と同様に、中国の資金配分には市場型の金融仲介が確立しておらず、銀行を中心とする間接金融が優位である。加えて国有銀行が圧倒的なシェアを持つため、金融セクター全体は、依然、政府のコントロール下に置かれている（Park and Sehrt [2001]、中兼 [2002b]）。これによって銀行部門に対する行政の介入は容易であり、銀行融資の際に政府が関与する事例も多く見受けられる。また政府を介

する国有銀行の融資案件は多くの場合予算制約がソフトになるため、企業は債務履行のインセンティブを持たず、不良債権が大量に発生している（門闖［2004, 2007a］）。

このような肥大しかつ非効率な中国の金融システムは、どのようにして中国経済の高成長を支えてきたのか。そのメカニズムを究明する必要がある。既存の研究は上述した中国金融システムの特徴を中心に資金配分のメカニズムを検討している。しかし、多くの研究が存在するにもかかわらず、こうしたメカニズムは解明されるどころか、さまざまな「不可解な現象」が発見されてきた。例えば、金融発展と経済成長の関連性については、マッキノンが指摘したように、中国の金融改革が実体経済に大きく遅れたにもかかわらず、実体経済が大きく成長するという「改革の順序」（order of economic liberalization）の謎が挙げられる（McKinnon［1993, 1994］）[6]。また銀行部門の融資などを詳細に分析した研究においては、中国金融システムには情報非対称性の低減や信用リスクの分散に対して機能するメカニズムが観察されず、市場メカニズム以外の人的ネットワークや「名声」（reputation）などが存在すると推測されている（Allen et al.［2005, 2008］）[7]。これに対し一部の研究は、金融制度および金融構造論のマクロ的な分析を行うなかで、個別の銀行がどのように市場環境と金融制度の変化に対応し資金配分を行っているのかが解明されていない点を指摘し、ミクロレベルでの分析の重要性を提起している（今井・渡邉［2006］）。

ところが、わずか4行で全国の金融資産の半数以上を保有する国有商業銀行[8]（2006年から5行）の存在は、ミクロレベルにおける銀行研究の実効性に疑問を投げ掛ける。全国的ネットワークを有するこの数行の国有銀行の経営および資金配分における変化を明らかにすることは、そう難しいことではない。ただそうした分析から得られる結論は、従来の考察と大きく異ならないであろう。とりわけ問題なのは、国有銀行の統計は各地の統計をまとめたものであり、より詳細な地域支店の統計を利用できない限り、マクロとミクロの間に生じる観察のズレを解消できない。この点を考慮すると、中国の金融システムに対する総合的な理解を得るには、やはり国有銀行以外の切り口から検討する必要が

ある。それゆえ本書は、1990年代以降中国の都市部に設立された都市商業銀行を対象に、ミクロレベルにおける銀行経営行動の変化を考察し、非国有金融機関の成立および発展の歴史を通じて金融システムの変容を明らかにすることを課題とする。

　第2点は、地域経済の視点の重要性である。これは、本書が研究対象として都市商業銀行を取り上げるがゆえに地域経済の視点を重視するということではなく、中国の経済成長の担い手とメカニズムをどう捉えるかという問題に関係している。これまで中国経済の発展様式は政府主導とされてきたが、政府主導の経済成長をめぐり、その優位性と問題点を論じるものが多く存在する。しかし同時に、経済発展の原動力は民間にあるという指摘があり、郷鎮企業や民営企業の発展を分析する研究も少なくない（Fei［1983］、IFC［2000］、Garnaut et al.［2001］、Lin and Zhu［2007］）。また中国の各産業における発展の特徴からも、経済成長はすべて政府の強権下で行われるものではないと指摘されている（田島ほか［2003］）。とくに改革開放後における中国経済の成長は、「下からの変革」によるものだったと捉える研究も少なくない（丸川［1999］、王京濱［2005］）。

　これは発展途上国の経済発展過程における「工業化」の担い手に関する議論に極めて似ている。AmsdenとWadeは、東アジアの経済発展、とりわけテイクオフの段階における政府の役割を強調している[9]。しかしこうした政府主導の工業化については、国有企業が中心となって経済発展を牽引してきたのか、それとも結果として国有部門が経済において主要な位置を占めるようになったのかという問題が存在する。この点に関して、アジアなどの経済発展を詳細に検討した研究によれば、AmsdenとWadeの主張する結果とは必ずしも一致せず、むしろ家族経営などのビジネスグループが経済成長に大きな役割を果たしたとされる（星野・末廣［2006］、末廣［2006］）。中国に関する研究でも、中小企業あるいは企業間のネットワークの役割が見直されている（関［2006］、今井・丁［2008］）。このような検討をさらに展開するには、分析の視点を地域レベルまで下ろさなければその実態が見えないであろう。

この点について、中国経済の特徴のひとつは、田島［1978, 1990a, 1991, 1995, 2003］によって明らかにされたようにその「属地性」にあり、経済発展がフルセットの傾向を持つ「域内」工業基盤に規定され、各地に「五小工業」と称する地方中小工業が存在する点にある。これらの地方中小工業の存在は、供給ネックを改善し経済発展に一定程度貢献している。かつての日本経済の産業化の過程においても、地域における産業勃興の重要性が実証されている（武田［2003］）。またこうした地域における産業勃興を可能にした要素として、はやくから地域金融機関が出現したことが指摘されている（石井［1999］）。この点を念頭におけば、全国規模で展開する国有銀行だけを対象とする分析では、産業発展、企業の成長と金融機関の間における関係を解明できず、地域経済の切り口から金融機関の活動を検討しなければならないことは明らかである。しかし、各産業について大量の研究蓄積があるにもかかわらず、金融部門について地域の視点に立った分析は管見の限り存在しない。こうした研究状況から、地域経済の構造と特徴を解明するためには、金融市場において国有銀行が支配的地位を占めるなかで地域金融は存在しうるのか、また存在しうるとしたらどのようなものなのかという点を詳細に検討しなければならない。

上述したように、本書は非国有と地域をキーワードに、中国の都市商業銀行を対象とし地域金融の視点から中国金融システムの構造と特徴を検討し、地域金融の可能性を探ることを課題としている。中国の都市商業銀行は、設立からまだ10数年を経たばかりであるが、そこにはどのような特徴があるだろうか。以下で簡単に示しておこう。

2．中国の都市商業銀行

本書で研究対象として取り上げる中国の都市商業銀行は、1995年から各都市で設立が進められ、2010年末では147行に達し[10]、所在都市を中心に銀行業を営んでいる。都市商業銀行の多くは、改革開放後に都市部に出現した都市信用組合（以下、都市信用社）の統合・合併などによって成立し、地方政府による資金増強や外部株主の受け入れなどを通じて経営が安定化し地域の金融機関に

成長しつつある。こうした都市商業銀行の金融機関としての特徴と機能について、その成立と発展の過程を概観しておこう。

まず挙げられる都市商業銀行の特徴は、その前身である都市信用社の出現が、政府の政策によって推進されたものではないという点である。最初の都市信用社は改革開放の起点となる中国共産党第11期3中全会から間もない1979年に河南省羅河に出現したとされる[11]。これはある意味で「自然発生」の産物で、地域経済における金融サービスの需要に応えて出現したものである。その後数年にわたって中国金融システムにおける都市信用社の法的地位や位置づけは明確にされず、1980年代初頭から政策不在のまま全国各地で都市信用社が設立された。

これらの都市信用社は、主に「国家銀行」（中国人民銀行＋国家専業銀行）に金融アクセスを持たない中小企業（集団所有制企業）や自営業者を顧客に預貯金と貸出業務を行ったため、経済改革を進めて間もない中国経済における金融業と民間経済の発展・促進に重要な役割を果たしたことは、はやい時期から認識されていた。1986年に「都市信用社管理暫定規定」によって都市信用社の地位が認められると、全国レベルで都市信用社設立ブームが起こった。わずか3年の間に2,000社を超える都市信用社が設立され、1988年には1985年（980社）の3倍強の3,265社に達した。またピーク時（1994年）には5,200社以上にも達した。

しかし、大量の都市信用社の設立は、必ずしも市場経済の発展に応じて行われたものではない。内部のずさんな管理による資金の流出や貸出の不良債権化が多くの都市信用社で顕在化し、中国の金融安定を脅かす存在となっていた。政府による都市信用社の整理は、1980年代末から90年代前半にかけて3回行われた。市場経済化という改革の方向性が確立した1994年以降は、都市信用社整理後の対応として、各都市の都市信用社を統合して都市商業銀行（設立当初、都市合作銀行）を新設する政策がとられた。1995年以降、都市商業銀行の設立は中心都市（省都）や経済が発達した都市をはじめ地方都市にまで及び、銀行業内部においても、国有商業銀行と株式商業銀行以外の資金配分ルートとして

重要視されつつある。

　都市商業銀行の第二の特徴は、銀行経営における地方政府の参加である。都市信用社から転換してきた都市商業銀行の経営を安定させるため、金融当局は地方政府（各市政府）に都市商業銀行への資本参加を求めた[12]。これによって、地方政府は都市商業銀行の株主となり、銀行の経営に関与するようになった。もっとも、国有商業銀行と株式商業銀行に比べ、預金金融機関における都市商業銀行の資産シェアは合わせて8％にすぎない（2010年末時点）。つまり、都市商業銀行単体の金融市場に与えるインパクトはそれほど大きくないのである。ただしここで問題になるのは、各地の都市商業銀行（都市信用社）の経営不振によって生じる信用不安や取り付けなどが、同地域の国有商業銀行支店を通じて全国に連鎖する恐れがある点である。広西チワン族自治区北海市で発生した都市信用社の取り付け騒ぎが同地域の中国工商銀行に連鎖したことがその一例である[13]。都市商業銀行への地方政府の資本参加は、まさにこの点を考慮した結果であった。

　こうして、都市信用社の多くは地方政府の出資を受け都市商業銀行に転換し、政府信用とリンクすることにより、経営の安定性を確保した。一方、経営がずさんな都市信用社を合併し成立した都市商業銀行は、設立当初から資本金不足や資産の不良債権化に直面していた[14]。これに対して、地方政府を中心に、ローカル企業などから都市商業銀行に対する資本増強が数回にわたって行われ、不良債権処理にあたっては都市商業銀行の自己努力を軸とするものの、一方では中国人民銀行が特別手形を発行した。この措置により、近年になって都市商業銀行の経営状況は好転している。中国銀行業監督管理委員会の年報によれば、2010年末時点で都市商業銀行（147行）の自己資本比率の平均はBIS規制（8％）に達し、不良債権比率が1％を割るなど財務指標が大きく改善した[15]。

　地方政府の資金注入や不良債権の処理を通じて都市商業銀行の経営は改善された。しかし一方で、地方政府を株主とする都市商業銀行の経営が自立した銀行経営体制や資産運用システムを確立できているのかという点には疑問が残る。都市商業銀行の所有と経営の問題は、都市信用社の時期よりも複雑になったと

言える。長期的に見れば、都市商業銀行の所有と経営の関係を正常化しない限り、再び経営の安定性に関する問題が発生する可能性がある。この点について、政策論の観点から都市商業銀行の所有と経営における地方政府の役割と限界を厳密に検証することは、中国の金融システム改革にとって重要な意味を持つものと考えられる。さらにWTO加盟（2001年）で承諾された国内金融市場の開放が中国金融業における競争を激化したことが予想され、経営の健全性と効率性の観点からも都市商業銀行のような中小金融機関の経営リスクや問題点を再検討する必要がある。

経営が改善しつつある各地の都市商業銀行は、外資の導入や都市商業銀行間の経営統合を行って経営の安定化と健全化を図っている。とりわけ規模の拡大に力を入れており、安徽省、江蘇省、吉林省、陝西省、黒龍江省、湖南省、湖北省の都市商業銀行は、省内での銀行統合などを通じて徽商銀行（2005年）、江蘇銀行（2007年）、吉林銀行（2007年）、長安銀行（2009年）、龍江銀行（2009年）、華融湘江銀行（2010年）、湖北銀行（2011年）を誕生させた。これによって、これらの銀行は規模が急速に拡大し、国有商業銀行の地域支店に匹敵するまでに成長してきた。しかしその一方で、都市商業銀行の前身である都市信用社は、規模が小さいとはいえ、国有商業銀行や株式商業銀行にとって融資コストの高い顧客（中小企業や自営業者など）を中心に中小企業向け金融機関として金融仲介機能や資金配分の役割を果たしていた。それゆえ、都市商業銀行がその規模拡大により地域金融市場における影響力を拡大していくにつれて、中小企業融資という従来の特色を失いつつあることが懸念されている。このように、地域金融の担い手であった都市商業銀行が、今後地域金融市場においていかなる役割を果たすべきか、いわゆる銀行制度改革の方向性が問われている。

それゆえ、都市商業銀行を考察対象とする本書は、まず「自然発生」的に生まれた都市信用社が都市商業銀行へと転換していく歴史的過程を考察し、地方政府の関与の下にある都市商業銀行の所有と経営の関係を中心に銀行の経営を検討し、地域経済と地域金融市場を分析の軸として都市商業銀行の経営実態を明らかにすることを課題としている。なお、より詳細な研究史の整理について

は本章補足-1において行っており、そちらを参照されたい。

II 研究の方法と構成

1．研究方法と用語

　本書が明らかにしたいのは、中国の銀行システムにおいて地域発の金融機関と位置づけられる都市商業銀行がどのような歴史の過程を経て成立したのか、そして成立後の都市商業銀行がどのようなメカニズムで経営を行っているのか、地域金融の担い手としてその経営が効率的なものになっているのか、などの点である。それゆえ、本書の研究方法は、経済学の一般的な実証方法のほかに、歴史的分析の方法を加える必要がある。

　具体的に、実証分析にあたっては、定性的分析手法と定量的分析手法を採用する。定性的分析手法では、帰納法と個別事例の分析を用いて、一般的な傾向と特殊事例の特徴を論じる。定量的分析手法は、基本的に計量経済学の実証手法に従って、公式の統計と自ら構築したデータベース（本章補足-2を参照）を用いて相関関係などを実証する。またそれに加えて、都市商業銀行の成立過程も検討の範囲にあるため、歴史事実の確認や歴史時期の区分も重視して検討・分析にあたる。

　本書の対象期間は、都市商業銀行の設立が始まった1995年から2006年の12年間である。1995年に「中国人民銀行法」や「中国商業銀行法」などの金融法が整備され、金融システムの市場経済への移行は本格化した。その後、国有商業銀行の不良債権処理や金融行政の再構成などが行われ、銀行部門の行政への依存度が減り、2006年に国有商業銀行の中国銀行や中国工商銀行までが次々と株式化し資本市場への上場を果たした。市場経済化を目指す中国銀行システムの移行過程はここで一区切りついたと言えよう。本書はこの時期における都市商業銀行の成立と経営を対象として、前述した課題を明らかにしていく。

　本書ではできるだけ銀行の呼称を統一するように努める。というのは、都市

商業銀行は1995-97年（都市合作銀行）と1998年以降（都市商業銀行）でその呼び名が変化しているのであるが、本文ではことわりがない限り一貫して都市商業銀行と称する。同様に国有商業銀行についても、時期によって国家銀行とも国家専業銀行（1995年以前）とも呼ばれており、「中国商業銀行法」の成立に伴って国有商業銀行と称された。国有商業銀行の株式化と上場によって、国有商業銀行と国有の株式商業銀行の間に厳密な区別がなくなり、資産規模を基準に国有商業銀行の4行と交通銀行を合わせて五大銀行と称する新聞記事や研究論文も多く見られるようになった。また銀行行政を担う中国銀行業監督管理委員会の統計でも交通銀行を国有商業銀行として計上していることから、国有商業銀行の定義と範囲は時期によって異なるものであることがわかる。本書では、「工農中建」（中国工商銀行、中国農業銀行、中国銀行、中国建設銀行）の4行を国有商業銀行として称する[16]。

また本書では極力「政府」や「金融当局」等といった内容不明の用語の使用を避けることにする。一般には政府とは金融行政を含まない各級の行政府のことを指すが、中央と地方を区別して中央政府と地方政府のように表示する。金融当局については注釈がない限り、「中国人民銀行」のことを意味する。中国人民銀行に触れる記述ではできるだけ具体的な部署を明記し、中国人民銀行の支店を「地方人民銀行」と称する。また中国の場合は、省以下を地方と称することが多いが、具体的な行政区分を区別するには省レベルと市レベルなどの用語を用いる。また、都市部という用語は、農村部の対照語として省－市－県の三級行政における市を指すだけでなく、主に農村部に位置づけされた県の市街地も含む意味合いで使われる[17]。

本書においては「金融幹部」という用語が頻繁に使われる[18]。金融幹部とは、1980年代までの中国人民銀行・国有商業銀行の経営陣を含む一定ランク以上の行員を総称するもので、公務員に準ずる身分を持っていた。都市商業銀行の経営者は、ほぼ人民銀行・国有商業銀行の出身であるため、本書では、都市商業銀行の経営者を金融幹部と見なして、その役割と機能を分析する。

2．本書の構成

本書は、中国の都市商業銀行を対象にミクロレベルにおける金融機関の成立過程と経営システムの構築を実証的に検討する。具体的には以下のような構成である。第1章では中国の銀行システムにおける都市商業銀行の位置づけを、公式のマクロ統計を用いて明らかにする。第2章から第4章までの第1部では、都市商業銀行の成立と経営をテーマに、筆者が独自に収集作成した都市商業銀行のデータベースを用いて、都市商業銀行の成立過程や所有と経営および経営の効率性について考察する。第5章から第7章までの第2部では、浙江省、湖北省、四川省の都市商業銀行を取り上げ、地域金融市場における都市商業銀行の特徴や、経営システムの構築および外資の導入について事例的に検討する。

各章の内容に触れると、第1章では、公式のマクロ統計を用いて中国銀行システムにおける都市商業銀行の位置づけを明らかにし、その歴史過程の分析に加え、市場構造と銀行の組織構造の両面から検討を行う。また、市場構造の側面から銀行業における都市商業銀行の預金と貸出金の特徴を検討し、都市商業銀行の位置づけと役割を明らかにする。そして金融市場における地域分断を実証し、そうした市場構造に依存する銀行の組織構造を検証する。

第2章では、都市商業銀行の成立過程を、その前身である都市信用社の発展史から検討し明らかにする。まず、都市商業銀行に転換した都市信用社の実態を検討し、都市信用社の類型を分析する。そして類型化した2タイプの都市信用社について、それぞれ都市商業銀行に転換する過程と経営構造の仕組みを詳細に分析し、都市信用社の歴史的役割を検証する。こうした作業によって、中国における地域金融機関の成長過程に見られる政府と金融機関の間に存在した複雑な関係を明らかにし、都市商業銀行の成立とその経営実態を解明する重要な手掛かりを提示する。

第3章では、先行研究である門闖［2008］とFerri［2009］において提出された地方政府の関与は銀行の経営にどのような影響を及ぼしているかという課題に対して、定量的な検証を行う。行政主体と株主という二重の姿を持つ地方

政府は、国有企業の民営化の場合とは異なり、増資や役員の派遣などを通じて都市商業銀行に対するコントロールを強化している。本章では、このコントロールの強化が銀行の経営にどのような影響を与えているか、そして都市商業銀行の支配的な株主である地方政府にどのような行動が見られるか、といった所有と経営の問題について定量的な分析を試みる。

第4章では、都市商業銀行の経営構造と経営効率性について計量分析を試みる。確率的フロンティア費用関数を用いて銀行の費用非効率性を計測する。そのなかで、一都市内に営業範囲を限定する都市商業銀行の経営には規模と範囲の経済性があるのかを検証する。またこうした検証を通じて、政策上のインプリケーションとして中国の銀行部門改革に重要な政策判断材料を提供する。近年、都市商業銀行間における統合・合併の動きが出始めた。しかし、都市商業銀行の経営には規模の経済性が存在するだろうか。この点については銀行の経営効率性の推計を通じて検討することが極めて重要である。

第5章からの第2部では、浙江省、湖北省、四川省の都市商業銀行の事例を用いて、地域金融市場における都市商業銀行の経営実態を明らかにする。まず第5章では、地域金融市場における都市商業銀行の預金・貸出金シェアの推移を通じて、地域金融市場の特徴と都市商業銀行の位置づけを明らかにする。第1章で論じた金融市場の地域的分断については、立地条件や貸出金利の分析を通じてそれを具体的に検討する。そしてこうした検討を踏まえて、都市商業銀行の規模拡大と銀行経営業績の関連性を分析し、地域金融機関成立のメカニズムを明らかにする。

第6章では、都市商業銀行の経営者へのアンケート調査を通じて、経営者の具体像と経営の具体的な手法を明らかにする。とりわけ、これまでの研究では全くタッチできなかった都市商業銀行の融資行動やリスクマネジメントおよび人事管理などを分析する。そして、銀行の年報などから得られる情報を用いて銀行経営者の交替パターンを分析し、都市商業銀行経営の地域性を明らかにする。

第7章では、省都以外の都市に立地する都市商業銀行でありながら外資を導

入した寧波市商業銀行と南充市商業銀行の事例を取り上げ、外資導入を進める要因と外資導入の効果を考察する。既存の外資導入に関する研究では、複数の外資導入地域の間に存在している経済格差を十分意識せずにその要因と効果を検討している。しかし例えば、北京、上海などの大都市と地方都市では、外資導入の要因と効果に相違があることが予想される。本章ではその問題点を指摘した上で、外資導入の前後における財務構造とガバナンス構造の変化を比較して都市商業銀行における外資導入の要因と効果を検討する。

　終章では、各章での議論を総括し、本書の意義および限界を述べる。

補足-1 先行研究の整理

　中国の都市商業銀行については、いくつかの個別の銀行を対象とした事例研究以外、管見の限りでは専門的研究は存在しない[19]。このため、都市商業銀行のみに限定して先行研究の流れを整理し論点を提示するということは不可能であり、金融システム全体の構造的特徴など初歩的な分析から始め、システム全体の観点から都市商業銀行を位置づけていく必要がある。それゆえ、以下の先行研究の整理では、金融発展と経済成長の視点から研究史の流れを見ていく。

　金融機関に求められる究極的な役割は資金黒字主体（家計）から資金赤字主体（企業）への資金配分を円滑化させる金融仲介機能にある[20]。とくに LLSV（La Porta, Lopez-de-Silanes, Shleifer and Vishny [1997, 1998]）以降、金融自体の発展が経済成長を促進する効果があると考えられており、いかに効率よく経済成長に必要な資金を配分できる金融システムを設計するかは、政策上の重要課題となっている。中国国内を中心とする数々の先行研究は、こうした金融仲介の観点に基づき、銀行の資金供給と企業の資金調達の両面から中国の金融システムの資金配分を分析している[21]。

　改革開放以後の中国の金融は財政から独立し、モノバンク（中国人民銀行）から専業銀行を中心とした間接金融による資金配分システムへの転換を行った。早期の研究は、金融構造理論の観点から、貨幣供給の拡大と金融資産の多様化によってもたらされた中国経済の金融深化を分析した（謝平 [1992, 1998]、Yi [1994]、易綱 [1996]）。こうした投資と貯蓄主体の分離は、金融仲介機能の回復によって、中国経済の資本蓄積不足を解消することに貢献したと言える。しかし、金融機関（銀行）は金融深化に伴って自動的に機能的な金融仲介を行うことができるようになるというわけではない。金融部門が成長を達成できるような資本蓄積のメカニズムを講じなければならない。この点については、1960-70年代に形成された金融構造理論から発展した金融発展理論の影響が大きい[22]。中国の場合、政府主導の工業化において、行政介入を通じて銀行の資金配分を

コントロールする「金融抑圧」（financial repression）の側面が多く見られる一方で、政府の金融政策は自由化と市場化を通じて金融機関の経営効率を高めることを行わず、さまざまな規制政策を用いて銀行を保護してきた。

しかし、つくり出された「金融抑制」（financial restraint）の状況は金融機関に帰すべきレントをもたらさなかった。とくに政府の保護下にある国有銀行には収益を上げるインセンティブが働かず、逆に実質金利の低下によってフランチャイズ・バリューが毀損される状態にあった（渡邉［2006a］）。こうして投資インセンティブを失った国有銀行は金融仲介機能を果たさなかった。一方、民間経済の急成長や金融機関の急拡大は、経済主体間の金融取引を広げ、金融発展理論が想定しない形で金融仲介機能を定着させた。

金融発展理論は、市場メカニズムを機能させるのに価格シナリオ（金利など）における政府の調整機能を中心に検討しているが、中国では政府の規制政策だけでは金融構造や金利規制の経済的機能を実現しえなかったのである。これに対し Lardy［1998］、Park and Sehrt［2001］、Cull and Xu［2000, 2003］など中国金融を専門とした研究では、中国の特殊性に注目し、中央政府の規制政策に反発する各級政府（地方政府）のインセンティブが銀行の金融仲介機能を高めた可能性を示唆した。周立［2003］は金融市場の地域分断という視点に立ち資本蓄積における地域の格差を考察した。都市信用社（都市商業銀行の前身）は、まさに域内の金融需要に応じて出現したものである（金建棟［1992, 1993］）。

金融構造の変化を中心に分析してきた金融発展理論の応用研究では、金融構造を規定する金融制度や組織構造に対する分析が欠けてきた。組織制度をめぐる研究では、中国の金融改革を担当してきたいわゆる金融エキスパートたちが金融改革における重大事項や政策決定などを中心に金融制度と組織を分析している（劉鴻儒［2000］、夏斌［2000］）[23]。これらと同様に改革開放の金融発展を通史的に検討した研究には盧漢川・王福珍［1990］、張亦春［1994］、戴相竜・桂世庸［1997］、尚明［2000］などがある。これらの研究は、都市信用社と都市商業銀行を国有銀行の補完物として政策的に発展してきた金融組織だと見なしているが、こうした点は都市商業銀行を正確に位置づけているとは言い難い。

前述した金融市場の地域分断を考えれば、都市商業銀行の事例に即して銀行業の市場構造と銀行金融仲介機能の確立過程を再検討する必要がある。

一方、金融制度の進化について、法と金融の観点から中国の金融発展と経済成長の関連性を検討した研究がある（盧峰・姚洋［2004］、Allen et al.［2005, 2008］）。しかし、これらの研究は法律などの基本制度と金融システムの機能的側面における連関性を見出せなかった。Allen et al.［2005, 2008］は非効率的な資金配分を行い続ける中国の金融システムには、法整備の遅れの代わりに人的ネットワークや名声などによる履行メカニズムが存在すると推測している。そして、多くの研究は、民間経済に焦点を当て、民間金融などにおいてこうした法以外の代替要素が存在することを強調した（計聡［2006］、陳玉雄［2010］）。しかし、中国の民間金融はその規模の小ささからして銀行に取って代わるような機能を果たしているとは考えにくい[24]。政府の関与を中心に銀行資金配分の機能的側面と制度進化の特徴を考察することは、依然として重要である（李揚［2008］）。

中国における銀行の金融仲介機能は、理論モデルで想定される市場とは異なる構造のなか、各級政府の関与の下で確立してきた。視点を資金運用の側面に転じれば、銀行－企業間の取引関係を考察しなければならない。企業の資金調達方法に現れた大きな変化（撥改貸）に伴い、企業の資金調達と運用などをめぐる企業のガバナンス問題が突出した（中国人民銀行政策研究室［1995］）。そこでは国有企業の融資案件を監視する機能は、国有銀行ではなく、政府によって行われていた。国有銀行は、市場経済に見られる私的情報による債務履行のメカニズムを構築できず、逆に「ソフトな予算制約」の下で貸出資産の不良債権化が深刻さを増していた（渡邉［2000］、Watanabe［2000］、門闖［2004］）。

ただし、国有企業を中心に企業の資金調達を分析した研究でも、経済改革下の企業の自主権拡大に伴う自発的な経済的行動に注目し、変革の方向性は一方通行のものではなく双方向的かつ「市場容認的」に展開してきたことが示唆されている（王京濱［2005］）。これと同様に、無制限の政府介入では銀行自身が金融仲介機能を果たせず、銀行経営を健全化するシステムは確立できない。数

多くの民間銀行が存在する中国では、銀行業務を行う際には、内部の組織構造がどのように構成されているか、またそれは銀行の融資行動および金融活動にどのような影響を及ぼしているかを明らかにする必要がある。近年、商業銀行の上場に伴って銀行組織構造を重点的に分析する研究が多くなってきた（蔡顎生ほか［2003］）。しかし、このような研究はコーポレート・ガバナンスの視点から国際比較を通じて銀行ガバナンスにおける中国の問題点を究明することを目的としているため、中国の特殊性などを論じていない。とくに地域性の強い経済構造において、都市商業銀行のような地域金融機関を捨象したことによって、ミクロレベルにおける銀行の内部構造や融資活動の全容を明らかにできていない。

以上の先行研究の整理を通じて浮き彫りとなった重要な点は、以下の2つである。ひとつは、金融市場の地域分断的状況から銀行業の市場構造を再考すること、もうひとつは、銀行内部の組織分析としてそのガバナンス構造を解明することである。一見すると、この2つの論点はそれぞれマクロとミクロの側面に立つものであるが、以下で詳細に検討するように、いずれの論点も複合的な視点なしには明らかにできないことがわかる。

中国の場合は、市場集中度が高いとはいえ、国有銀行の寡占は歴史や制度の問題による非自然寡占である。日本の場合、ほかの産業と同様に、経済の発展につれ金融業が国民経済に大きなウェイトを占めるようになったことと銀行合併によるメガバンク化によって、銀行業における規模の経済性が認識されるようになった（西川［1973］）。モノバンクの解体から発展してきた中国の銀行業は産業集中度が年々下がっており、正確に銀行業の特徴をみるには金融市場の地域分断を検討しなければならない。すなわち、金融市場の地域分断を前提にして初めて、銀行の資金配分と経営の効率性を正確に把握することができるのである。

この場合、域内の資金循環において、都市商業銀行のような地域金融機関の出現が市場競争度の向上や資金配分の効率化をもたらしているのか、さらにその効果が地域経済の発展に貢献しているかという点が重要な論点になるだろう。

この点は銀行ガバナンスの重要性を認識する上でも重要な意味を持つ。中国の場合は、Qian and Xu［1993a, 1993b］が指摘した M-Form（multidivisional-form）のように、地方政府が相対的に高い権限を持つ経済構造において、地方政府の関与下の銀行のガバナンスを論じなければならない。すでに論じられているように、日本でも地域金融にはリレーションシップ・バンキングが存在する。このリレーションシップ・バンキングは、地域経済を担う中小企業などとの長期取引を通じて融資と銀行経営の安定化、さらには地域振興をもたらすと考えられる（村本［2005］、筒井・植村［2007］）。中国の都市商業銀行にも地域経済との大きなつながりがあることを想定すれば、地方政府との関連を考察することは重要である。一般的に地方政府は直接に銀行の融資行動に関与することにより、銀行のガバナンスに影響を持つケースが多く見られる。その場合、地方政府の関与下にある銀行のガバナンスは、地域経済とのつながりにどのような影響を与えているか、そして経営業績に良い影響を与えているかどうかという点は、重要な論点になるだろう。

補足-2　データベースの構築

　本書では、『中国金融統計』や『中国金融年鑑』といった公式統計を用いた一方で、各都市商業銀行の年報や調査資料などを収集整理して構築した都市商業銀行のデータベースを利用した。ほとんどの都市商業銀行は上場していないため、年報を公開する義務は課されていない。しかし2003年の銀行業監督管理委員会の設立以降、銀行の情報公開が進められ、都市商業銀行でも中国人民銀行管轄下の新聞『金融時報』や地方の主要紙で年次情報を公開する銀行が多くなっている[25]。本書が用いた各都市商業銀行の年報は主に『金融時報』やローカル主要紙で公開された都市商業銀行年報の新聞掲載バージョンであり、2004-06年の年報を中心に山東や浙江などの21省（自治区）および4直轄市の都市商業銀行78行についての関連情報を整理してデータベースを構築した。2006年における都市商業銀行の総数が120行前後であることを考えれば、データベースは全都市商業銀行の6割強をカバーしていることになる。

　構築したデータベースの地域的特徴（表補-1）をみると、東部地域が最も多く40行が年報を公表している。東部のなかでも浙江省と山東省が11行で最も多い。ここで特筆すべきは、浙江省においては、都市商業銀行が地区級市のみならず県級市である義烏市や温嶺市にも設立された点である[26]。続いて中部地域では21行が年報を公表しており、湖北省と河南省が比較的多く、それぞれ5行と4行である。西部地域で年報を公開したのは17行であるが、そのうち四川省1省で8行を占めている。

　こうした資料から主に必要な財務情報を整理し、都市商業銀行のデータベースを構築した。ただし資料統計の未整備もあり、必ずしもすべての情報が入手できるわけではない。そこで、1995年まで遡って可能な限りサンプル（表補-2）を多く積み上げることとし、最終的にサンプルの総数は382に達した。2000年まではサンプル数が少ないが、2000年以降は情報が得られる銀行の数が増え、2003年で50行、2006年には78行のサンプルを得た。

表補-1　都市商業銀行データベースの地域分布

東部	銀行数	中部	銀行数	西部	銀行数
直轄市	3	黒龍江省	3	直轄市	1
遼寧省	3	湖北省	5	四川省	8
河北省	4	湖南省	3	陝西省	1
山東省	11	河南省	4	雲南省	1
江蘇省	2	安徽省	1	貴州省	1
浙江省	11	江西省	3	広西自治区	3
福建省	3	山西省	2	寧夏自治区	1
広東省	3			甘粛省	1
計	40	計	21	計	17

表補-2　都市商業銀行データベースのサンプル数と設立時期

年	銀行数(設立年)	サンプル数	東部	中部	西部
1995	1	1	1	0	0
1996	13	3	3	0	0
1997	28	5	5	0	0
1998	10	6	6	0	0
1999	4	8	7	0	1
2000	3	27	15	5	7
2001	5	31	17	5	9
2002	1	37	20	7	10
2003	1	50	24	12	14
2004	1	66	33	17	16
2005	4	70	36	18	16
2006	7	78	40	21	17
計	78	382	207	85	90

注：江蘇銀行は2007年に開業した銀行であるが、便宜上、2006年に計上する。

データベース構築に際しては、銀行年報以外にも、都市商業銀行に関する調査報告書などを利用した。これらを組み合わせることで、浙江省、湖北省、四川省の都市商業銀行20行については2000年から2006年までのすべての情報を収集することができた[27]。すでに述べたように、資料制約のため1999年以前の銀行の設立期に関するサンプル数は少ないが、本書では、2000年以降の銀行の成長期を主な分析対象としている。

都市商業銀行データベースの構築に際して整理した各銀行の情報は、主に次の4つの部分から構成される。それらは、①銀行の資産や預金・貸出金、純利益などの基本財務情報、②自己資本や不良債権、貸付の各産業割合などの資産運用情報、③銀行の株式構成や上位10位株主構成などの所有構造情報、④銀行の取締役会と監査役の構成を含むガバナンス情報である。2000年以前の年報には、もっぱら①基本財務情報のみが掲載されている。②資産運用情報については、2000年から掲載されるようになり、③所有構造情報と④ガバナンス情報については、2003年から掲載されている。

表補-3　都市商業銀行データベースの収録銀行一覧

	所在省	銀行名	設立年		所在省	銀行名	設立年
1	直轄市	北京銀行	1996	40		東莞市商業銀行	1999
2		上海銀行	1996	41		湛江市商業銀行	1997
3		天津市商業銀行	1996	42	黒龍江省	哈爾濱市商業銀行	1997
4		重慶市商業銀行	1996	43		大慶市商業銀行	2000
5	遼寧省	営口市商業銀行	1997	44		牡丹江市商業銀行	2006
6		錦州市商業銀行	1997	45	山西省	大同市商業銀行	2001
7		大連市商業銀行	1998	46		晋城市商業銀行	2005
8	河北省	石家荘市商業銀行	1996	47	湖北省	武漢市商業銀行	1997
9		滄州市商業銀行	1998	48		荊州市商業銀行	1997
10		唐山市商業銀行	1998	49		黄石市商業銀行	1997
11		承徳市商業銀行	2006	50		宜昌市商業銀行	1998
12	山東省	済南市商業銀行	1996	51		孝感市商業銀行	1999
13		青島市商業銀行	1996	52	湖南省	長沙市商業銀行	1997
14		煙台市商業銀行	1997	53		湘潭市商業銀行	1997
15		淄博市商業銀行	1997	54		衡陽市商業銀行	2003
16		威海市商業銀行	1997	55	河南省	鄭州市商業銀行	1996
17		臨沂市商業銀行	1998	56		洛陽市商業銀行	1997
18		日照市商業銀行	2001	57		新郷市商業銀行	1997
19		徳州市商業銀行	2004	58		焦作市商業銀行	1999
20		東営市商業銀行	2005	59	安徽省	徽商銀行	2005
21		莱蕪市商業銀行	2005	60	江西省	南昌市商業銀行	1997
22		済寧市商業銀行	2006	61		九江市商業銀行	2000
23	江蘇省	南京市商業銀行	1996	62		贛州市商業銀行	2001
24		江蘇銀行	2007	63	四川省	成都市商業銀行	1997
25	浙江省	杭州市商業銀行	1996	64		攀枝花市商業銀行	1997
26		湖州市商業銀行	1998	65		徳陽市商業銀行	1998
27		嘉興市商業銀行	1998	66		楽山市商業銀行	1997
28		金華市商業銀行	1998	67		瀘州市商業銀行	1997
29		寧波市商業銀行	1997	68		綿陽市商業銀行	2000
30		紹興市商業銀行	1997	69		南充市商業銀行	2001
31		台州市商業銀行	2002	70		自貢市商業銀行	2001
32		温州市商業銀行	1999	71	陝西省	西安市商業銀行	1997
33		浙江民泰商業銀行	2006	72	雲南省	昆明市商業銀行	1996
34		浙江泰隆商業銀行	2006	73	貴州省	貴陽市商業銀行	1997
35		浙江稠州商業銀行	2006	74	広西自治区	南寧市商業銀行	1997
36	福建省	福州市商業銀行	1996	75		桂林市商業銀行	1997
37		厦門市商業銀行	1996	76		柳州市商業銀行	1997
38		泉州市商業銀行	1997	77	寧夏自治区	銀川市商業銀行	1998
39	広東省	深圳市商業銀行	1995	78	甘粛省	蘭州市商業銀行	1997

注：省内の都市商業銀行を統合して成立した江蘇銀行と徽商銀行は、地方銀行の性格が強いものの、一般には、都市商業銀行と見なされる。

都市商業銀行データベースの収録銀行一覧については、表補-3に整理した。なお、現在では多くの銀行の名称が変更されており、便宜上、2006年末時点の名称（以下同）に従って銀行名を明記した。

注
1) よく知られているのは「ビッグバン」対「漸進的アプローチ」であり、これらを取り扱う移行経済学の専門書には Roland [2000] がある。
2) 例えば、Chow [2002] では、秦代からの中国経済の発展パターンを概観した。Naughton [2006] では、宋代・明代の農業・商業の特徴を取り扱った。
3) 近年における中華民国史研究については朱蔭貴・戴鞍鋼 [2006] を参照されたい。より長期的に各産業の発展を考察する専門書としては田島 [2005, 2008]、田島ほか [2010] が挙げられ、それぞれ化学工業、電力産業とセメント産業を取り扱っている。
4) 市場経済の多様性、あるいは異なる制度の存在可能性については青木・奥野 [1996]、Aoki [2001] を参照されたい。これらの研究は、「比較制度分析」という分析ツールを用い、諸制度間における相互的補完性を中心に議論している。
5) 金融システムの国際比較は古くから行われてきた分野であり、アメリカ、イギリス、ドイツ、フランスと日本の金融システムを検討する研究書に高木ほか [1999] などがある。
6) 金融発展と経済成長については、のちに金融抑制や金融抑圧を中心に議論が展開された。
7) これについて、民間金融を用いて議論を展開する計聡 [2006] などの研究がある。
8) 一般には、中国工商銀行、中国農業銀行、中国銀行と中国建設銀行の4行を指す。2006年から交通銀行が加えられ、5行となった。
9) Amsden [1989]、Wade [1992] を参照。
10) 『中国銀行業監督管理委員会2010年報』p. 144。
11) 金建棟 [1993]、p. 3。
12) 上海市城市合作銀行籌備領導小組弁公室編 [1996]、pp. 22-37。
13) 謝海波 [2002] を参照されたい。また潘修平 [2005] は1990年代の銀行取り付け案件を整理している。
14) 中国金融網の記事は、1998年までに成立した90行の都市商業銀行のうち3分の2は自己資本比率が5％以下で、48行は不良債権比率が2割を超える（2002年時点）と記している。(http://citybank.zgjrw.com/2008年2月7日参照)

15) 『中国銀行業監督管理委員会2010年報』p. 24、p. 140。
16) 中国建設銀行は「中国人民建設銀行」から改名した。
17) 中国の行政区分は、省－地（市）－県－郷という4層のピラミッド型構造から構成されている。都市部と農村部の区分は、行政区分ほど明確ではない。省都や地区級市（地区レベルの都市）は明らかに都市部であるが、農村地域に位置する県級市（県レベルの都市）、県城も都市部とすることが多い。
18) 計画経済には専門の労働市場が存在しないため、産業別に専門的な人材を育成する教育機関が存在した。こうした機関を卒業した人材は専門的な知識をもち特定の産業に就職して幹部になる。金融幹部の多くは財政金融専門大学の出身である。
19) 上海銀行、長沙市商業銀行と徽商銀行のケーススタディを紹介する傳建華［2005］、向力力［2006］、楊家才［2008］がある。
20) ここでの金融仲介機能とは、単なる貸し手と借り手の資金仲介を意味するのではなく、投資案件の履行を確実にするためのモニターやリスク負担、情報生産なども含まれる。
21) 先行研究整理にあたって、重要な研究書籍と論文以外に、電子ジャーナルを利用し、重要な論文、引用率の高い論文を整理した。英文ジャーナルはJESTOR、中国語論文はCNKIを検索した。なお日本語の論文（「CiNii論文情報ナビゲータ」）を検索したが、産業研究と比べ金融研究は極めて少ない。
22) Goldsmith［1969］の金融構造理論をはじめ、McKinnon［1973］とShaw［1973］は、発展途上国が行った資本不足を補うための「強貯蓄」政策などによって金融の発展が抑圧されることを指摘し、これを克服するための金融自由化の発展戦略を提示した。これに対して、Helleman, Murdock and Stiglitz［1996, 1998］は産業育成の観点から、金融市場に対する政府の介入によって、銀行にレントもしくはレントの機会を与え、銀行業の発展を通じて資金配分における銀行の金融仲介機能を強化する方策を提示した。
23) これらの研究は『経済研究』、『金融研究』、『財貿経済』等の有名雑誌に掲載された論文を編集し本として出されることが多い。なお劉鴻儒は中国人民銀行の副総裁経験者である。
24) 民間経済、民間金融の成長については、Tsai［2002］、Li and Hsu［2009］を参照されたい。
25) 銀行業管理監督委員会は2004年から32の都市商業銀行を選定して2003年の経営情報を公開させた。しかし、銀行のディスクロージャーは予想より進まず、2005年に銀行業監督管理委員会は新たに35行を追加し、2008年までの情報公開を義務化した（『東方早報』2005年3月24日）。

26) 杭州市、昭興市、金華市（義烏市）、湖州市、嘉興市、温州市、台州市（温嶺市）の7つの地級都市に設立された。
27) 中国で出版された複数の報告書を利用し，財務情報を中心に関連資料を収集した。

第1章

中国の金融発展と都市商業銀行

I　はじめに

　中国初の都市商業銀行である「深圳市城市合作銀行」が設立されたのは1995年のことである。それ以降、都市商業銀行に関する研究は、中国人研究者を中心に行われてきた。しかし、これらは事例研究か個票データを用いた定量的分析であり[1]、マクロの統計データを用いて都市商業銀行の全体像を示す研究は、管見の限り存在しない。この背景には、都市商業銀行に関する情報が政府の公式統計に記載されてこなかったという事情がある。一方、2003年以降、「中国銀行業監督管理委員会」の設立や「行政許可法」の施行などによって、金融機関に関する情報公開は飛躍的に進んでいる。本章は近年公開されたマクロの金融統計を用いて、中国の銀行業における都市商業銀行の位置づけを確認するとともに、その経営面での課題を明らかにすることを目的としている。

　まず、本章で利用する統計資料を示しておこう。主要な資料としては、次の2つを利用する。ひとつは1986年から中国金融学会によって刊行されている『中国金融年鑑』である[2]。もうひとつは中国人民銀行調査統計司が発行した『中国金融統計』である[3]。また、2003年以降の情報については、『中国銀行業監督管理委員会年報』や『中国貨幣政策執行報告』などの公式統計資料も用いることにした。

　これらの統計資料を用いて銀行システムにおける都市商業銀行の位置づけを明らかにしていくが、その際、歴史、市場、組織構造の3つの側面から分析を行う。具体的には、まず、改革開放以後の中国金融業の発展の歴史を踏まえつ

つ、商業銀行の成立過程における都市商業銀行の特徴を明らかにする。次に、銀行業の市場構造と商業銀行の資金配分から都市商業銀行の役割および機能を明らかにしていく。田島［2000］とBoyreau-Debray and Wei［2004］が指摘した金融システムの「属地性」と、資金循環と資本蓄積に存在する市場の分断を踏まえ、地域別の金融統計を用いて銀行の資金と店舗分布を示し、地域における金利差からみる域内資金循環の存在を実証的に明らかにする。そして最後に、組織構造の側面から分析していく。重要な点は、中国の場合、上記の市場要因のほかにも、金融機関の組織人事が制度的に分割されており、銀行の組織構造においてヒエラルキーが存在することである。このような市場的・制度的環境のなかで都市商業銀行がどのように位置づけられているかを明らかにするのが本章の目的である。

　本章の構成は以下のとおりである。まずⅡでは、商業銀行の創設を中心に、中国における金融発展の歴史とその特徴を確認し、銀行システムの構成と都市商業銀行の役割および機能を明らかにする。続いてⅢでは、銀行業の市場構造を詳細に分析し、金融市場の地域分断を示した上で、商業銀行の資金配分における都市商業銀行の特徴と中小企業金融との関連を明らかにする。最後にⅣにおいて、マクロ統計の検討から浮き彫りになる都市商業銀行の機能とその経営面での課題をまとめる。

Ⅱ　金融発展と銀行の創設

1．金融発展と銀行部門

(1) 金融深化と資金循環

　中国経済の金融深化過程については、Ｍ２／GDPの比率（図1-1）を用いてそれをみることができる[4]。2003年までＭ２／GDP比率の増加は順調に推移した。その比率は、1978年の40％以下から2006年の170％まで上昇しており、その傾きから、1978-88年、1989-94年、1995-2003年に時期区分することがで

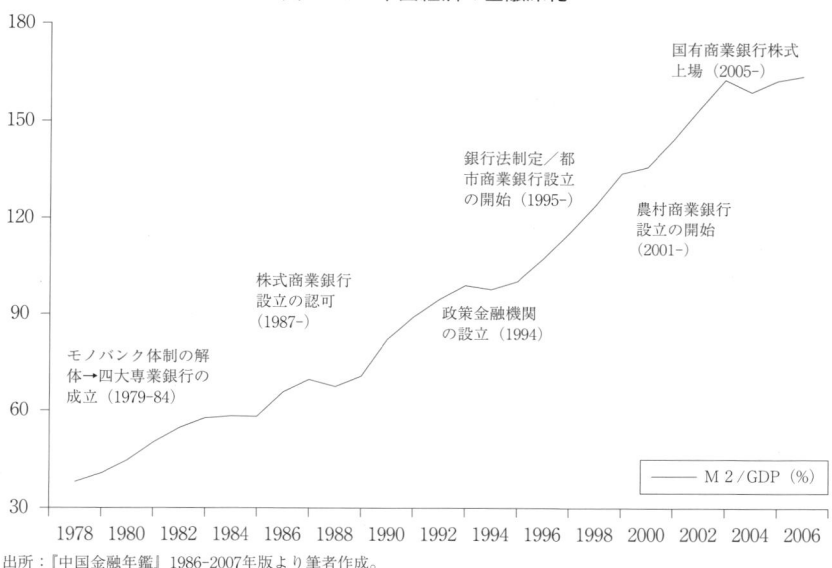

図1-1　中国経済の金融深化

出所：『中国金融年鑑』1986-2007年版より筆者作成。

きよう。商業銀行の創設は1979-84年における四大専業銀行の設立に始まり、1987年以降に株式商業銀行の設立が認可され、本研究の検討対象となる都市商業銀行の設立開始は1995年以降、農村信用組合（以下、農村信用社）から転換した農村商業銀行の設立開始は2001年以降である。また、国家開発銀行をはじめとする政策金融機関の設立は1994年である。ちなみに中国において株式市場が整備されたのは1990年代に入って以降である[5]。

中国経済における急速な金融深化は、銀行部門の拡大によるところが大きい。2006年末における銀行部門（預金金融機関）資産総額は44兆元に達し、国内総生産（GDP）に占める比率は208％にもなった。中国の金融発展が経済成長に果たした役割について、多くの研究によって実証されている（張軍［2005］）。1978-2006年における銀行部門の貸付残高と1人あたりGDP（経済発展水準）の間には極めて高い相関関係が見られ、回帰計算した1人あたりGDP（対数値）に対する銀行貸付残高（対数値）の弾性値は78.48％（1％以下統計有意）

の高い数値である[6]。銀行部門の拡大を中心とした中国の金融深化が、いかに経済発展を促進したのかが、ここで見てとれる。

こうした間接金融を中心とした中国の資金循環にはどのような特徴があるのであろうか。図1-2では、家計部門、企業部門、政府部門、海外部門と金融機関における資金循環の特徴を示した。1990年代に入ってから家計部門が一貫して貯蓄超過にあり、資金余剰（黒字）主体として資金を提供していた。企業部門は資金不足の状態にあり、家計部門から資金を調達している。企業部門における資金調達内訳の6割は、借り入れを主とする短期融資と中長期融資である。

具体的には、家計部門の貯蓄超過は1992-2000年においては下向きに推移したが、その後、再び貯蓄超過の幅が拡大し、2005年の対GDP比は15％弱に上昇した。企業部門の資金不足は、1992年から2001年にかけてそのマイナス幅がかなり改善され、マイナス20％近くからマイナス10％以内に縮小した。ところが、2001年から再び投資超過の傾向が強まり、2003年にマイナス15％弱に達した。2004年からはマイナス幅の一部が解消され、2005年もマイナス10％以内に止まった。他の部門と比べて政府部門は長期にわたり資金不足主体であったが、2005年に微小ではあるが黒字主体に転じた。海外部門は1993年以降、常に資金不足にあり、しかもその幅は2000年以降拡大している。金融機関は資金黒字主体であったが、その幅は高くても対GDP比率で2～3％である。

企業部門の資金調達の6割以上のシェアを占める短期融資と中長期融資は、両者を合わせて一定の比率を保ちながら、短期融資のシェアは小さくなっている。企業債券の発行は極めて低位にあり、資金調達総額の5％程度にすぎない。株式による資金調達は、1996-2002年の間にシェアを拡大した時期があったが、2003年以降再び10％程度に縮小した。

(2) 銀行部門の構成

2003年に設立された中国銀行業監督管理委員会が管理する金融機関には、国有商業銀行、株式商業銀行、都市商業銀行、都市信用社、農村信用社、農村商

図 1-2　各部門の資金過不足と企業部門の資金調達

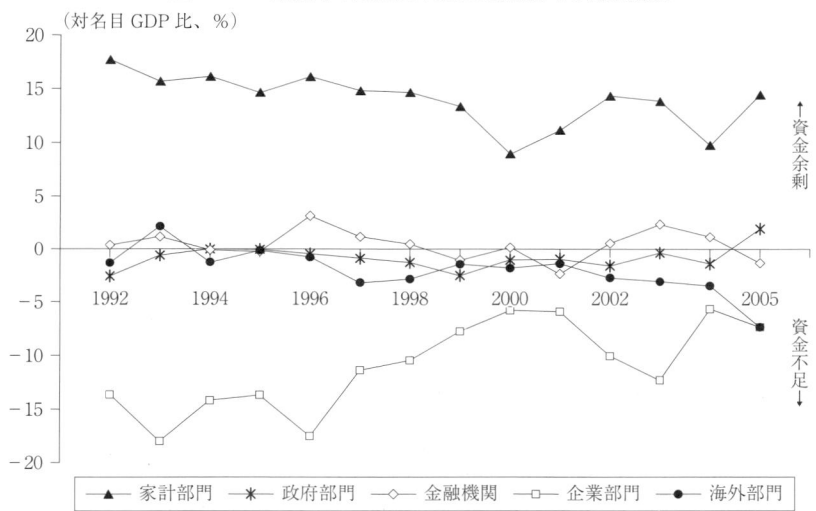

（対名目 GDP 比、％）

↑資金余剰
↓資金不足

■ 家計部門　＊ 政府部門　◇ 金融機関　□ 企業部門　● 海外部門

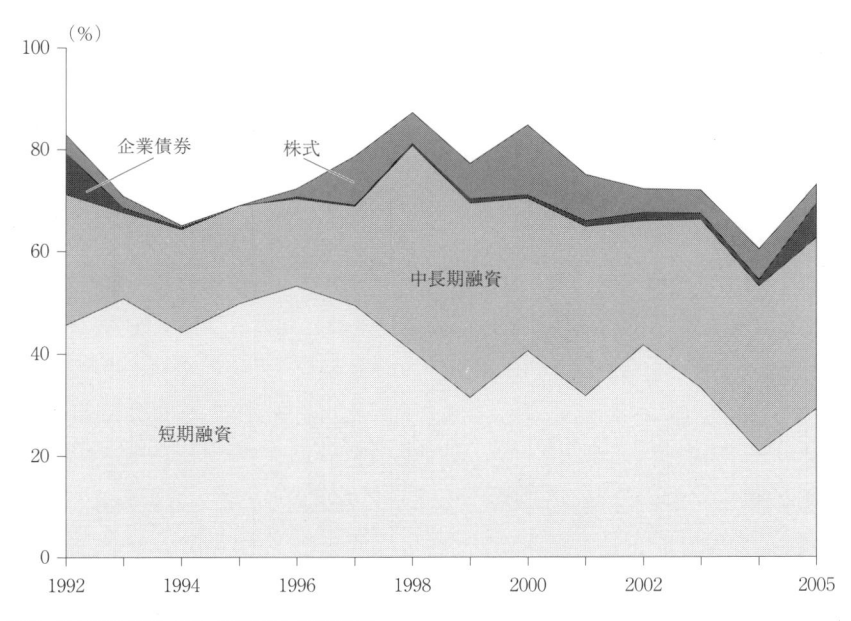

出所：『中国金融年鑑』2000-2007年版より筆者作成。

表1-1　銀行金融機関の構成（2006年末時点）

	法人数	職員数	資産総額	シェア（％）
国有商業銀行	5	1,469,439	242,364	(55.1)
株式商業銀行	12	118,036	54,446	(12.4)
都市商業銀行	113	113,999	25,938	(5.9)
都市信用社	78	19,004	1,831	(0.4)
農村信用社	19,348	634,659	34,503	(7.9)
農村商業銀行	13	20,003	5,038	(1.1)
農村合作銀行	80	37,188	4,654	(1.1)
ノンバンク	130	9,196	10,594	(2.4)
フィナンシャル・カンパニー	70	3,859	n.a.	
信託会社	54	5,015	n.a.	
金融リース会社	6	322	n.a.	
政策金融機関	3	56,760	34,732	(7.9)
郵政貯蓄銀行	1	237,389	16,122	(3.7)
外資銀行	14	16,724	9,279	(2.1)
合計（社、人、億元）	19,927	2,741,593	439,500	

出所：『中国金融年鑑』2007年版より筆者作成。

業銀行、農村合作銀行、ノンバンク（フィナンシャルカンパニー、信託会社と金融リース会社）、政策金融機関、郵政貯蓄銀行と外資銀行が含まれる。これらは中国の巨大な銀行システムを構成する。国有商業銀行には、いわゆる「工農中建」の四大国有商業銀行以外に、2006年から株式商業銀行の交通銀行が含まれるようになった。

　表1－1からわかるように、2006年末時点における各金融機関の職員数と資産規模において、国有商業銀行はその中核をなしている。国有商業銀行5行（交通銀行を含む）は2006年には140万人以上の職員を抱え、金融機関総資産の55.1％（24兆元）を擁する。株式商業銀行や都市商業銀行の新規参入は国有商業銀行の独占構造を打破することが期待されているが、中長期的には少数の国有商業銀行が独占する構造は維持されていくと推測できよう（楊徳勇［2004］、崔暁峰［2005］）。

　株式商業銀行は12行で総資産の12.4％（5兆4,000億元）を占め、11万8,000人の職員を抱えている。都市商業銀行は113行で5.9％の資産シェアを持ち、11

万3,000人の人員を抱えている。政策金融機関3銀行と1万9,000社を超える農村信用社はほぼ同じく金融資産の7.9％程度（3兆4,000億元）を占めるが、政策金融機関の職員数は5万6,000人と少なく、農村信用社の職員数63万人の10％にも及ばない。郵便貯金を集める郵政貯蓄銀行は3.7％の金融資産を有し、23万人を雇用している。ただし、職員の多くは郵便事業ネットワークに従事するもので郵政貯蓄事業だけを業務とするのではない。

フィナンシャルカンパニーを中心とするノンバンクは1兆元の金融資産で金融資産の2.4％を占めるが、職員数は極めて少なく、130社で1万人にも満たない。外資銀行は2.1％の金融資産を占め、1万6,000人以上を雇用している。農村信用社から成立した農村商業銀行と農村合作銀行はそれぞれ1.1％の金融資産シェアをもち、わずかに残った78社の都市信用社は金融資産の0.4％を有する。

2．商業銀行の創設

(1) 歴史過程

これまで中国の銀行創設過程に関する研究の多くは、金融体制改革における政策上の変化を基準として、改革開放以降の30年間を4つの時期に区分している（樊・岡［1998］、戴相龍［2001］、渡邉［2003］)[7]。第1期は1979-84年、第2期は1985-94年、第3期は1995-99年、そして第4期は2000年以降とすることが多い。

第1期はモノバンク解体の時期で、中国人民銀行は自行の商業業務を四大専業銀行に委譲し、中央銀行として機能し始めた。第2期は新規銀行事業が規制緩和され、非国有あるいは株式商業銀行が多く新設された時期である。第3期に実施された金融改革により「中国人民銀行法」（中央銀行法）と「中国商業銀行法」等の関連法の整備や政策金融機関の設立が推進され、市中銀行の商業化が急速に進む[8]。同時に、法律の整備を通じて中国人民銀行の中央銀行機能がさらに強化された。一方、都市商業銀行の設立は銀行関連法案が成立した1995年に始まる。第4期には、国有商業銀行の不良債権処理に伴って、銀行の

上場を契機に銀行の統治構造改革が推進された。このように、先行研究は例外なく銀行の創設過程を重大政策の実施期に重ねた時期区分に基づいて分析している。実際、銀行業の動向を分析するに際して、上記の時期区分は金融体制改革の流れを理解するうえで適切なものと言えよう。

　以下、上記の時期区分を前提に、商業銀行の創設過程を確認しておこう。1979-84年に、金融当局は中国農業銀行、中国銀行、中国人民建設銀行と中国工商銀行、いわゆる「四大専業銀行」をつくり上げた。1985年以降、まず業務を停止していた交通銀行を復活させ、続いて経済特区の建設資金を調達する地方政府出資の銀行参入も認めた。新規参入の商業銀行は全国規模で銀行業務を展開する株式商業銀行で、地方政府出資の株式商業銀行には、深圳発展銀行（1987年設立）、広東発展銀行（1988年設立）、海南発展銀行（1995年設立、98年破産）、福建興業銀行（1988年設立）、上海浦東発展銀行（1993年設立）がある。これらに加えて中信集団、光大集団、招商局といった国策会社を母体に金融コングロマリットに成長した中信実業銀行（1987年設立）、招商銀行（同年設立）、光大銀行（1992年設立）のほか、国有大手企業（首鋼総公司）の経理部門から参入した華夏銀行（1992年設立）がある。さらに、全国工商連合会の呼びかけで設立された民営資本を中心とする民生銀行（1996年設立）がある。

　こうしてさまざまな事情に応じて設立された株式商業銀行は、1996年までに全国で10行に達した。その後、株式商業銀行はしばらく新規認可されなかったが、2003年に浙商銀行（1993年設立）と、住宅貯蓄銀行（1987年設立）から商業銀行に転換した恒豊銀行が株式商業銀行に認可された[9]。これらの銀行は一定の地域や部門の資金需要に応じて設立されたもので、少なくとも設立時点では国有専業銀行の競争相手になることは想定されていなかった。

　都市商業銀行は1995年以降、都市信用社の転換によって成立したものであり、中小企業金融において四大専業銀行を補完する役割を期待されていた。2010年末までに主要都市をはじめとして147行が設立された。しかしその前身は民間金融機関の都市信用社であるため、上記の歴史過程のみをもって都市商業銀行の設立過程を正確に理解することは困難である。とくに政府の推進政策と規制

緩和を軸にした視点のみでは、経済発展のダイナミズムと経営主体である金融機関の個性との関係を把握することができないであろう。

(2) 都市商業銀行の設立と地域分布

都市商業銀行に転換されるまでの都市信用社を振り返ると、その歴史は政府の改革推進の背後に政府の金融引き締め策があったことを示している。1980年代の中国経済は変動が激しかった[10]。そのような状況で都市信用社は政策不在のままで出現し、1984年より金融機関として認められた。全国各地における都市信用社の設立ブームが起こるなかで、86年に「都市信用社管理暫定規定」が通達された。その後、投資の過熱に対し、とりわけ銀行融資の過剰供給に対して中央政府が金融業の整理整頓を行った。そして、1988年8月に中国人民銀行は「都市信用社管理規定」を公表し、都市信用社設立に必要とされる資本金額を10万元から50万元に引き上げた。1989年からは直接に都市信用社の統廃合を進めていく。こうして中央政府の推進と引き締めの試行錯誤のなか、「属地性」を特徴とする中国経済は「大-小躍進」のような「大-小」の景気循環にみまわれた（田島［1990b］）。

1990年代に入ってから都市信用社に対する整理整頓も行われる。1993年以後、金融体制改革の一環として、金融システムの安定化をめざし、都市商業銀行の設立が推進された。1995年から開始され、1998年までに90行が設立された。このようにして都市信用社の乱立による金融不安を都市商業銀行への統合で沈静化し、システムの安定化が図られた。アジア金融危機を機に1998年からは都市信用社と都市商業銀行に対して、「経営状況改善」を中心とする整理整頓を行った。5年にもわたる整理整頓によって、都市商業銀行は資本増強の過程で地方政府とのリンケージが強められ、都市信用社は一部が都市商業銀行に統合される一方、残りの大半は市場から姿を消した。2003年からは「中国銀行業監督管理委員会」の誕生に伴って、都市商業銀行の経営力を強化する方策が講じられるようになった。

こうして「金融整理整頓」の流れをみると、都市商業銀行の創設プロセスは

単なる金融体制改革の一環ではなく、当局が金融システムの安定化を図るために市中金融機関をコントロールしようとする模索の過程でもあった。

都市信用社時代からの延長として捉えるならば、都市信用社を含む都市商業銀行の発展は以下の5つの過程に分けることができる。すなわち①1988年以前、②1989-1994年、③1995-1998年、④1998-2003年、⑤2003年以降である。1988年以前は都市信用社の大量出現期で、政策の推進によるのではなく自然発生的に各地方で数多くの都市信用社が出現した。都市信用社の乱立に対して、金融当局は1989-94年にかけて都市信用社の「整理整頓」を行い、これは1995-98年の都市商業銀行の設立につながった。1998-2003年から経済情勢の変化に伴い、都市商業銀行と都市信用社に対する整理整頓が再び行われ、銀行経営の自主権を認める一方、都市商業銀行の経営改善と効率化が政策課題に含まれるようになった。

都市信用社の統廃合を背景として、1990年代後半の数年間に都市商業銀行は大量に設立されるようになった。前述したように、最初に成立した都市商業銀行は、1995年設立の深圳経済特区における深圳城市合作銀行である。これは深圳市に立地する信用社（都市信用社、農村信用社）を母体として発足したもので、地方財政による資金増強のもと、地方財政資金の運用も任せられる地域銀行として位置づけられる[11]。同年から中心都市をはじめとして中国各地においてもこれに類似した形で都市商業銀行を設立する動きが現れ、1998年までに全国152都市で都市商業銀行の設立案がそれぞれの地方人民銀行に提出された（『中国金融年鑑』1998年版、p. 272）。これをうけて中国人民銀行は設立案を審査し、直轄市や計画単列（特別）市などを中心に都市商業銀行設立の許可を下した[12]。

1995年に設立された都市商業銀行は深圳市、上海市、北京市（そのうち、北京・上海市は95年に開業認可を受け、96年に開業）に立地することから、資産規模が比較的大きい。その後、都市商業銀行の設立が増加するとともに1行あたりの資産は95年の平均200億元から97年の50億元まで急落していた（図1-3）。こうして中心都市をはじめとして都市商業銀行の設立は全国に広がり、

図1-3 都市商業銀行の設立と平均資産規模の推移

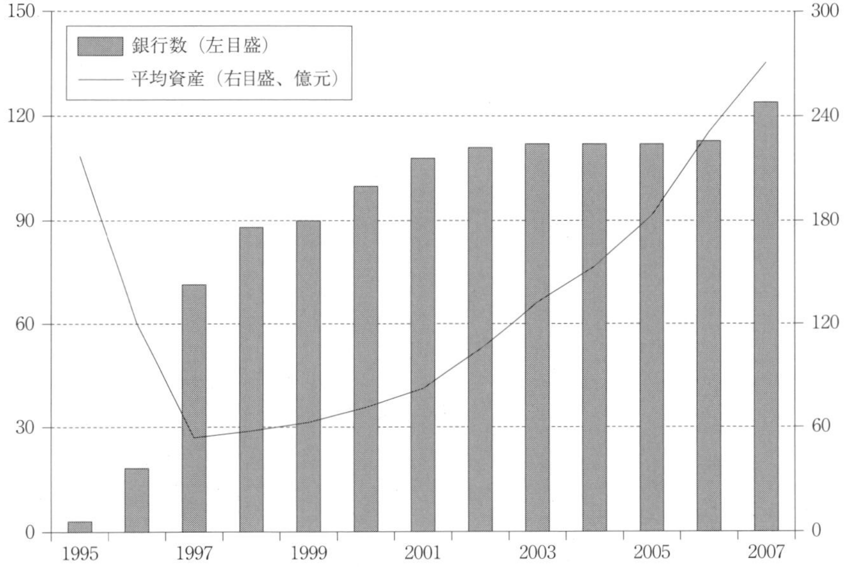

注:1995年の部分については尚明([2000]、p.139)の表4-1に従って修正した。
出所:『中国金融年鑑』各年版および『中国銀行業監督管理委員会年報』2006-2007年版より筆者作成。

99年に90行、2000年に100行を超える都市商業銀行が誕生した。ちなみに、設立当時の名称は「都市合作銀行」であったが、97年に中国人民銀行会議で、各銀行の名称を都市商業銀行に改めることとなった(尚明[2000])。その後2000年に入ってからも増加し続け、2007年版の『中国銀行業監督管理委員会年報』によれば、2007年までに124行の都市商業銀行が設立されているという。1行あたりの資産規模は、1997年には50億元であったのが、2007年には270億元弱にまで増えた。2001年あたりから都市商業銀行の平均資産の増加が著しい。

しかし近年においては、都市商業銀行間における合併・統合が進められ、安徽省の都市商業銀行は、合肥市商業銀行を中心に省内の都市商業銀行や都市信用社を統合し、新たに徽商銀行(2005年)となった。江蘇省では、都市商業銀行10行が統合して江蘇銀行(2007年)となった。東北部の吉林省では、長春市商業銀行が吉林市商業銀行と遼源市都市信用社を吸収して吉林銀行(2007年)

表1-2 地域別都市商業銀行設立状況

		2006年	2010年
東部	北京市	1	1
	天津市	1	1
	河北	7	11
	山東	12	14
	上海市	1	1
	江蘇	11	12
	浙江	11	11
	福建	3	3
	広東	7	7
中部	山西	4	6
	河南	6	17
	安徽	6	6
	江西	4	4
	湖北	5	6
	湖南	5	5
西部	重慶市	2	2
	四川	9	13
	貴州	2	4
	雲南	3	3
	広西	3	3
	内モンゴル	3	4
	陝西	3	3
	甘粛	1	2
	青海	1	1
	寧夏	1	2
	新疆	2	4
東北部	遼寧	11	14
	吉林	2	2
	黒龍江	4	4
	東部	54	61
	中部	30	44
	西部	30	41
	東北部	17	20
	合計	131	166

出所：『中国金融年鑑』2006年版（金融機関目録）、中国銀行業監督管理委員会および各都市商業銀行関連資料より筆者整理作成。

となった。さらに、陝西省、黒龍江省、湖南省、湖北省では同様に、それぞれ長安銀行（2009年）、龍江銀行（2009年）、華融湘江銀行（2010年）、湖北銀行（2011年）が誕生した。中国銀行業監督管理委員会のウェブサイトに公開された都市商業銀行に関する最新情報を総合して、各省における都市商業銀行の状況を確認したところ、2006年末までに設立された都市商業銀行は中国全国で131行、2010年末になると、延べ166の都市商業銀行が設立されている[13]。

2006年末から2010年末までは34の都市商業銀行が新設された。その多くは中西部に立地する銀行である。表1-2を確認すれば、中部に14行、西部に11行が新設された。中部では河南省のみにおいて、2006年より11行も増え、17行が設立されている。西部では四川省において13行の都市商業銀行が設立されている。近年になって、中西部での銀行新設が加速しているにもかかわらず、都市商業銀行の立地をみれば、多くは沿岸部に位置することが表1-2からみてとれる。直轄市の北京、上海、天津市を除けば、東部各省では平均して10都市程度に都市商業銀行が設立されている。また、河北、山東、江蘇、浙江、遼寧の各省では、省内ほぼすべての地区級市に都市商業銀行が設立されていることがわかる。しかし、東部（61行、東北部を含めない）と比

較して、中西部の都市商業銀行はまだ少ない。また中部では1省あたり5都市以上で都市商業銀行が設立されている一方で、西部においては、四川省を除けば、多くとも4都市程度で設立されているにすぎず、2、3の都市に都市商業銀行がされているのが現状である。都市商業銀行の設立は、地域的に中心都市や東部地域をはじめとし、近年になって中西部の地方都市にまで拡大している。

Ⅲ　銀行業の市場構造と資金配分

1．商業銀行の市場構造

(1) マクロ統計からみた銀行部門の市場構造

　ここでは、国有商業銀行、株式商業銀行、都市商業銀行を取り上げ、銀行部門における商業銀行の市場構造の特徴を検討することにする[14]。表1－3は預金金融機関の資産、預金、貸付に占める国有商業銀行、株式商業銀行、都市商業銀行のシェア推移を示すものである。

　銀行部門における商業銀行シェアの合計は1995年以降、徐々に低下している。資産は1995年の89.5%から2006年の73.4%まで低下した。預金は1995年の79.0%から2006年の71.7%まで低下したが、1998-2004年だけの数字をみると、そのシェアは一定して76～78%の間を推移している。貸付における商業銀行のシェアは、一貫して70%の前半を推移している。商業銀行における市場の集中度は低下しているとはいえ、四大国有商業銀行は依然5割以上の資産シェアをもち、高い市場集中度を示している[15]。

　しかし、留意すべきは、シェアが低下し続けているのは国有商業銀行のみに限られることである。資産においては1995年の77.9%から2006年の51.2%まで大幅に減少しており、預金では69.9%から50.8%まで低下し、貸付では66.2%から48.2%まで低下している。これに対して株式商業銀行の資産は11.4%から16.3%まで拡大し、預金は9.0%から14.9%まで拡大している。最も顕著な伸びを示したのは、6.2%から17.7%まで伸びた貸付である。国有商業銀行の貸

表1-3 商業銀行の市場シェア推移（資産・預金・貸付）

(単位：％)

資　産

	1995	1998	2000	2002	2004	2006
国有商業銀行	77.9	74.8	72.9	62.9	57.5	51.2
株式商業銀行	11.4	9.7	11.9	13.9	15.9	16.3
都市商業銀行	0.2	4.5	4.9	5.4	5.7	5.9
合　計	89.5	89.0	89.8	82.2	79.1	73.4

預　金

	1995	1998	2000	2002	2004	2006
国有商業銀行	69.9	63.1	62.1	59.6	56.1	50.8
株式商業銀行	9.0	9.3	10.9	13.3	15.7	14.9
都市商業銀行	0.1	3.9	4.3	5.2	5.8	6.1
合　計	79.0	76.3	77.3	78.1	77.6	71.7

貸　付

	1995	1998	2000	2002	2004	2006
国有商業銀行	66.2	62.0	58.6	56.4	53.1	48.2
株式商業銀行	6.2	6.6	8.6	12.2	15.4	17.7
都市商業銀行	0.1	2.6	3.5	4.5	5.0	5.9
合　計	72.5	71.2	70.7	73.1	73.5	71.9

注：1）2002年までの国有商業銀行の統計には中国農業発展銀行の数字が含まれる。
　　2）2006年から国有商業銀行に含まれる交通銀行の数字は株式商業銀行に計上した。
　　3）株式商業銀行の数字には中国投資銀行（1995-98年）、海南発展銀行（1995-97年）と蚌埠住宅貯蓄銀行（1993-2000年）が含まれる。
出所：『中国金融統計1949-2005』『中国金融年鑑』各年版より筆者作成。

出が低迷するなか、株式商業銀行が貸付を拡張させたということになる。

都市商業銀行の資産シェアも1995年の0.2％から2006年の5.9％まで拡大している。また1995年にわずか1行しかなかった都市商業銀行は、2006年には113行に増えている。これと同時に、都市商業銀行の預金シェアも上昇するようになり、1998年の3.9％から2006年には6.1％まで上昇している。貸付シェアは1998年の2.6％から2006年の5.9％まで上昇し、預金シェアの拡大に伴って増加した。

市場が効率的であれば、構造仮説（structure-conduct-performance）に立った場合、競争の結果として高いシェアを持つ銀行には優位性が存在するはずである。しかし、商業銀行の収益指標（総資産利益率：ROA、自己資本利益率：ROE）を示した表1-4をみる限り、国有商業銀行の収益性は株式商業銀行と都市商業銀行より不安定であった。1998年、2000年と2003年は赤字を計上しており、2004年から黒字経営に転じたとはいえ、これは2005年から銀行の上場などによる収益構造の改善が大きく寄与したためであり、ROAとROEのいずれも株式商業銀行のそれより下回っている。

表1-4　商業銀行の収益指標比較

(単位：%)

	1998	2000	2003	2004	2005	2006
ROA						
国有商業銀行	△0.48	△0.03	△0.16	0.13	0.51	0.80
株式商業銀行	0.85	0.57	0.36	△0.19	0.82	0.85
都市商業銀行	0.00	0.09	0.32	0.47	0.55	0.70
ROE						
国有商業銀行	△7.88	△0.63	△5.18	5.00	12.59	14.25
株式商業銀行	13.07	9.77	10.75	△6.20	24.07	21.66
都市商業銀行	0.00	2.23	10.03	14.38	13.91	14.89

出所：表1-3に同じ。

　株式商業銀行の収益性は安定しており、2004年に経営赤字を出したが、翌年の2005年には高い収益を収めた。都市商業銀行は、設立間もない1998年には利益を上げていなかったが、その後の収益指標は極めて順調に推移している。2006年のROAとROEはそれぞれ0.7％と14.89％に達した。ただし、各都市商業銀行の間では収益性の差は大きく、順調に収益を上げている銀行がある一方で、赤字経営を強いられた銀行も少なくない。このようにマクロ統計からは、商業銀行の市場構造（集中度）と銀行収益性に相関関係は確認できない。金融市場における信用割当の可能性を考慮すれば、地域レベルの商業銀行の経営（operating）を含めて検討し、商業銀行の市場構造を見る必要がある。

(2) 地域統計からみた商業銀行の市場構造

　地域レベルにおける商業銀行の市場構造をみるため、中国人民銀行が発行する『中国貨幣政策執行報告』の「各省金融運行報告」を利用した。同「金融運行報告」は、省を単位として金融機関の基本情報を集計し、省の経済情報もサマリーしている。ここでは、国有商業銀行、株式商業銀行と都市商業銀行を取り上げ、資産、店舗と職員数の統計をみることにする。表1-5では各省における国有商業銀行、株式商業銀行、都市商業銀行の資産、店舗数と職員数および店舗あたり資産額と職員あたり資産額を示した。

表 1 - 5　地域別の商業銀行資産・

	資産（億元）			店舗数			国有商業
	国有商業	株式商業	都市商業	国有商業	株式商業	都市商業	
北　京	21,581	11,083	2,640	1,473	362	125	37,223
天　津	3,978	1,318	810	1,192	141	181	24,153
河　北	7,890	850	661	3,345	108	215	71,952
山　東	10,506	3,370	1,931	4,322	468	486	80,426
上　海	16,113	8,172	2,599	1,448	435	209	36,192
江　蘇	15,838	5,796	2,008	4,692	608	477	85,804
浙　江	13,726	6,107	2,212	3,572	460	385	78,502
福　建	5,887	3,738	428	2,230	240	81	47,258
広　東	26,829	10,063	2,244	5,677	1,039	326	119,160
山　西	5,069	1,153	461	1,755	144	154	40,024
安　徽	4,313	731	703	2,278	123	168	42,957
江　西	3,056	418	345	1,787	76	126	33,391
河　南	6,025	1,670	717	3,177	160	278	68,764
湖　北	5,294	2,022	449	2,808	414	161	57,020
湖　南	4,631	658	511	2,428	91	174	47,574
内モンゴル	2,729	90	512	1,706	14	138	33,820
広　西	3,420	387	200	1,885	104	128	34,190
重　慶	2,762	1,459	360	1,215	173	98	21,250
四　川	7,529	1,420	706	3,110	182	329	61,215
貴　州	2,172	111	365	1,079	44	139	20,491
雲　南	3,857	1,133	327	1,555	125	105	32,098
陝　西	4,644	1,042	454	1,813	116	147	38,905
甘　粛	2,206	311	268	1,437	42	82	23,840
青　海	676	—	55	401	—	47	8,039
寧　夏	645	—	204	466	—	33	9,051
新　疆	2,940	293	215	1,395	40	93	27,730
遼　寧	7,243	3,017	2,467	2,878	403	587	63,302
吉　林	2,807	455	382	1,537	81	199	40,273
黒龍江	4,252	777	595	2,224	111	178	54,578
東部平均	13,594	5,611	1,726	3,106	429	276	64,519
中部平均	4,731	1,109	531	2,372	168	177	48,288
西部平均	3,053	568	333	1,460	76	122	28,239
東北平均	4,767	1,416	1,148	2,213	198	321	52,718

注：店舗数は各銀行支店、営業所の合計である。
出所：『中国貨幣政策執行報告』（各省金融運行報告）2006年版より筆者作成。

店舗・職員統計（2006年末時点）

職員数		店舗あたり資産額（億元）			職員あたり資産額（億元）		
株式商業	都市商業	国有商業	株式商業	都市商業	国有商業	株式商業	都市商業
12,414	4,640	14.65	30.62	21.12	0.58	0.89	0.57
3,976	3,411	3.34	9.35	4.48	0.16	0.33	0.24
2,836	5,572	2.36	7.87	3.07	0.11	0.30	0.12
11,074	10,409	2.43	7.20	3.97	0.13	0.30	0.19
13,421	5,085	11.13	18.79	12.44	0.45	0.61	0.51
15,366	8,683	3.38	9.53	4.21	0.18	0.38	0.23
14,164	7,680	3.84	13.28	5.75	0.17	0.43	0.29
7,850	1,947	2.64	15.57	5.29	0.12	0.48	0.22
27,903	6,943	4.73	9.69	6.88	0.23	0.36	0.32
7,756	3,418	2.89	8.01	2.99	0.13	0.15	0.13
2,959	3,694	1.89	5.94	4.18	0.10	0.25	0.19
1,795	2,565	1.71	5.50	2.74	0.09	0.23	0.13
4,159	5,489	1.90	10.44	2.58	0.09	0.40	0.13
5,375	3,070	1.89	4.88	2.79	0.09	0.38	0.15
2,500	4,005	1.91	7.24	2.94	0.01	0.26	0.13
430	2,212	1.60	6.44	3.71	0.08	0.21	0.23
2,205	2,140	1.81	3.72	1.56	0.10	0.18	0.09
4,127	1,822	2.27	8.43	3.68	0.13	0.35	0.20
3,970	4,525	2.42	7.80	2.15	0.12	0.36	0.16
745	3,226	2.01	2.51	2.63	0.11	0.15	0.11
3,394	1,792	2.48	9.06	3.11	0.12	0.33	0.18
3,320	2,882	2.56	8.98	3.09	0.12	0.31	0.16
879	1,510	1.54	7.39	3.26	0.09	0.35	0.18
—	751	1.69	—	1.17	0.08	—	0.07
—	1,488	1.38	—	6.18	0.07	—	0.14
1,100	1,146	2.11	7.33	2.31	0.11	0.27	0.19
10,805	10,467	2.52	7.49	4.20	0.11	0.28	0.24
2,163	4,533	1.83	5.61	1.92	0.07	0.21	0.08
2,858	3,011	1.91	7.00	3.34	0.08	0.27	0.20
12,112	6,041	5.39	13.54	7.47	0.24	0.45	0.30
4,091	3,707	2.03	7.00	3.04	0.01	0.28	0.14
1,834	2,136	1.99	5.61	2.99	0.10	0.23	0.16
5,275	6,004	2.09	6.70	3.15	0.09	0.25	0.17

都市商業銀行の地域分布でわかるように（表1-2）、海南省とチベット自治区には都市商業銀行が設立されていない。表1-5において集計した各省（直轄市・自治区）は、東部の北京市、天津市、河北省、山東省、上海市、江蘇省、浙江省、福建省と広東省の9地域、中部の山西省、安徽省、江西省、河南省、湖北省と湖南省の6省、西部の内モンゴル自治区、広西自治区、重慶市、四川省、貴州省、雲南省、陝西省、甘粛省、青海省、寧夏自治区と新疆自治区の11地域、そして東北部の黒龍江省、吉林省と遼寧省の3省である。

表1-5の資産統計より、以下の2点を確認することができる。ひとつは国有商業銀行の資産規模は、どの地域においても圧倒的である。地域別の平均値をみれば、東部9地域における国有商業銀行の平均値は1兆3,594億元で、同地域の株式商業銀行（5,611億元）と都市商業銀行（1,726億元）のそれの2.4倍と7.8倍に達した。この開きは中部、西部地域になると、東部以上になる。中部6地域における国有商業銀行の平均資産規模（4,731億元）は、株式商業銀行（1,109億元）と都市商業銀行（531億元）のそれの4.3倍と8.9倍である。西部11地域における国有商業銀行の平均資産規模（3,053億元）は、株式商業銀行（568億元）と都市商業銀行（333億元）のそれの5.4倍と9.2倍である。東北3省では、都市商業銀行の平均資産規模（1,148億元）が大きく、国有商業銀行の平均資産規模（4,767億元）は、株式商業銀行（1,416億元）と都市商業銀行のそれの3.4倍と4.2倍となる。

もうひとつは、商業銀行金融資産分布における地域格差である。東部地域における国有商業銀行の平均資産は、中部と西部のそれの2.9倍と4.5倍、東北部の2.9倍である。同様に、東部地域における株式商業銀行の平均資産は、中部と西部のそれの5.1倍と9.9倍、東北部の4倍である。東部地域における都市商業銀行の平均資産は、中部と西部のそれの3.3倍と5.2倍、東北部の1.5倍である。東北部の遼寧省は都市商業銀行の資産規模（2,467億元）が大きく、同地域の国有商業銀行と株式商業銀行のそれの3割と8割以上である。東部地域に集中する商業銀行金融資産は、とくに経済が発達した北京市、上海市、江蘇省、浙江省と広東省に集中する。北京市と広東省は国有商業銀行の資産が2兆元を超

え、株式商業銀行の資産が1兆元に達している。また北京市、上海市、江蘇省、浙江省と広東省の都市商業銀行の資産はいずれも2,000億元を超えている。全国商業銀行の金融資産に占める東部地域の割合は、国有商業銀行は54％、株式商業銀行は66％、都市商業銀行は52％である。国有商業銀行に比べ株式商業銀行はより東部に集中している。

　商業銀行の地域別店舗統計からも上述した2点を確認することができる。東部地域の国有商業銀行は平均3,106店舗、同地域の株式商業銀行は429店舗、都市商業銀行は276店舗である。資産統計での比較と同様に店舗数の開きは中部、西部地域になると、東部以上になる。中部地域の国有商業銀行は平均2,372店舗、株式商業銀行と都市商業銀行はそれぞれ168店舗と177店舗である。西部地域の国有商業銀行は平均1,460店舗、株式商業銀行と都市商業銀行はそれぞれ76店舗と122店舗である。東北部の店舗数は、国有商業銀行は2,213店舗、株式商業銀行と都市商業銀行はそれぞれ198店舗と321店舗である。また地域統計から店舗の地域分布における格差は、資産の分布ほど東部に集中していないことがみてとれる。とくに圧倒的な店舗数を持つ国有商業銀行では、東部地域の店舗数は3,106に対して、中部、西部と東北部の店舗数はそれぞれ2,732、1,460と2,213である。都市商業銀行の場合は、東部より東北部の平均店舗数が多い。

　商業銀行の地域別職員数の分布は基本的に店舗数に比例している。国有商業銀行は多数の店舗を持つため、地域平均で4万人以上を雇用している。例えば広東省では、5,677店舗を維持するために、11万9,000人も擁している。東部地域の経済発達省市の国有商業銀行は7～8万人の銀行職員を有する。これに対して、中部、西部そして東北部でも多数の店舗を持つ地域においては、多くの人員を抱えている。例えば、中部の河南省では、3,177店舗と6万8,764人の国有銀行職員を有する。西部の四川省の国有商業銀行は3,000店舗を超え、6万人以上を抱えている。地域の人口や広さに応じて店舗を設置した国有商業銀行に対して、株式商業銀行の経営資源は経済が発達している東部地域などに集中している。

　商業銀行の市場構造と各銀行の特徴をより鮮明にみるため、店舗あたりの資

産額と従業員あたりの資産額を確認することにする。店舗あたりの資産額は東部地域が最も高く、国有商業銀行は5.39億元、株式商業銀行は13.54億元、都市商業銀行は7.47億元である。これに対して、中部・西部・東北部では大きな差がなく、国有商業銀行は2.03億元、1.99億元、2.09億元、株式商業銀行と都市商業銀行はそれぞれ7億元、5.61億元、6.70億元と3.04億元、2.99億元、3.15億元である。職員あたりの資産額でも東部地域の規模が最も大きい。中部、西部と東北部における商業銀行別の職員あたり資産額には、大きな差が存在しない。

商業銀行別の店舗あたり資産額では、株式商業銀行が最も多く、国有商業銀行のそれの5倍以上に上る福建省と河南省のような地域が存在する。その次に店舗あたり資産額が多いのは都市商業銀行である。省間格差はおおむね1－2倍にとどまるものが多い。国有商業銀行の店舗あたり資産額より少ない広西自治区と四川省のような地域も存在する。商業銀行別の職員あたり資産額はこれと同様の状況にあり、株式商業銀行の職員あたり資産額が高く、都市商業銀行がそれに次ぐ。

以上から、商業銀行の市場構造については、マクロ統計と地域統計とは異なる様相を呈しているといえよう。国有商業銀行は圧倒的な資産シェアを持つ一方で大量の店舗と職員を抱え込んでおり、店舗あたりの規模が小さく、競争上においては決して優位に立っていない。一方、株式商業銀行は経済発達地域と中西部の省都（中心都市）を中心に銀行業務を展開し、店舗あたりの経営規模が大きい。また、都市商業銀行は原則として所在都市を経営拠点にしているため、金融市場が地域的に分断されていると仮定すれば、競争を有利に展開できる可能性もある。

続いてこの点について検討することにしよう。

2．市場分断と銀行組織のヒエラルキー

(1) 貸出市場の地域分断

中国では、情報の非対称性や空間的要因などによる市場の不完全性が著しく、

金融市場は分断される可能性が高い。それゆえ、先行研究では、金融市場の分断について、厳密に検討されることもなく、暗黙の前提条件として認識されることが多かった。この背景には、財政部門から独立した金融機関は「属地的」に組織を立ち上げたため、業務活動は行政区域に限定されたことが挙げられる。とはいえ、20年以上にわたる中国の金融体制改革は金融市場の育成や規制緩和を通じて金融活動において大きな変革をもたらしている。金融市場の分断状況については、詳細に検討する必要性がある。

これまでに中国の資金配分における地域（省・自治区・直轄市）分断を取り扱った研究はいくつか存在する。代表的なものは、Feldstein and Horioka [1980] を援用して、地域間における資金移動は市場化改革のなかで自由度が高められているかどうかを検証するものである[16]。こうした研究として、例えば、Boyreau-Debray [2003]、Boyreau-Debray and Wei [2004]、渡辺 [2004] と Watanabe S. [2006] が挙げられる。これらの研究では、資金移動の地域分断について主に以下の結論が得られている。(1) 市場化改革の進展にもかかわらず、金融市場の全国的統合がみられない。(2) 1978-84年の改革前期と1985-2002年の改革後期を比較しても、むしろ改革後期に貯蓄比率（対GDP比）の係数が上昇し、金融市場の地域分断がかえって強まっている。

以上から、中国の資金配分における地域分断が存在することは否定できないであろう。改革後期に、金融市場の分断がかえって強まった原因としては、以下のことがあげられる。すなわち、改革前期の場合は財政による予算的資金配分が大きなウェイトを占め、予算計画の段階で財政を通じて資金の地域配分を調整することが可能であり、実際に資金の移転も行われていた[17]。改革後期になって金融機関による資金配分にシフトすると、市場メカニズムが確立できていない状況では、複数の金融機関による資金配分の調整はむしろ域内でこそ機能し得るもので、金融市場の全国統合は急務の課題とはならなかった。このほかにも、各地域において貯蓄余剰が発生したことを背景として、外部資金の調達によって地域内の資金不足を補う必要性がなくなったことも考えられる。

しかし、これらの分析では貯蓄に対する投資の依存度から市場分断を検証し

図1-4 基準貸出金利の推移

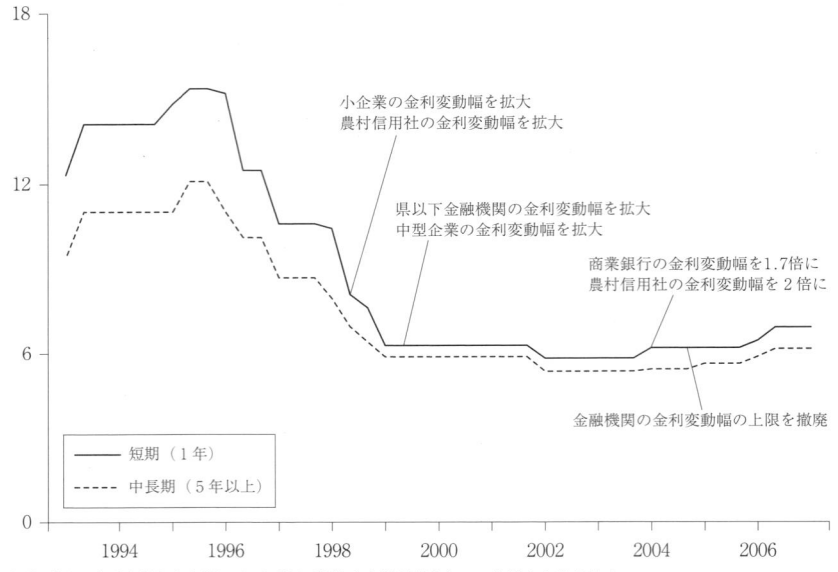

（グラフ中の注記）
- 小企業の金利変動幅を拡大
- 農村信用社の金利変動幅を拡大
- 県以下金融機関の金利変動幅を拡大
- 中型企業の金利変動幅を拡大
- 商業銀行の金利変動幅を1.7倍に
- 農村信用社の金利変動幅を2倍に
- 金融機関の金利変動幅の上限を撤廃

凡例：短期（1年）、中長期（5年以上）

出所：『中国金融年鑑』各年版および『中国貨幣政府執行報告』2005年版より筆者作成。

たため、市場価格で決まる市場分断の実証には至っておらず、金融機関の視点が欠けている。ここでいう市場価格は金利である。中国の場合、長い間、貸出金利に対して一律に厳しい規制がかけられていた。これも地域間の資金移動が生じにくい一因として考えられる。市場経済化の方向性が確定した1993年から、一般企業向けの貸出金利の市場化はすでに政策スケジュールに載せられてはいたが[18]、金利改革が開始されたのは1996年からのことである。

　一般企業向けの貸出金利に関しては、1987年1月に中国人民銀行が基準金利の1.2倍を上限に商業銀行の貸出金利変動を認めた。実際には金融機関別、融資先別（企業の規模、性格など）に貸出の基準金利を設定して金利規制をかけていた。最初に市場化を実現したのは銀行間貸出（1996年6月1日）である。翌年から金融債発行をはじめ、債券の現先取引などが、1998年から手形割引レートや政策金融債の銀行引受金利、国債発行の金利などが市場化された。こ

図1-5　地域別（省、自治区、直轄市）の貸出金利倍率
（基準貸出金利＝1）

東部平均（1.14）　中部平均（1.18）　西部平均（1.19）　東北部平均（1.22）

北京　天津　河北　山東　上海　江蘇　浙江　福建　広東　海南　山西　安徽　江西　河南　湖北　湖南　内モンゴル　広西　重慶　四川　貴州　雲南　陝西　甘粛　青海　寧夏　新疆　遼寧　吉林　黒龍江

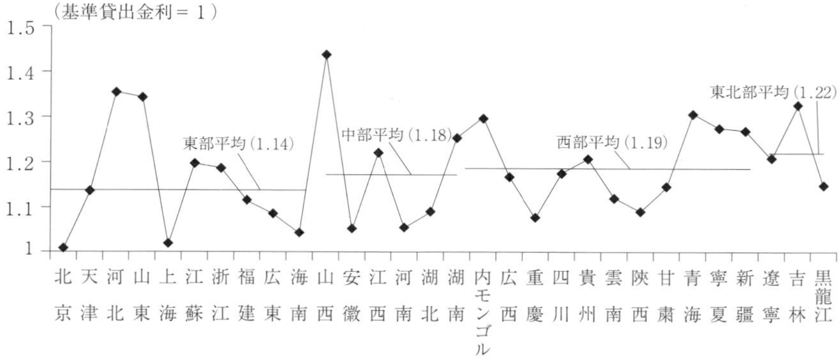

出所：『中国貨幣政策執行報告』（各省金融運行報告）2006年版より筆者作成。

うして次々と金利形成の市場化が開始された。1998年から中国人民銀行は小企業への貸出金利の変動幅を従来の10％から20％に拡大し、農村信用社の貸出金利の変動幅を40％から50％に拡大した。1999年からは、県レベル以下の金融機関の貸出金利変動幅を30％にし、20％の貸出金利変動幅を小企業のみならず中企業まで拡大した。2002年からは、その適用範囲をさらに大企業まで拡大し、同時に貸出金利の簡素化を図り、優遇金利のほとんどを撤廃した。

　2004年に商業銀行、都市信用社の貸出金利の変動幅を法定基準金利の0.9～1.7倍に統一し、農村信用社については、貸出金利の変動幅を0.9～2倍とした。同年10月に商業銀行の金利変動幅上限を撤廃し（信用社には2.3倍の上限を設けた）、これにより、事実上、各金融機関は自身で貸出金利を決められるようになった。金利の市場化によって、図1-5が示すように、短期と中長期貸出の法定貸出金利は1998年後半から6％台の低い水準に落ち、結果として短期と中長期金利間の金利差が小さくなった。こうして、融資先別に貸出金利を設けていた従来の金利政策と異なり、一定の変動幅のなかで各金融機関とその支店が金利の決定権を持つようになり、各金融機関と各地域に金利の差が生じてくるようになった。

　図1-5は基準貸出金利を1として、地域別にその何倍の金利で貸し出され

ているかを比率で示すものである。地域の平均をみると、東部、中部、西部、東北部の順に高くなっている傾向が図1-5から読み取れる。とはいえ、1.2倍以上になった東北部以外は、各地域の平均は、1.14〜1.2倍の間にある。最も金利が低い地域として北京や上海が挙げられる。河北省、山東省、山西省では1.3倍を超えており、金利が高い地域と言える。このように、隣接する省においても、金利改革以降は地域間に金利差が生じた。これらの金利差は、市場メカニズムによって生じたものだろうか、また、地域ごとの貸出金利の形成はその地域の資金構造に依存したものだろうか。

貸出市場の地域分断については、貸出金利を用いて検証すべきである。既述のように2004年の金利上限撤廃によって貸出金利は完全市場化した。入手できる地域別の貸出金利倍率の統計は2005-06年の2年のみである。2年間のパネルデータ（チベット自治区を除外）を用いて、地域別の平均金利倍率は資金の需要・供給構造および地域の金融市場構造に依存するかどうかを検証したい[19]。ここでは、最も単純な仮定で、需要側の要因として地域の経済規模（国内総生産）を説明変数にし、供給側の要因として地域の預金量を説明変数にする。市場構造のダミー変数として、地域金融市場に占める商業銀行（国有商業銀行、民間商業銀行（株式商業銀行＋都市商業銀行））の市場シェアを用いる[20]。推計式は以下のものになる。

$$\bar{R}_L = \beta_1 \ln Y + \beta_2 \ln S + \beta_3 SOB^2 + \beta_4 PB^2 + \lambda + c$$

R_L は貸出金利平均倍率、Y は国内総生産、S は地域の預金額、SOB は国有商業銀行の市場シェア（資産シェア）、PB は株式商業銀行と都市商業銀行の市場シェアである。予想できる推計結果の符号は Y（＋）、S（－）、SOB（＋？）、PB（－？）となる。一般的に競争度の高い市場では、競争原理を通じて金利は低く抑えられるが、逆に独占市場においては金利が高くなる傾向にある。しかし、この傾向はあくまでも資金不足を前提として成立するものであり、資金余剰となっている今日では必ずしも成立しない。ゆえに、市場構造のダミー変数の符号を予測することが極めて困難である。

表1-6 回帰分析の結果（OLS）

		推計1	推計2	推計3	推計4	推計5
$Ln Y$	+	0.118 (2.65)***		0.072 (1.48)	0.071 (1.45)	
$Ln S$	−	−0.149 (3.44)***		−0.089 (1.70)*	−0.087 (1.64)	
SOB	?		−0.408 (1.97)*	−0.227 (1.29)	−0.241 (1.35)	−0.227 (1.28)
PB	?		−0.914 (4.62)***	−1.267 (2.10)**	−1.291 (2.13)**	−1.327 (2.26)**
2005年ダミー					0.016 (0.63)	
2006年ダミー					―	
$Ln Y_{t-1}$	+					0.063 (1.41)
$Ln S_{t-1}$	−					−0.081 (1.65)
定数項		1.501 (11.72)***	1.571 (11.63)***	1.478 (8.75)***	1.468 (8.60)***	1.474 (8.87)***
$Adj. R2$		0.21	0.26	0.31	0.27	0.21
F-値		7.57	11.20	5.92	4.15	5.10
サンプル数		60	60	60	60	60

注：カッコ内は t 値、有意水準はそれぞれ***1％、**5％、*10％である。

『中国貨幣政策執行報告』（各省金融運行報告）から地域別データを整理し、2年間（2005-06年）のパネルデータを用いてサンプル数60の回帰分析を行った。その結果（表1-6）から、地域別の平均貸出金利倍率は、地域の金融市場構造、とりわけ株式商業銀行と都市商業銀行の市場シェアに対して高い相関を持つことがわかる。4つの推計で、これはすべて5％以下のレベルで有意を示している。先述した国有商業銀行の分散構造と違って、株式商業銀行と都市商業銀行の店舗は一定の地域に集中し、競争効果によって金利が低く抑えられていることが推測できよう。これまで株式商業銀行と都市商業銀行は、国有商業銀行より高く貸し出し金利を設定しており、株式商業銀行と都市商業銀行のシェアが高いことは金利を押し上げる要因として考えられていた。ここでマイナス効果が検出されたことは、銀行間の競争要因がはたらき、商業銀行が密集する地域

では金利が低く抑えられていることを示している。例えば、経済が発達している北京市、上海市、広東省のいずれにおいても金利が低い。

　また地域別の資金に対する需要、供給要因に関しては、推計1は予想した結果（符号）になっている。つまり需要要因の国内総生産は貸出金利を押し上げる効果をもち、供給要因の預金量は貸出金利を低める効果がある。ただし、推計の3と4では、その有意がなくなっている。国内総生産に対して、地域の預金量は推計の3では10％レベルの有意を検出した。なお、パネルデータの年数は2年しかないため、国内総生産と預金量の前年値も用いて推計を行った。それは推計の5である。

　これらのことから、地域内の資金需給と金融市場構造に依存する地域的な貸出金利水準が存在すると言ってよいであろう。地域的な金利水準は地域内の株式商業銀行と都市商業銀行の存在と大きく関係しており、地域内の資金供給構造に規定されているのである。

(2) 銀行組織のヒエラルキー

　金融市場の地域分断をもたらす要因のひとつとして指摘できるのは、金融行政と銀行統制に存在する「属地性」である。計画経済期に定着したモノバンクから発展してきた中国の銀行システムにおいては、行政区画に応じて支店や営業所を設置することが多い。その結果、金融機関自身も属地性の強いものとなる一方、金融行政を担う中国人民銀行が各県まで支店を設けることによって、中国の銀行システムにおいて、管理監督という意味で階層的な銀行組織が築かれた。

　意外にも、その確立期は中国人民銀行の中央銀行機能が確立された1984年から1986年までの3年間である。その後、四大専業銀行の商業化につれて1998年から中国人民銀行は9つの「広域支店（地区分行）」を設け、省単位の金融行政を複数の省（自治区、直轄市）を管轄する広域支店（地区分行）に集権化した。これによって、中国人民銀行の支店管理は、省レベルの支店を設ける行政区画（省－地（地区級市）－県）に従った支店設置方法を廃止し、代わりに複

数の省を管轄する広域支店を設けるという地域レベルの管理方法へと変化した。中国人民銀行の支店網における変化を含めて、銀行システムのヒエラルキーはどのように変遷したのか、時系列的変化を中心に説明しておこう。

1948-52年の中国人民銀行創設期を経て1953-78年の計画経済期には、中国人民銀行は実質的に財政部の管轄下に置かれるようになった。財政部は当時、全国的な資金動員で貯蓄と貸出の拡大を目指していたため、中国人民銀行はモノバンク体制の下で貯蓄・貸出等の銀行業務を行うことを目的として全国各地に大量の店舗を設けるようになった。李利明・曾人雄［2007］によれば、四大専業銀行の設立後、とくに商業銀行業務を中国工商銀行に分離したあと、中国人民銀行は県レベルまでの支店設置を行わなくなっていた。中国人民銀行が、県レベルの支店の設立を再開したのは、1985年以降のことである。

中国人民銀行が中央銀行としての機能を確立した1984年（「中国人民銀行専門行使中央銀行職能的決定」）には、省レベルの支店（「分行」）と市レベルの支店（「二級分行」）を設置する以外に、県レベルの支店（支行）は経済発達地域の県にとどまることを定めた。しかし、四大専業銀行の支店網拡大に応じて、1985年6月に中国人民銀行は県レベルの支店を設置する決定を通達した（李利明・曾人雄［2007］）。県レベルの支店設置は1985年末の1,148支店に対して、1986年末に倍以上の2,336支店に増加している。これによって、ほぼすべての県において、中国人民銀行の支店が設置され、地方人民銀行を頂点とする地域の銀行システムが形成された（『中国金融年鑑』1987年版、p. 234）。

具体的に図1-6に示したように、階層的な組織を持つ専業銀行でもそれを持たない都市信用社や農村信用社でも、中国人民銀行支店の存在によって、その金融活動は地方人民銀行によって管轄され、閉鎖的な域内銀行システムが形成されていた。また金融機関幹部のキャリア形成にも、中国人民銀行－国有商業銀行－株式商業銀行－都市信用社（農村信用社）の順に行政身分の高低によるヒエラルキーが存在する。図1-6が示した1995年末における中国人民銀行県級支行の数は1,958であり、国有商業銀行（中国工商銀行）のそれ（2,068）より110店舗少ない。なおここで株式商業銀行の例として挙げた交通銀行は、ほ

図1-6 中国の銀行システムと銀行統制

1995年末

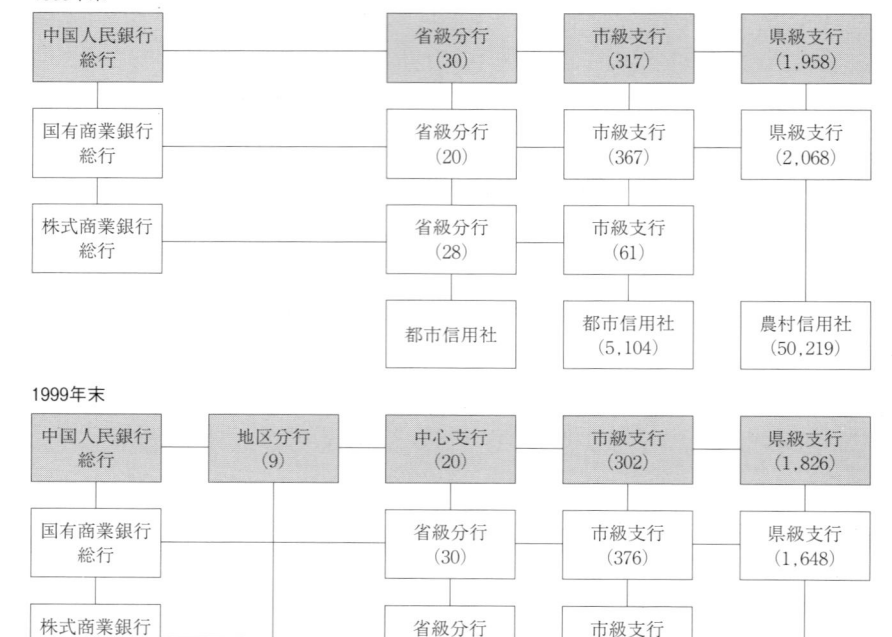

- 中国人民銀行総行 — 省級分行(30) — 市級支行(317) — 県級支行(1,958)
- 国有商業銀行総行 — 省級分行(20) — 市級支行(367) — 県級支行(2,068)
- 株式商業銀行総行 — 省級分行(28) — 市級支行(61)
- 都市信用社 — 都市信用社(5,104) — 農村信用社(50,219)

1999年末

- 中国人民銀行総行 — 地区分行(9) — 中心支行(20) — 市級支行(302) — 県級支行(1,826)
- 国有商業銀行総行 — 省級分行(30) — 市級支行(376) — 県級支行(1,648)
- 株式商業銀行総行 — 省級分行(28) — 市級支行(97)
- 都市商業銀行 — 都市商業銀行(90) — 農村信用社(39,604)

注：1）中国人民銀行編著（2008年、pp.331-337）（機関及分支機構設置変化情況）を参照した。
　　2）カッコ内数値は支店数であり、国有商業銀行と株式商業銀行の例として中国工商銀行と交通銀行の支店数を示した。
　　3）計画単列市（特別都市）の支店を省略した。
出所：筆者作成。

ぼ国有商業銀行と同様の組織構造である。興業銀行や浦発銀行のような地域発の株式商業銀行の場合、より構造が複雑で、本店は中国人民銀行地方支店の「管轄」を受けることになる。

既述のように1998年から中国人民銀行は支店網改革を行い、天津・瀋陽・上海・南京・済南・武漢・広州・成都・西安に9つの広域支店（地区分行）を設

け、同支店によって複数の省に存在する地方支店を統括するようになった。図1-6が示したように、県レベルに存在する中国人民銀行の支店網は依然として存在する。こうした広域管理（省を超えた地域）の狙いは、分断された金融活動における地方政府の影響を低減しようとすることにあるのかもしれない。1998年以降、店舗増大を続けてきた国有商業銀行は経営効率を高めるため不採算店舗の整理を行い、より集約的な経営システムを構築するよう努力し始めた[21]。その結果、1999年末の県レベルの中国人民銀行支店は、1995年と一転し中国工商銀行より178支店（営業所）多くなった。

2003年以降、中国人民銀行の銀行行政機能は新設された「中国銀行業監督管理委員会」に移された[22]。新設された中国銀行業監督管理委員会は、かつての中国人民銀行と同様に、各省（自治区、直轄市）に「銀監局」を設け、200以上の都市に「銀監分局」を設置した。また県にも派出機関をもち、中国人民銀行の県レベルの支店と重なって銀行行政を担当するようになった。

しかし、銀行行政のあり方は変わっても、中国人民銀行を頂点とした金融機関の官僚体制は依然として存在する。例えば国有商業銀行は専業銀行であった時期から、国務院は四大専業銀行を直属部門にし、各銀行長に対して行政職の局長クラスとして位置づけた[23]。銀行幹部の人事も中国共産党中央組織部の管理下に置かれている。地方支店の銀行幹部もこれに合わせて地方政府の任命で行政階級を与えられ、地域内でキャリアが形成される。これは国有商業銀行のみならず、株式商業銀行と都市商業銀行においても同様である。とくに都市商業銀行の場合、立地する都市の行政区分（中心都市、地方都市）によって銀行幹部の行政階級は異なる。ちなみに、2007年における四大国有商業銀行と株式商業銀行の頭取のうち、16人中13人は中国人民銀行の出身者である。しかも彼らの多くは中国人民銀行系統の財経大学出身者でもあり、そこでは共通の財政金融教育を受けている（門闖［2007b］）[24]。

3. 商業銀行における資金配分

(1) 資産運用の内訳と貸出金の構成

　モノバンク解体から発展してきた中国の商業銀行は、中国人民銀行の統制下で金融活動を行っている。このようなシステムのもと、商業銀行はどのような資金配分を行うだろうか。銀行の資産運用は貸出を中心として、国債や債券、株式への投資、金融関連商品など多岐にわたる。表1-7を通じて、国有商業銀行、株式商業銀行と都市商業銀行の資産運用の特徴を確認しておこう。

　まず各商業銀行の貸出をみてみよう。中国では、一般的に貸出金には、短期貸出、中長期貸出、中期流動資金の供給および手形の割引が含まれる。国有商業銀行の場合は1998年に資産運用の75.33％を占めていた貸出金の割合が年々低下し、2005年に54.64％まで減少した。対照的に、株式商業銀行と都市商業銀行は1998年における貸出金の資産運用に占める割合は高くなく、それぞれ58.15％と46.18％である。その後少しずつではあるが、株式商業銀行と都市商業銀行における貸出は増え続け、2005年においてその割合はそれぞれ63.61％と52.15％に達した。

　貸出金においては、各商業銀行とも、短期貸出の割合が減少し、中長期貸出のそれは増加している。国有商業銀行の短期貸出は1998年の54.98％から2005年の18.84％まで急減し、中長期貸出は1998年の18.08％から2005年の27.95％まで増加した。株式商業銀行の短期貸出は1998年の42.06％から2005年の34.14％まで減少し、中長期貸出は1998年の4.61％から2005年の17.75％まで拡大した。都市商業銀行は短期貸出が一貫して25％前後で推移し、中長期貸出は1998年の3.17％から2005年の18.13％まで拡大している。

　コールローンや同業預け金については、その比率は各銀行とも高くない。国有商業銀行は、2001年を除けば1％以下であり、2005年にわずか0.31％まで縮小した。株式商業銀行と都市商業銀行は国有商業銀行より運用の比率が若干高い。株式商業銀行は2～3％程度の比率から2005年の1.75％に低下しており、都市商業銀行は1999年の5.75％から2005年の3.98％に減少している。ただし、

第1章 中国の金融発展と都市商業銀行 55

表1-7 商業銀行資産運用の内訳

(単位:%)

	1998	1999	2000	2001	2002	2003	2004	2005
国有商業銀行								
貸出	75.33	71.77	67.49	65.92	65.55	66.74	63.53	54.64
短期	54.98	50.83	45.30	36.95	33.89	31.18	25.76	18.84
中長期	18.08	17.54	17.54	23.11	24.63	27.84	29.52	27.95
証券投資等	9.45	13.79	21.21	19.32	19.04	19.40	21.46	28.59
コールローン/同業預け金	0.87	1.02	0.88	1.17	0.95	0.54	0.37	0.31
預金準備	12.55	11.05	9.98	10.24	9.73	9.54	9.44	8.61
合計	98.20	97.63	99.57	96.65	95.27	96.23	94.79	92.14
株式商業銀行								
貸出	58.15	54.65	57.65	57.65	62.17	66.19	65.43	63.61
短期	42.06	40.50	45.01	40.66	39.97	41.36	38.51	34.14
中長期	4.61	3.40	3.84	8.09	10.47	14.58	17.44	17.75
証券投資等	16.45	16.76	17.09	14.41	15.39	14.91	16.96	17.80
コールローン/同業預け金	3.14	2.41	3.37	2.78	2.82	2.22	1.11	1.75
預金準備	21.30	24.00	20.60	16.84	14.01	13.46	13.15	10.51
合計	99.04	97.82	98.69	91.67	94.47	96.80	96.65	93.66
都市商業銀行								
貸出	46.18	49.16	51.13	55.29	51.14	51.85	51.93	52.51
短期	25.84	25.80	25.12	36.77	30.71	29.23	27.01	25.87
中長期	3.17	5.36	7.70	13.33	11.95	15.20	17.71	18.13
証券投資等	11.31	13.80	14.89	18.29	19.99	20.00	20.41	19.93
コールローン/同業預け金	6.94	5.75	5.05	5.46	4.36	3.98	2.83	3.98
預金準備	10.95	12.21	12.15	10.19	8.63	9.67	11.53	10.15
合計	75.37	80.92	83.23	89.22	84.12	85.49	86.69	86.58

出所:『中国金融統計1949-2005』より筆者作成。

　これをもって、中国のインターバンク市場が発達していないとは断言できない。ちなみに2006年におけるコールローンの取引額(累計)は2兆1,503億元に達している(『中国金融年鑑』2007年版、p.411)。

　一方、国有商業銀行の資産運用に占める株式等の有価証券の割合は急速に拡大し、1998年の9.45%から2005年の28.95%まで上昇した。株式商業銀行ではその割合が一貫して10%程度を維持している。都市商業銀行のそれは1998年の11.31%から2005年の19.93%に上昇した。資産運用の合計は、国有商業銀行と

表1-8 2005年末における商業銀行貸出金の構成

(単位：億元、％)

	国有商業銀行		株式商業銀行		都市商業銀行	
	残高	割合	残高	割合	残高	割合
短期貸出金	33,176.4	34.48	17,958.1	53.67	5,327.0	49.27
工業	14,693.2	15.27	5,733.7	17.13	1,048.7	9.70
商業	5,603.5	5.82	2,099.9	6.28	925.4	8.56
建築業	1,012.5	1.05	1,430.8	4.28	435.2	4.02
農業	1,384.2	1.44	54.3	0.16	17.4	0.16
郷鎮企業	1,726.5	1.79	14.9	0.04	94.8	0.88
三資企業	1,211.4	1.26	665.0	1.99	92.3	0.85
私営企業／自営業者	706.2	0.73	591.2	1.77	494.4	4.57
その他	6,838.9	7.11	7,368.3	22.02	2,218.9	20.52
中期流動資金	4,115.3	4.28	1,550.0	4.63	361.8	3.35
中長期貸出金	49,233.9	51.17	9,338.4	27.91	3,733.9	34.53
基本建設	24,657.0	25.62	1,877.5	5.61	1,048.5	9.70
技術改造	1,712.9	1.78	237.0	0.71	90.9	0.84
その他	22,863.9	23.76	7,223.9	21.59	2,594.4	23.99
手形割引	9,524.5	9.90	4,533.6	13.55	1,368.7	12.66
合　計	9,6224.0	99.82	33,462.0	99.76	10,812.7	99.80

出所：『中国金融統計1949-2005』より筆者作成。

株式商業銀行では9割以上、一方、都市商業銀行では8割台となっている。都市商業銀行資産の2割はどのような形態で運用されているか、不明となっている。国有商業銀行と株式商業銀行に比べて、都市商業銀行が多様な資産運用を行っているとは考えられないことから、都市商業銀行の資産は一定の割合で未運用のままである可能性が考えられる。

　各商業銀行の貸出金構成詳細は、表1-8に示されている。まず貸出総額をみてみよう、国有商業銀行のそれは9兆6,224億元でおよそ株式商業銀行（3兆3,462億元）の3倍となっている。都市商業銀行の貸出総額は1兆812億元で株式商業銀行の3分の1、国有商業銀行のおよそ9分の1になる。短期貸出の割合は、国有商業銀行が比較的低い34.48％である。株式商業銀行と都市商業銀行のそれは53.67％と49.27％である。中長期貸出金の割合は、国有商業銀行が51.17％に達しているのに対して、株式商業銀行と都市商業銀行のそれはそ

れぞれ27.91％と34.53％である。中期流動資金の割合は国有商業銀行、株式商業銀行と都市商業銀行ともそれほど多くなく、それぞれ4.28％、4.63％と3.35％である。手形割引の割合は国有商業銀行、株式商業銀行と都市商業銀行がそれぞれ9.9％、13.55％と12.26％である。

　産業別による短期貸出の構成をみると、国有商業銀行、株式商業銀行と都市商業銀行のいずれも工業（製造業を中心）、商業、建築業に集中していることがわかる。とりわけ工業への短期貸出割合はそれぞれ貸出金全体の15.27％、17.13％、そして9.7％に達しており、短期貸出の大部分を成している。都市商業銀行の場合は、商業への短期貸出も少なくなく8.56％に達した。また都市商業銀行は私営企業と自営業者に対して4.57％の短期貸出を行っているが、国有商業銀行と株式商業銀行は三資企業（合弁、合作、独資）を含めて郷鎮企業や自営業者への短期貸出の割合が少ない。融資先が明確でないその他の短期貸出割合では、株式商業銀行と都市商業銀行は似た構成を呈しており、それぞれ22.02％と20.52％となっている。割合的に国有商業銀行のおよそ3倍にもなっている。

　中長期貸出の構成では、国有商業銀行の中長期貸出の半分は「基本建設（インフラ整備等）」（貸出金全体の25.62％）に使われており、技術改造への貸出割合は貸出金全体の1.78％しか占めていない。これに対して、株式商業銀行と都市商業銀行はそれぞれ貸出金全体の5.61％と9.70％を「基本建設」に資金提供している。ここでも国有商業銀行と対照的に、株式商業銀行と都市商業銀行は似た構成を持っており、基本建設に提供した資金の割合は国有商業銀行ほど多くない。所在都市を中心に銀行業務を営むため、都市商業銀行の私営企業や自営業者および基本建設への貸出割合は株式商業銀行より大きい。

　総じて資産運用の内訳と貸出金の構成では、都市商業銀行と株式商業銀行は類似した構造を示している。しかし、地域金融機関としての都市商業銀行の特徴は明らかになっていない。以下では、都市商業銀行に期待される中小企業金融の役割は果たされているかどうかについて、国有商業銀行と株式商業銀行との比較を試みよう。

(2) 中小企業金融と都市商業銀行

中国の中小企業は日本のような大企業の請負を支える中小企業とは異なり、計画経済体制の下、政府の経済計画に属しない集団所有制企業や、改革開放以後に出現した民営・私営企業を意味することが多い。これらの企業は国有企業以上に発展を遂げ、中国経済の高成長を実現する原動力といっても過言ではない。例えば、計聡[2006]は『中国中小企業発展報告』の統計を引用して中小企業の重要性を指摘した。計論文によれば、2003年における中国の中小企業の数は19万4,238社に上り、年間4,000万人以上の雇用と9兆元以上の売上高を生み出している。すなわち、大型企業（主に国有企業）が生み出した1,300万人の雇用と5兆元の販売高よりはるかに多いのである。

しかし、これらの企業は国有企業よりも規模が小さく、かつ国有銀行から十分に融資を受けられないため、「資金難」の問題が常に存在する。資金調達の面において大型企業に比べさまざまな制約を受けており、高い資金調達コストを払っている[25]。その資金調達は、現在でも個人間の貸借に依存し、いわばインフォーマルな状態にある（計聡[2006]）。こうした中小企業金融の問題は、はやくから指摘されている（林毅夫・李永軍[2001]）。

都市商業銀行の前身である都市信用社は、経済改革の初期から国有企業（全民所有制企業）ではない集団所有制企業や、私営企業、自営業者を中心に融資していたため、中小企業の発展を支える役割を果たしていたと言えよう。都市信用社の営業基盤を受け継いで発足した都市商業銀行は設立当初から中小企業金融としての役割が期待されていた。実際、1995年に国務院は「城市合作銀行を設立する通達」を発表し、地域経済、とりわけ地域の中小企業に金融サービスを提供する金融機関として、都市商業銀行を位置づけている[26]。

これを背景として都市商業銀行は自らを中小金融銀行と見なし、中小企業や自営業者への融資と金融サービスを強化した。上海銀行（上海市商業銀行）は1998年10月に全国に先駆けて「上海中小企業服務中心」を創設し、中小企業向けの金融サービスと信用調査を行っている[27]。このように、都市商業銀行は設立当初から中小企業金融を掲げて経営方針を固めていた。「金融共生理論」が

表1-9　非国有セクターへの貸付における各商業銀行の割合

(単位：%)

	1998	1999	2000	2001	2002	2003	2004	2005
郷鎮企業								
国有商業銀行	31.4	30.9	23.3	22.6	22.6	21.9	22.1	21.9
株式商業銀行	0.2	0.2	0.2	0.3	0.4	0.3	0.2	0.2
都市商業銀行	0.5	0.6	0.8	1.3	1.4	1.4	1.2	1.2
合　計	32.1	31.7	24.4	24.2	24.4	23.6	23.5	23.2
三資企業								
国有商業銀行	79.9	79.8	77.1	73.3	63.9	65.4	61.5	61.3
株式商業銀行	8.1	8.5	10.5	23.9	32.7	31.1	34.5	33.7
都市商業銀行	2.2	1.8	1.7	2.7	3.4	3.5	3.8	4.7
合　計	90.2	90.2	89.3	99.9	100.0	100.0	99.8	99.7
私営企業／自営業者								
国有商業銀行	44.2	52.0	54.1	46.4	37.1	36.9	35.6	32.4
都市商業銀行	15.4	14.3	16.2	23.7	26.7	23.5	21.3	22.7
株式商業銀行	8.0	8.6	13.9	19.0	27.3	30.8	26.6	27.1
合　計	67.5	74.9	84.3	89.1	91.1	91.2	83.6	82.2

出所：『中国金融統計1949-2005』より筆者作成。

示すように、銀行間の相互依存と役割分担が政府の制度設計において意識された（袁純清［2002］)[28]。しかし、四大専業銀行の商業化、とりわけ経営自主権の拡大によって、各地方支店ではいわゆる中小企業への融資を行うようになった。株式商業銀行も支店網を拡大し、都市部を中心に営業基盤を強化している。全国ネットワークを有する国有商業銀行と株式商業銀行に比べ、都市商業銀行にはアドバンテージが存在するだろうか。これについて非国有セクターへの貸付統計を用いてその実態をみてみよう。

中国においては、中小企業に関して厳密な定義がなく、中小企業への融資額も公式の統計には記載されていない。そこで計聡［2006］などの先行研究と同様に、中小企業の一部と見なせる非国有セクター（郷鎮企業・三資企業・私営企業・自営業者）の統計を用いて分析を行いたい。

まず郷鎮企業への貸付における商業銀行の割合では、国有商業銀行は2～3割を占めている。一方、株式商業銀行と都市商業銀行は郷鎮企業に対してほと

んど融資を行っていない。つまり都市部を中心に銀行業務を展開する株式商業銀行と都市商業銀行は郷鎮企業を顧客としていない。そもそも金融機関全体からの郷鎮企業への融資額も多くない。

　三資企業への融資は基本的に国有商業銀行と株式商業銀行によって行われる。金融機関全体による三資企業への貸出における国有商業銀行のシェアは、1998年の79.9％から2005年の61.3％まで減少する一方で、株式商業銀行のそれは1998年のわずか8.1％から2005年の31.7％まで増大した。ただし、都市商業銀行は、1998年の2％程度から2005年の4％程度までと、シェアが伸びていない。

　私営企業と自営業者への貸付における各商業銀行のシェアをみると、都市商業銀行は1998年から2002年にかけてシェアを15％程度から25％程度まで増大させたが、2003年からは20数％程度で推移している。国有商業銀行のシェアは1998-2000年まで拡大期であったが、2001年から減少傾向に転じ、2005年になると3割台前半まで減少した。とはいえ、私営企業と自営業者への貸付において、国有商業銀行は最大のシェアを有している。都市商業銀行および国有商業銀行と対照的に、株式商業銀行は急速にシェアを拡大している。1998年のわずか1割未満から年々拡大し、2005年には3割弱までシェアが急伸した。本来、都市商業銀行が得意とするはずの私営企業と自営業者の融資において、都市商業銀行は絶対的なシェアを獲得できず、都市部での支店網を拡大する株式商業銀行に追い上げられたといえよう。都市商業銀行の規模は小さく、資金配分においてその役割も限定的である。

Ⅳ　おわりに

　これまで事例研究でしか取り上げられてこなかった中国の都市商業銀行について、本章ではマクロ統計を用いて銀行システムにおける位置づけや資金配分における特徴を明らかにした。また本研究の焦点となる中国銀行業の市場構造と貸出市場の地域分断について、マクロ統計と地域統計を用いて実証分析を行った。

まず商業銀行の創設過程から明らかになったのは、都市信用社を前身とする都市商業銀行の設立は、政府の金融改革と規制緩和によって推進されたというよりも、金融の安定化を前提にした政策の下で誕生したという点である。そしてマクロ統計と地域統計の双方を用いた分析からは、中国銀行業の市場構造における相異なる側面を析出することができた。すなわち、マクロ統計からは国有商業銀行の寡占構造が確認できたが、一方で地域統計をみると、その経営構造における分散性がみてとれる。例えば、国有商業銀行の店舗あたりおよび職員あたりの資産規模はいずれも都市商業銀行のそれを下回る。これに加えて、本章で実証した貸出市場の地域分断を考えれば、地域金融市場においては都市商業銀行が規模のうえで優位性を有することも考えられる。

これに関連して、資金配分から都市商業銀行の経営課題もみえてきた。地域金融市場において一定の規模を持つ都市商業銀行の資金配分は、株式商業銀行に類似してきた。これはつまり、都市商業銀行は元来中小企業金融としての役割が期待されたにもかかわらず、資金力が増加し資産の運用手段が多様化したことによって、かえって中小企業金融に重点を置かなくなったことを意味している。とくに資産運用においては、貸出の長期化や資金運用効率の低下など国有商業銀行や株式商業銀行と同様の問題がみられ、さらに国有商業銀行と株式商業銀行より預貸率が低く、未運用資産も存在するなど、改善すべき課題があるといえよう。金融市場の地域分断を前提にするならば、規模を追求することよりも、いかに地域の金融機関としてのビジネスモデルを確立するかが重要であろう。

都市商業銀行の設立にあたっては、地方政府による財政出資が求められた。その目的は、まず都市商業銀行の信用を地方政府にリンクさせ、都市商業銀行における資産の安全性を確保することにあった。これによって、都市商業銀行の経営は大株主である地方政府からの影響を受けやすくなり、政府主導の経済発展モデルの下、都市商業銀行の資金配分は地方経済に寄与する意味合いが強くなってきた。とりわけ近年になって、都市商業銀行の経営は規模拡大を追求しており、また事業の効率化を進める国有商業銀行が不採算や効率性の欠如を

理由に撤退した地域にとって、都市商業銀行は金融の新たな担い手としても期待されている。こうした都市商業銀行に関わるさまざまな論点、すなわち、資本増強を通じて確立された経営体制はどのようなメカニズムで資金配分を行っているのか、その資金配分は中国銀行業の競争力向上にいかなる影響をもたらしているのか、さらには地域経済に良い効果を与えているのか、などの点については、次章以降で明らかにする。

注
1) 事例研究では傅建華 [2005]、向力力 [2006]、楊家才 [2008]、定量分析では張健華 [2003]、Shih et al. [2007] などが挙げられる。
2) 2005年までの各年版『中国金融年鑑』は、2006年に刊行20周年記念として発行された『中国金融年鑑1986-2005』のCD版を使用した。
3) 同統計資料はこれまで、『中国金融統計1952-1992』、『中国金融統計1952-1996』、『中国金融統計1997-1999』、『中国金融統計1949-2005』の4冊が発行されている。これらは最も利用されている時系列の金融統計で、本章は主に『中国金融統計1949-2005』を利用した。
4) 一般的に一国の金融発展の度合いをみるには、Goldsmith が提案した FIR (financial interrelations ratio) 指標を用いることが多いが、中国の場合、金融資産ストックの推計には、統計の範囲が前後不一致なところがあるため、広義貨幣 (M_2) を用いて、GDP に占める比率をみることが少なくない。
5) 上海株式取引所と深圳株式取引所は、それぞれ1990年と1991年に成立した。
6) 貸付残高の前年値（タイムラグ）を取って計算した結果も、弾性値係数が0.7787（1％以下で統計有意）となっている。
7) 1983年9月に金融体制改革に関する決定がなされ、1993年12月には金融体制改革の推進に関する決定がなされている。また、こうした時期区分は、中国の経済改革の時期区分にも類似する。
8) 1994年に中国開発銀行、中国農業発展銀行、中国進出口銀行といった政策金融機構が設立された。翌年には『中国人民銀行法』と『中国商業銀行法』が策定されている。
9) なお、2006年に設立された渤海銀行は都市商業銀行に分類されることが多い。
10) 実質 GDP 成長率は4％から16％弱までと、変動幅が大きかった。
11) 『中国金融年鑑』1996年版、p. 17、pp. 108-109。
12) 尚明 [2000]、p. 138。

13) なお設立された都市の詳細については、文末の附表(3)を参照されたい。
14) 一般に市場構造を表す指標としてハーフィンダール指数（Herfindahl index）を用いることが多いが、中国の銀行業においては、国有商業銀行が他銀行よりはるかに資産規模が大きいため、国有商業銀行、株式商業銀行、都市商業銀行という分類別で、商業銀行の市場集中度をみることとする。
15) Parzar-Rosse の H 統計量で推計した中国銀行業の市場競争度を計測し、極めて競争的であることを示した研究が存在する（Yuan [2006]）。
16) Feldstein-Horioka は国際資金移動に対して次のような仮説を提示した。国際金融市場が完全である場合は、貯蓄と投資の均衡は時間が経つにつれて国際的均衡に収束するはずであり、そうでない場合、一国内での貯蓄と投資の自己循環が存在する。この仮説を前提に、国内総生産に占める貯蓄、投資の比率を用いてその関連性（$I=\alpha^{*}S+\varepsilon$）を検定した結果、OECD 21カ国間の資金移動において金融市場が機能していないことが実証された。
17) 張任忠 [2002] を参照されたい。
18) 1993年の中国共産党「社会主義市場経済体制改革に関する諸問題の決定」、同年の中国国務院「金融体制改革に関する決定」では改革の目標が掲げられ、1995年の中国人民銀行「九五時期における金利改革を深める方案について」では具体的な施策が示された。
19) 関連する実証研究では、地域別の平均金利の差を検定し、貸出金利における金融機関の地域別格差の状況を確認する作業を行って貸出市場の分断を実証することが一般的である（Kano and Tsutsui [2003]）。
20) ここで市場集中度（ハーフィンダール指数）を市場構造の変数にしないのは、地域別の銀行統計を利用することができないからである。
21) 中国工商銀行は1997年の４万1,990店舗から2006年の１万6,997店舗に、中国農業銀行は1997年の６万3,676店舗から2006年の２万4,937店舗に、中国銀行は1997年の１万5,251店舗から2006年の１万1,241店舗に、中国建設銀行は1997年の３万2,788店舗から2006年の１万3,629店舗に営業規模を縮小した（『中国金融年鑑』各年版）。
22) 2005年から中国人民銀行は上海分行にも本店機能の一部である公開市場操作などの中央銀行機能を移転した（中国人民銀行編著 [2008]）。
23) ちなみに、中国工商銀行は1984年に設立されて間もなく国務院直属の「局級単位」に昇格した。
24) これは金融官僚の育成システムにも関係する。中国人民銀行に属する大学は人民銀行研究生部（大学院）、西南財経大学（四年制大学）、中南財経大学（四年制

大学)、陝西財経大学（四年制大学）などの財経大学がある。銀行頭取の多くはこれらの大学の出身者である。
25)　中小企業向け融資の金利は一般に高い（中国人民銀行研究局・日本国際協力機構［2005］)。
26)　「国務院関於組建城市合作銀行的通知」（国発「1995」25号）の原文は、「城市合作銀行是在城市合作信用社的基礎上，由城市企業、居民和地方財政投資入股組成的股份制商業銀行，其主要任務是：融通資金，為本地区経済的発展，特別是城市中小企業的発展提供金融服務」である。
27)　傅建華［2005］、p. 102。
28)　数少ない都市商業銀行を分析する学術専門書である。著者は山西省省長などを歴任した「学者型官僚」である。

第 1 部　中国都市商業銀行の成立と経営

第2章

都市商業銀行前史——都市信用社からの転換を中心に

I　はじめに

　本章は、都市商業銀行の前身である都市信用社の歴史を取り上げ、都市商業銀行への転換過程を中心に、都市商業銀行の成立における政府の役割を明らかにする。こうした作業を通じて、中国金融発展のダイナミズムにおける都市商業銀行のような非国有銀行の成立条件、そしてそれを規定する地域経済における政府と金融の関係を論じたい。

　中国の都市信用社とは、協同組合方式で都市部（市街地）に立地する集団所有制企業（以下、集団企業）や自営業者（中小商工業者も含む）を組合員とし、それらを中心に金融サービスを提供する金融機関である[1]。これは19世紀中頃にドイツで発祥した信用組合の思想と方法を踏襲したものである[2]。中国の都市信用社は基本的にシュルツェの市街地信用組合の組合形式を取り入れたもので、組合員から出資金を集め、剰余金の配当を行い、信用事業単営主義の下で有給理事（主任）等により事業が運営される。ただし、国の援助を排除する地方分権や貸出を限定する地域還元、1人1票の運営方式といった点において、中国の都市信用社は独自性を持つ[3]。

　中国では、都市信用社に関する研究は極めて少ない。金建棟［1993］は、中国最初の都市信用社は1979年に河南省で設立されたとするが、1980年代前半まで都市信用社に関する情報は全く存在しない。都市信用社は、1986年の「都市信用社管理暫定規定」（1986年6月）によって国レベルでの推進政策が定められるまで、政府の公式的な承認を得ていないものとして専門の金融誌でも紹介

されなかった[4]。

しかし、政府の推進方針が公表されてからわずか3年足らず（1986-88年）のうちに各地に都市信用社設立ブームが起こり、全国の都市信用社は1986年より2,000社増加して3,300社に達した。ピーク時の1994年には5,000社を超えるほどになった。しかし、短期間で設立された都市信用社は多くの問題を抱え、1989年からさまざまな理由で「整理・整頓」が行われた。

1994年以降に都市商業銀行（1998年以前、都市合作銀行）への転換が基本政策となってから、都市信用社の大半は新設の都市合作銀行に統合された[5]。現在残っている都市信用社はほとんど都市信用社間の統合・合併（同地域の都市信用社）を経て設立されたものであり、単独で金融業務を営んでいたものはごくわずかである。単独経営を貫いてきた都市信用社はわずか浙江省、江蘇省等の10数社程度である。後述するように、これらの都市信用社の一部は統合・合併を経ずに都市商業銀行に転換した。

このように、都市信用社から都市商業銀行への転換には、2つのパターンが存在した。ひとつは、同一都市に立地する都市信用社間の統合・合併を通じた転換である。もうひとつは、単独の都市信用社の都市商業銀行への転換である。都市信用社はその成立からわずか10数年しか経ていないにもかかわらず、次々と都市商業銀行に転換し、金融市場から姿を消した[6]。しかし、短期間で都市商業銀行に転換したがゆえに、都市信用社を現在の視点から歴史的に分析した研究は管見の限り存在しない。その一方で、「大衆運動」のように爆発的に全国に広がった発展様式には、農村信用社（農村部の信用組合）の前例がある。これに関する既存の研究は、都市信用社の分析にも重要な意味を持つであろう。

中国共産党は1930年代の「根拠地時期」からすでに農村部で信用組合の創設を推奨していた。中華人民共和国が成立してからは農村の社会主義改造を掲げ、「生産協同・流通協同・信用協同」のスローガンの下で、農村信用社を大いに発展させた[7]。当時、ほぼすべての農村地域に農村信用社が設立され、1953-1960年の間に総数にして5万5,000社にも上る農村信用社が出現した。ただし、その規模が拡大したがゆえに、金融統制の必要性が生じ、農村信用社のほとん

どは、信用協同組合の創業理念から離れて地方人民銀行(のちの中国農業銀行)の末端部門になってしまった[8]。農村信用社は、結果として、協同組合形式ではなく官僚的組織によって運営されることになった。現在でも中国の農村信用社は1万9,000社(2006年末)を超え、県レベルの農村信用社聯合社から省レベルの農村信用社聯合社まで各行政レベルに応じて所管部門が存在する重層的な構造になっている[9]。

農村信用社の運営は農民から離れ、農村信用社が農民から吸収した預金が幹部のずさんな資金管理によって流失するようになった。政府の管理下におかれた民間金融組織の管理と運営においては、幹部のモラルハザードや利益配分の不平等さが問題となっている(何広文[2005])。同様の事例として、1980年代から全国で推進された農村合作基金がある(郭暁鳴・趙昌文[2000])。官僚化した組織運営で、農民の利益を目指した経営姿勢はみられず、また市場経済で求められる経営の効率化も達成できないまま、農村合作基金は大きな損失を出し、1990年代の初頭までに次々と清算され姿を消していったのである。

協同組合形式で金融事業を行う都市信用社にも、上述したような問題が同様に存在しただろうか。またそのために短期間で政府の力によって商業銀行に転換されたのだろうか。とりわけ、農村信用社の運営を牛耳る政府幹部の存在を念頭に置けば、都市信用社の経営はどのように行われていたのか、そして政府はどのような存在であったのか、といった点を明らかにする必要があろう。1番目の転換パターンに属する大半の都市信用社については、このような視角が重要になる。

2番目の転換パターンは、単独で都市信用社の経営を維持したまま都市商業銀行に転換したものであり、都市信用社の成功事例である[10]。この成功には、どのような条件が存在するのか。これらの都市信用社の一部、とりわけ浙江省に立地する都市信用社に関しては、多くの先行業績が研究対象としている(陳玉雄[2002, 2004, 2006]、渡邉[2006])。しかし、そこではこれらの都市信用社は「地下金融」と見なされており(陳玉雄[2004])、フォーマルな金融の機能不全や未整備に対する民間の対応という視角で分析されている。こうした視

角は、金融発展における各経済主体間の有機的なつながりを分離し、システムの視点を欠いているといえよう。とくにこうした国有、民間、フォーマル、インフォーマルの分け方では、政府、金融、産業におけるリンケージがみえなくなる点は問題視すべきである。本章は、単独で都市商業銀行に転換した都市信用社が成長発展を遂げてきた条件を、立地条件などの地域経済の要素を中心に検討したい。

以下、まずⅡでは中国都市信用社の歴史と機能を概観する。Ⅲでは都市信用社の設立機関と組織構造からその特徴を明らかにする。Ⅳでは政府の役割をキーワードに都市信用社の経営実態を明らかにし、都市商業銀行への転換過程を分析する。Ⅴでは都市信用社として独自の経営を貫き、都市商業銀行に成長した浙江省と江蘇省における数社の都市信用社を事例に、政府主導以外の都市商業銀行の成立にはどのような条件があったのかを明らかにする。最後に本章の内容をまとめる。

Ⅱ　都市信用社の歴史と機能

1．都市信用社の発展

(1) 都市信用社数の推移

都市信用社は設立当初から不透明の部分が多い。金建棟［1993］が指摘したように、都市信用社は自然発生のもので、どういうルートでつくられたのかを明らかにすることは非常に困難な作業である。専業銀行（のちの四大国有商業銀行）によるものもあれば、「街道」（町）の経済組織によるものもある。また都市信用社を創設する機関は省ごとに違いがあり、一概に論じることができない。

金建棟［1993］によれば、1980年代初頭においては都市信用社の多くが金融機関の幹部によって創設された。設立目的のひとつは金融幹部の家族の就職先を確保することにある。当時は、四大専業銀行が営業再開間もない時期であっ

第 2 章　都市商業銀行前史　71

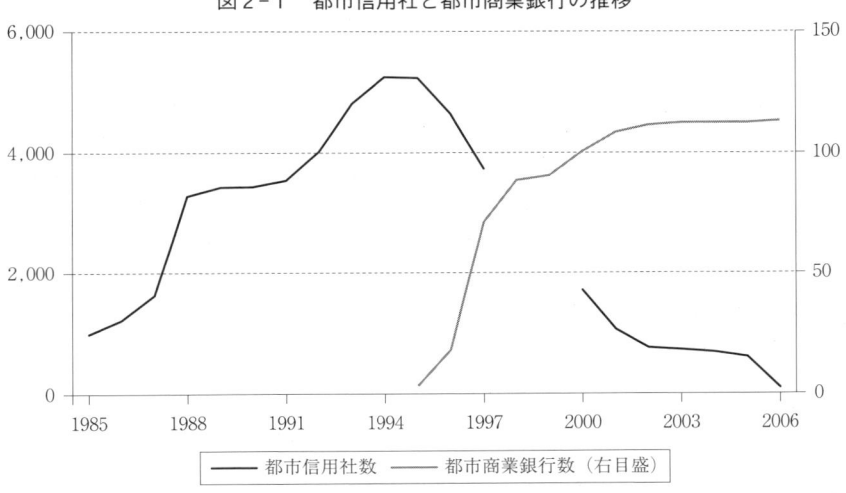

図 2-1　都市信用社と都市商業銀行の推移

出所：『中国金融年鑑』各年版、『中国金融統計1952-1996』、『中国金融統計1949-2005』、『中国銀行業監督管理委員会年報』2006年版、金建棟 [1993] より筆者作成。

たため、都市信用社を設立したのは主に地方人民銀行の幹部によるものだと推測できよう。金融機関の幹部は都市信用社を兼務する形で経営を行い、定年後の第 2 の職場とすることを目論んだと考えられる。都市部の中小商工業者を対象に金融サービスを提供する武漢市漢正街（武漢市の商店街）都市信用社が1984年に出現したことを契機に、都市信用社の推進政策が確立され、都市信用社に関する情報は公式の金融統計に表れるようになった[11]。ちょうどこの時期に都市信用社責任者会合が開かれ、その後「都市信用社管理規定」（1988年）が策定されたことも相まって、都市信用社設立のブームが生じ、都市信用社の数は大きく増加した。

　中国最初の都市信用社が1979年に河南省漯河県に誕生して以来、都市信用社は次々に設立され、1985年には全国で980社になった。図 2-1 の都市信用社数の推移をみれば、1987-88年と1991-94年に、都市信用社の数は急速に拡大した。1988年には1,600社以上が設立され、1991-94年にも年平均500社の増加がみられた。都市信用社数の急拡大は1994年にピークを迎えた。その年に中国全土で

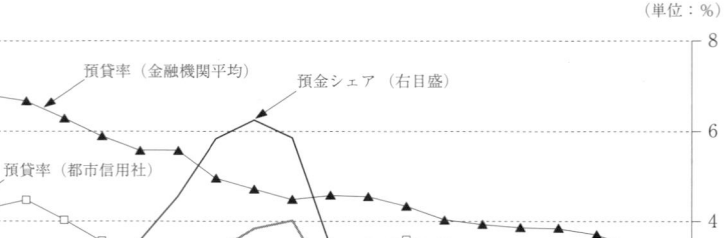

図2-2 都市信用社の預金・貸出金の市場シェアと預貸率

(単位:％)

出所:『中国金融統計1949-2005』および『中国金融年鑑』2006年版より筆者作成。

は5,229社の都市信用社が設立された。雇用者数は16万人にも上った。しかし、その翌年から、都市信用社を統合した形で都市合作銀行の設立が全国で推し進められ[12]、都市信用社の数は次第に減少した。

都市信用社の数は2000年以降1,000社を割り、2006年には100社以下に急減した。2,500社程度は都市商業銀行に吸収されたと思われる。1,500社近くの県・郷に立地する都市信用社は農村信用社に変更された。ちなみに2000年まで都市商業銀行に転換した都市信用社は2,150社で、農村信用社に改名した都市信用社は1,016社である。その後、残りの都市信用社に対して、主に同一地域の都市信用社を統合・合併することが進められ、これによって700〜800程度の都市信用社が削減された。廃業した都市信用社は事実上、200社もないと推測される[13]。なお1998-99年のデータ欠落は、全国の都市信用社統計が、地区級市以上の情報しか取れないためである。2007年末までに残った都市信用社はわずか42社であり、改革開放初期の金融事業の先駆者は、ここに姿を消した[14]。

一方、前章で示したように、1995-2000年の間に、都市商業銀行の設立は全国で急速に広がった。わずか数年で90行を超え、2000年にはその数は100を超

えた。その後、都市商業銀行の設立のペースは落ちたが、2006年には、130以上の都市に設立され、銀行数は113行に上る。

(2) 預金、貸出金シェアの推移

　金融市場における都市信用社の位置づけは、全金融機関の預金と貸出金に占める都市信用社のシェアを見ればよいであろう。それを示したのが図2-2である。なお都市信用社の資産などの基本情報については附表2-1を参照されたい。

　都市信用社は1995年を境に発展期と衰退期に分かれる。1995年以前には金融機関に占める都市信用社の預金・貸出金シェアは増加し続けた。預金では6％台、貸出金では4％台を超えるようになった。預金と比べると、都市信用社の貸出の増加幅はやや低い。これは都市信用社と金融機関の預貸率からも確認することができる。1980年代においては専業銀行を中心に、一貫してオーバーローンによる信用供与が急拡大した。一方、都市信用社の貸出はオーバーローンではなかった。1995年以後、都市信用社の整理・整頓とともに、都市信用社のシェアが減り続け、2001年以降は1％台に減少した。その預貸率は金融機関の平均に近づくようになった。

2. 都市信用社の機能

　1984年以後、都市信用社を設立する政策目的のひとつは、都市部のいわゆる「両小経済」（集団企業と自営業者等を主体とする小規模な商業・工業）への金融サービスを提供することにあった。都市部で小規模の商工業を営むのは、その多くが集団企業である。また改革開放以後に都市部に多くの自営業者（「個体工商戸」）が現れ、中国人民銀行（1983年以降、中国工商銀行）1社のみでは必要な金融サービスの提供が不可能となっていた。とくに、中国人民銀行の特殊性と店舗の制約によって、集団企業や自営業者に対する金融サービスの提供は十分ではなかった。中国人民銀行から独立した中国工商銀行は1984年から「個体工商信貸部」を設立し、両小経済の発展のため資金調達の潤滑化を図った。

表2-1 非国有セクターへの貸出における各金融機関の割合

(単位:%)

	集団企業への貸出			自営業者への貸出		
	国家銀行	都市信用社	合　計	国家銀行	都市信用社	合　計
1986	96.9	3.1	100.0	75.6	24.4	100.0
1987	92.8	7.2	100.0	69.5	27.8	97.3
1988	88.2	11.8	100.0	61.3	30.1	91.4
1989	84.4	15.6	100.0	47.0	34.7	81.7
1990	83.5	16.5	100.0	38.5	41.9	80.4
1991	82.2	17.8	100.0	33.6	51.3	84.9
1992	75.3	22.8	98.1	29.2	61.5	90.7
1993	71.3	27.4	98.7	31.3	62.1	93.4
1994	57.7	38.8	96.5	30.4	60.3	90.7

注:国家銀行の統計には四大専業銀行以外に交通銀行と中信実業銀行(1988年から)も含まれる。
出所:『中国金融年鑑』各年版および『中国金融統計1949-2005』より作成。

しかし、独立したばかりの中国工商銀行にとって、中国人民銀行から受け継いだ銀行業務を拡大することは容易ではなかった[15]。こうしたなかで都市信用社が登場し、両小経済における金融アクセスの不便を解消する役割を担った。

表2-1は非国有セクターへの貸出に占める国家銀行(四大専業銀行+交通銀行、中信実業銀行)と都市信用社のシェアを示すものである。まずその合計値をみてみよう。集団企業への貸出における国家銀行と都市信用社のシェアは1986-91年の間、100%であった。すなわち、集団企業への貸出は国家銀行と都市信用社によって行われていた。1992年からそのシェアが少し低下したものの、96%以上の高い水準を維持していた。一方、自営業者への貸出では、両者のシェア合計値は、集団企業への貸出ほど高くないが、1986年は100%、その後、徐々に低下し、1989年と1990年は8割程度に落ちた。しかし、多くの年では9割前後のシェアを維持していた。

次に国家銀行と都市信用社のシェアを見てみよう。集団企業への貸出における国家銀行の割合は80年代後半の9割から1994年に6割を割った。これに対して都市信用社のそれは、信用社数の拡大とともにわずか3%のシェアから4割近くまで拡大した。これと同様に、自営業者向けの貸出においても、国家銀行の割合は75%程度から1994年に30%まで落ちた。都市信用社のそれは2割程度

表2-2 預金・貸出金における集団企業・自営業者の割合

(単位：%)

預　金

		集団企業			自営業者	合　計
		工　業	商　業	その他		
1986	59.3	27.5	31.9	0.0	11.9	71.2
1987	45.5	22.0	23.5	0.0	8.2	53.7
1988	40.8	16.8	24.1	0.0	6.0	46.8
1989	35.0	14.8	20.2	0.0	5.2	40.2
1990	32.4	13.4	19.1	0.0	5.4	37.8
1991	29.5	12.1	17.4	0.0	5.6	35.1
1992	27.3	9.5	15.5	2.3	5.8	33.1
1993	37.5	7.1	14.4	15.9	5.0	42.5
1994	32.9	5.8	11.5	15.6	4.5	37.4

貸出金

		集団企業			自営業者	合　計
		工　業	商　業	その他		
1986	68.2	36.9	31.3	0.0	11.8	80.0
1987	65.6	37.7	27.9	0.0	10.7	76.3
1988	63.4	33.4	30.0	0.0	9.1	72.5
1989	65.2	35.8	29.4	0.0	8.8	74.0
1990	64.9	36.3	28.5	0.0	9.9	74.8
1991	64.1	36.3	27.8	0.0	10.3	74.4
1992	71.1	31.3	27.0	12.8	9.2	80.3
1993	61.5	25.5	27.9	8.0	8.7	70.2
1994	53.7	20.4	24.1	9.2	7.6	61.3

出所：表2-1に同じ。

から1994年の6割までシェアを拡大した。表2-1をみる限り、80年代後半から90年代にかけて都市信用社の出現と拡大は、集団企業と自営業者の金融需要における困難をある程度解消したものと判断できる。

　次に、集団企業と自営業者向けの金融業務は都市信用社自身にとってどのような位置を占めるのかをみよう。表2-2は以下の都市信用社の預金・貸出金における集団企業と自営業者のシェアを示す。

　まず表2-2の合計値を見てみよう。預金と貸出の合計値で都市信用社の集団企業と自営業者への依存度をみると、預金の依存度は1986年の71.2％から、

1994年には37.4％まで落ちた。一方、貸出の依存度は、1986年の80％から低下したものの、預金の依存度ほどの落差はなく、1994年には61.3％になっている。すなわち、都市信用社の集団企業と自営業者に対する資金構造は、預金の依存度は大いに減少したものの、貸出面では依然として大きく依存していた。

預金と貸出金の構成における集団企業と自営業者の内訳を見ると、都市信用社の預金のかなりの部分は、集団企業から吸収したことがわかる。とくに1980年代の後半には、預金の半分以上は集団企業によって占められている。しかし、シェアは次第に減り、1994年になると3割台まで減少した。自営業者の預金はもとより規模が大きくなかったため、シェアが減少したといっても1割前後から4〜5％まで縮小した程度である。貸出については、ほとんどの貸出が預金と同様に集団企業に占められていた。自営業者への融資は、自営業者の預金と大きくは変わらず、80年代後半から10％前後を上下してきた。

さらに集団企業の内訳を見ると、とりわけ、工業集団企業の預金シェアの減少が目立ち、1985年の27.5％から1994年の5.8％まで萎縮した。商業集団企業のそれは31.9％から11.5％まで減少した。これに対して、貸出では一定の依存度があるため、預金シェアほど減少しなかった。

当時の都市信用社はより多くの預金を吸収するために、金利を他の金融機関より高めに設定しており、集団企業預金の代わりに顕著に伸びてきたのは、一般家計の貯蓄預金であったと推測できよう。図2-2が示すように、都市信用社の預貸率は金融機関の平均より低かった。吸収した預金は、限られた運用しかできないため、十分な利益を確保するためには貸出の返済率を高めることが必要であった。都市信用社の資金運用には限界があると言わざるをえない。

Ⅲ　都市信用社の設立と組織・運営

1．都市信用社の設立

都市信用社の運営はその設立機関に大きく依存する。1980年代初頭における

第2章　都市商業銀行前史　77

表2-3　都市信用社の設立機関と職員採用ルート（1989年末時点）

	信用社数	設立機関の内訳			職員数	採用ルートの内訳		
		人民銀行（％）	専業銀行（％）	その他（％）		金融機関定年退職者（％）	通常採用（％）	その他（％）
北　京	58	—	100	—	1,550	31	46	24
天　津	20	75	25	—	1,031	31	64	5
河　北	427	20	66	14	6,108	4	68	28
山　西	208	32	53	14	2,846	6	50	44
内モンゴル	81	65	26	9	1,246	8	60	32
遼　寧	305	9	79	13	7,121	10	60	31
吉　林	209	16	79	5	6,071	4	84	12
黒龍江	102	37	24	39	1,793	6	44	50
上　海	44	—	—	100	1,103	46	46	8
江　蘇	142	4	47	49	2,299	13	57	30
浙　江	93	86	12	2	1,741	19	64	17
安　徽	132	17	64	19	1,828	12	50	38
福　建	78	9	1	90	1,056	22	54	24
江　西	84	73	6	21	798	25	60	15
山　東	144	54	8	38	2,738	11	56	33
河　南	497	—	—	100	7,901	2	50	48
湖　北	52	77	14	10	1,096	37	36	27
湖　南	47	—	9	92	1,032	25	53	22
広　東	143	—	18	83	2,864	8	68	24
広　西	81	16	68	16	1,853	5	67	28
海　南	12	—	—	100	191	5	39	56
四　川	177	13	20	67	1,783	25	53	22
貴　州	55	—	—	100	1,109	26	58	16
雲　南	28	57	36	7	331	15	74	11
陝　西	64	45	11	44	1,436	11	75	15
甘　粛	90	30	68	2	954	5	61	34
青　海	9	100	—	—	99	13	82	5
寧　夏	8	100	—	—	98	40	22	78
新　疆	19	79	—	21	232	—	32	51
合　計	3,409	22	38	40	60,308	11	60	29

出所：『中国金融年鑑1986-2005：中国金融年鑑創刊二十周年』より筆者作成。

都市信用社の設立に関する詳細な情報は目下のところ入手困難であるが、『中国金融年鑑』の統計の一部を利用することにより、都市信用社の設立機関に関するある程度の情報を得られる。表2-3は1989年末における各地の都市信用社の設立機関内訳と職員採用ルートの内訳を示している。

全体の設立機関をみると、中国人民銀行が22％、四大専業銀行が38％、その他が40％となっている。銀行によって設立された都市信用社は6割を占めていた。具体的には、青海と寧夏の都市信用社はすべてが地方の人民銀行によって設立され、北京の全都市信用社は四大専業銀行によって設立され、上海、河南、海南および貴州の全都市信用社は他の部門によって設立された。設立機関の内訳を見ると、地方人民銀行の割合が多いのは、天津（75％）、内モンゴル（65％）、浙江（86％）、江西（73％）、山東（54％）、湖北（77％）、雲南（57％）、青海（100％）、寧夏（100％）、新疆（79％）などの省市・自治区である。専業銀行の割合が多いのは北京（100％）、河北（66％）、遼寧（79％）、吉林（79％）、安徽（64％）、広西（68％）および甘粛（68％）などの省・自治区である。他の機関の割合が多いのは上海（100％）、福建（90％）、湖南（91％）、広東（83％）海南（100％）、四川（67％）、貴州（100％）である。東部・中部・西部といった明白な地域差がみられないが、最も多い都市信用社を抱え、かつ最もはやく都市信用社が誕生した河南省では、497社のうち、金融機関が創設した信用合作社が1社もないことは特筆すべきである。

　設立機関の特徴は都市信用社職員の採用ルートに反映されており、ほぼすべての省（新疆除外）において、関係金融機関の定年退職者が都市信用社の職員として再就職している。他方、河南省では金融機関の定年退職者を職員として受け入れることが少なく、わずか2.1％にすぎない。これと対照的なのが上海市の都市信用社であり、44社中金融機関によって設立されたのは1社もないが、職員の半数近く（46.3％）は金融機関の定年退職者であった。定年退職者の比率は各省でバラつきがあるが、上海と同様に北京、天津直轄市ではその比率が高い。また福建省（21.5％）、江西省（24.6％）、湖北省（36.8％）、湖南省（24.6％）、四川省（24.5％）、貴州省（25.8％）、寧夏自治区（39.8％）でも2割を超える高い定年退職者の比率を有する。ここでも金建棟［1993］が指摘したように、都市信用社の設立初期における金融幹部の関与がうかがえる。

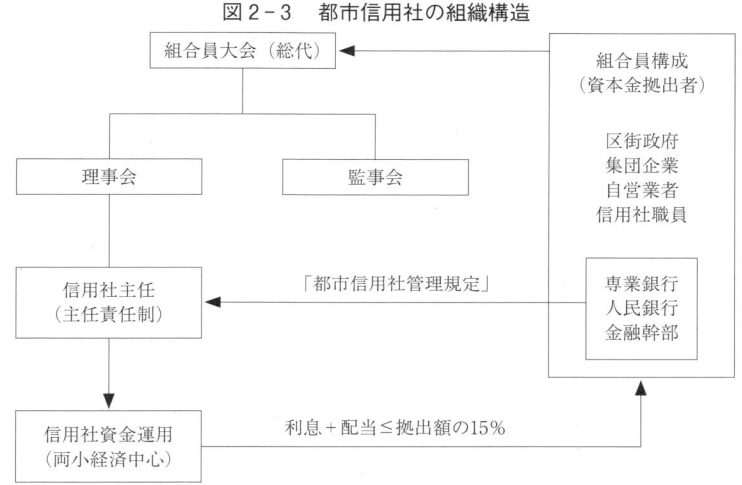

図2-3　都市信用社の組織構造

```
                組合員大会（総代） ←――――――  組合員構成
                       │                    （資本金拠出者）
          ┌────────────┴────────────┐
          │                         │        区街政府
        理事会                    監事会      集団企業
          │                                  自営業者
          │                                  信用社職員
          ▼
      信用社主任      ←「都市信用社管理規定」―  専業銀行
     （主任責任制）                             人民銀行
          │                                    金融幹部
          ▼
     信用社資金運用       利息＋配当≦拠出額の15%
     （両小経済中心） ――――――――――――――――→
```

注：組合員の構成については張紹瑞・白建林[1992]、配当の仕方などは郎汝堅・朱成[1991]を参照した。

2. 都市信用社の組織・運営

図2-3が示すように、中国の都市信用社は協同組合の形式を採用している。すなわち、資本金を出し合う資金拠出者は信用社の組合員となり、彼らが設立した組合員大会（総代）で常任の理事会と監事会を選出し、信用社の経営を管理・監督する。信用社の経営を行う信用社主任は理事会を通じて雇われ、一般的に請負制の下で信用社の金融業務を行う。事前に約束した利息＋配当（合計は拠出額の15％以内）を、経営の成果として組合員に配分する[16]。これはおそらく株式による資金調達が当時中国では困難であったため、株式を発行する際に債券の固定利息を支払うためと思われる。それにもかかわらず集団企業による出資は少なかった。それゆえ、例えば、四川省では都市信用社の資本構成に占める集団企業のシェアを増やすように地方人民銀行から勧告が出された事例もあった（汪世璧[1990]）。

都市信用社の組合員は、都市部の区・街道政府（関連する政府主管部門も含

まれる。例えば、軽工業局や労働局など)、集団企業、自営業者、都市信用社職員などであるが、多数を占めるのは人民銀行、専業銀行および政府金融部門の金融幹部である。都市信用社の主任として経営を担当するのはこれらの金融幹部である。というのも、「都市信用社管理規定」により、金融機関で働いた経験者のみ都市信用社の主任となることができたからである。

　都市信用社における運営では、このような金融機関の影響以外に設立機関の影響も強い。それは都市信用社の資本金構成からも明らかである。江蘇南通市労働局が1985年に設立した南通市労働都市信用社の事例を見てみよう[17]。資本金の大半は労働局の労働服務公司より資金を調達し、不足する部分を就業安定基金（就職促進の専門基金）が出資した。さらに、労働局と関係のある集団企業にも出資を要請し、労働局として一般向けの株式を発行するなどして南通市労働都市信用社の資本金を拡充した。このように、都市信用社の資金拡大は基本的に設立機関の労働局が主導した。そのため、運営に1人1票の原則を貫徹させることは困難であることが多い。信用組合としての経営原則は中国の都市信用社では通用せず、株式事業会社の運営方式のほうが中国の都市信用社では一般的だった。

　都市信用社における運営のもうひとつの特徴は、幹部の階級に応じた運営システムにある。例えば、金建棟［1993］の事例をみると、陝西省咸陽市の都市信用社は1985年から1988年までに17社が設立された。このうち、咸陽市の中山都市信用社は、1987年に地方政府の呼びかけに応じて地方企業が設立した都市信用社であり、その理事会・監事会メンバーはすべて兼務であった。都市信用社の設立を呼びかけた地方政府は、理事長に地方政府の官僚を送り込んだ。全民所有制工場の財務課長は理事に就任した。区政府生産資料（生産財）服務公司と村の党委員会の書記は監事に就任した。信用社主任には農業銀行を定年退職した金融幹部が就任した。すなわち、都市信用社の理事会や監事会はそれぞれ関係者の行政階級に応じて選出され、トップは地方政府の課長級幹部で、理事と監事には係長級の関係者が充てられる。市の全民所有制企業の課長、区政府生産資料（生産財）服務公司と村の党委員会の書記は、係長級に相当する幹

部である（金建棟［1993］、pp. 208-209）。

IV 都市商業銀行への転換——政府の役割を中心に

1．政府主導構造の確立

(1) 都市信用社の整理・整頓

　以上の事例から都市信用社の経営は設立初期から政府の影響を受けてきたことがわかる。ここでいう政府とは、政府機関だけでなく地方人民銀行や専業銀行の金融機関も含む。前述したように、1980年代初期に設立された都市信用社は、主に専業銀行の定年退職者の再就職先および職員子女の就職先としてつくられた。1984年の武漢市漢正街都市信用社の設立をきっかけに、両小経済の金融不在問題を解決すべく、1986年6月に「都市信用社管理暫定規定」が制定され、各地で都市信用社の設立が奨励されるようになった[18]。

　1988年8月に中国人民銀行が「都市信用社管理規定」を制定したが、前述したように都市信用社の設立があまりにも急速であったため、1989年前半より1991年にかけて、都市信用社の整理整頓が行われた。2年間で253社の新設を許可したが、他方で115社を解散させている。とくに河北省、河南省、山西省において都市信用社の統廃合を行い、河北省で38社、河南省で36社、山西省で22社を整理した[19]。

　1991年末の全国の都市信用社は3,500社で、総資産は497億元となり、従業員数は7万7,000人にもなった。都市信用社を都市ごとに都市信用社聯合社に統合する試みが1990年から始まった。1992年より中国経済が高度成長に入り、中小企業や自営業者が数多く誕生して都市信用社の必要性が非常に高まった。これをうけて中国人民銀行は多くの信用社の設立を許可し、1993年末時点での都市信用社の数は4,800社となり、1991年よりも1,300社増加した。総資産は1,878億元であり、従業員は12万3,000人以上にもなった。1993年後半より中国人民銀行は金融秩序維持のため再び都市信用社の整理整頓に乗り出した。1993年7

月1日からは都市信用社の新規設立許可を一切せず、1994年以後、全国で新たに設立された都市信用社はないと言われている。

1995年より、国務院は通達を出して都市信用社をベースに都市合作銀行を設立するよう指導した。同年3月に中国人民銀行は「都市信用社に関する管理監督をさらに強化する通達」において、都市合作銀行を設立する時期に、新たな都市信用社の設立を許可しない方針を打ち出した。1998年10月に国務院は、中国人民銀行の「都市信用社整理整頓に関する工作方案」を配布した。これを受けて1999年末まで2000社以上の都市信用社が都市商業銀行に統合された。その後、都市信用社の数がさらに減り、2004年には681社まで減少した。2007年になるとわずか42社となった。

このように、自発的に発生した都市信用社に対して、政府の方針は一貫しておらず、情勢の変化に応じて推進政策と引き締め政策を繰り返していた。このため、2000年以降には都市信用社聯合社の名義を借りて都市信用社を設立した都市も現れた。ただしその数は多くなく、数十社程度と推測され、地域的には中西部に集中している[20]。

(2) 地方人民銀行の「帰口管理」

都市信用社の設立機関でみてきたように、地方人民銀行が設立した都市信用社の数は、専業銀行と他の部門と比べると多くはない。「都市信用社管理規定」では、都市信用社の単営主義が保証されるが、当時においては所有権に対する保護は明確にされないままで、都市信用社の「帰属」(所有) は大きな問題になった。「都市信用社管理規定」によれば地方人民銀行に対して都市信用社の日常業務を管理・監督する権利は認められているが、直接業務にまで干渉する権利は認めていない。しかし、実際には、地方人民銀行は「都市信用社管理規定」の規定を理由に、都市信用社に対していわゆる「帰口管理」(地方人民銀行を主たる管理部門にすること) を行った。すなわち1980年代後半からの「都市信用社管理規定」の公表や都市信用社の整理整頓に伴って、地方人民銀行は当該地域内の都市信用社の統一管理を試みた[21]。

表2-4　都市信用社に対する「帰口管理」

	信用社基本情報（1992年）			地方人民銀行の帰口管理		
	信用社数	職員数	設立部門	党務	行政	業務
広東省広州市	30	823	街道	×	×	○
山東省濰坊市	15	557	街道専業銀行	○	○	○
黒龍江省伊春市	35	n.a.	専業銀行	×	○	○
河北省倉州地区	45	n.a.	不明	×	○	○
福建省	92	n.a.	不明	△[2]	○	○
遼寧省[1]	307	8,953	専業銀行	×	×	○
湖北省	29	497	不明	×	×	○
湖南省	77	916	不明	○	○	○

注：1）専業銀行が設立した遼寧省の都市信用社はそれぞれ工商銀行35社と農業銀行1社である。
　　2）福建省においては地方人民銀行の直接的な党務関与は指摘されていないが、思想政治工作は行われていたと述べられている。
出所：金建棟（1993年、pp. 27-87）より筆者整理作成。

　都市信用社はさまざまな機関が設立したものであるので、その管理・監督も設立機関によってさまざまである。前節で金融幹部の関与を明らかにしたが、地方人民銀行の「帰口管理」はどのようなものだろうか。表2-4では都市信用社の管理・監督について、党務・行政・業務の3つの面に分けて検討する。第1は党務（共産党の一般活動）に対する関与、すなわち共産党系統での活動に関与しているか否か、第2は行政に対する関与、すなわちこれは一般に人事行政を指すが、ここでは主に都市信用社主任を選任する人事権に影響を及ぼしているか否か、第3は業務に対する関与、すなわち都市信用社の日常業務をどの程度監督しているのか、以上の3面から地方人民銀行の「帰口管理」をみる。

　表2-4の事例によれば、設立機関が明らかになっている4つの地域では、地方人民銀行による都市信用社の設立は少なく、そのほとんどは街道（町）委員会（政府の派出機関）や専業銀行による設立である。設立当初は設立機関の影響が大きいと推測されるが、「帰口管理」後の1992年になると、都市信用社の日常活動は地方人民銀行によって管理されるようになった。一般業務にとどまらず、信用社主任の任命や党支部の活動までほとんど地方人民銀行が責任を持つようになった。山東省と湖南省の都市信用社は、完全に地方人民銀行に帰

属するものとなっていた。8つの地域で、業務のみを管轄するのは、広東省広州市、遼寧省、湖南省の3地域だけである。

各地の地方人民銀行はそれぞれ異なる「帰口管理」方法を取っていた。例えば、四川省では、「都市信用社管理規定」を遵守しようとすると、両小経済部門の資本金不足が問題となるため、両小経済部分の集団企業や自営業者を組合員に取り入れ、国有企業・行政部門と都市信用社を兼務する人員を辞任させるなど、「都市信用社管理規定」に沿った運営を展開した。こうして、四川省では、1社あたり集団企業10社を組合員に取り入れ、地方人民銀行の都市信用社に対する監督を強化した[22]。

これに対して都市信用社からの反発も一部みられた。例えば海口市（1988年から海南省の省都）の都市信用社は1991年に地方人民銀行（中国人民銀行海口市支行）の過剰干渉を提訴し、裁判所も都市信用社に勝訴判決を出した[23]。しかし、地方の金融市場における地方人民銀行の絶大な権限の下では、都市信用社の多くは結局、地方人民銀行に従うようになった。そして、地方人民銀行の「帰口管理」は、地方人民銀行出身の都市信用社主任の権限を助長した。

(3) 都市信用社聯合社の設立と限界

都市信用社に対する管理・監督が厳しくなるなかで、その経営を安定化するため、都市ごとに都市信用社聯合社を設立する動きが全国で広がった。分散して設立された都市信用社は、同一都市にあっても業務上の連携もなく、比較的独立した形で経営がなされていた。都市信用社の規模は小さく、多くの金融業務が推行できないため、資金の運用は地方の人民銀行や専業銀行に頼っていた。これらの問題を解消するため、地方政府や地方人民銀行を中心に都市信用社聯合社を設立することが検討された。

全国レベルでの都市信用社の整理整頓以後（1990年以後）、都市信用社聯合社を設立する省も現れてきた。ここでは金建棟［1993］を利用して1993年までに設立された都市信用社聯合社を表2-5に示した。表2-5によれば、黒龍江省は比較的はやい1987年に都市信用社聯合社を設立した。そのほかの省は1991-

表2-5　都市信用社聯合社の設立

		所在地	設立年	資本金（万元）	管轄下の信用社数
1	北京市都市信用社聯合社	北京市	1991	100	58
2	天津市都市信用社聯合社	天津市	1992	300	33
3	ハルピン市都市信用社聯合社	黒龍江省	1987	250	33
4	鶴崗市都市信用社聯合社	黒龍江省	1992	200	6
5	瀋陽合作銀行	遼寧省	1987	1000	19
6	大連市都市信用社聯合社	遼寧省	1992	135	27
7	鞍山市都市信用社聯合社	遼寧省	1992	360	16
8	済南市都市信用社聯合社	山東省	1991	150	15
9	南京市都市信用社聯合社	江蘇省	1992	100	25
10	常州市都市信用社聯合社	江蘇省	1991	104	13
11	蚌埠市都市信用社聯合社	江蘇省	1991	130	10
12	台州市都市信用社聯合社	浙江省	1992	100	10
13	上海市都市信用社聯合社	上海市	1991	200	45
14	南昌市都市信用社聯合社	江西省	1992	150	15
15	アモイ市都市信用社聯合社	福建省	1992	100	9
16	福州市都市信用社聯合社	福建省	1992	100	18
17	鄭州市都市信用社聯合社	河南省	1990	100	44
18	開封市都市信用社聯合社	河南省	1990	100	21
19	洛陽市都市信用社聯合社	河南省	1991	120	41
20	安陽市都市信用社聯合社	河南省	1990	100	17
21	武漢市都市信用社聯合社	湖北省	1992	150	31
22	黄石市都市信用社聯合社	湖北省	1993	100	7
23	株洲市都市信用社聯合社	湖北省	1993	100	11
24	広州市都市信用社聯合社	広東省	1992	310	26
25	肇慶市都市信用社聯合社	広東省	1992	100	17
26	南寧市都市信用社聯合社	広西省	1991	110	11
27	西安市都市信用社聯合社	陝西省	1992	100	32
28	咸陽市都市信用社聯合社	陝西省	1992	140	15
29	西寧市都市信用社聯合社	寧夏自治区	1992	100	10
30	ウルムチ市都市信用社聯合社	新疆自治区	1992	100	15
31	南充市都市信用社聯合社	四川省	1991	100	49
32	成都市都市信用社聯合社	四川省	1993	100	49
33	重慶市都市信用社聯合社	四川省	1992	100	22
34	貴陽市都市信用社聯合社	貴州省	—	100	16
35	昆明市都市信用社聯合社	雲南省	1992	190	16

出所：金建棟（1993年、pp. 88-145）より筆者整理作成。

92年にかけて多くの都市が都市信用社聯合社を設立した。表2-5に列挙した都市信用社聯合社は35社、これらの聯合社が管轄した都市信用社802社であっ

た。

　1980年代における一般の都市信用社の資本金は平均10万元（附表2-1より算出）であったが、都市信用社聯合社の資本金は最低限でも100万元以上であった。瀋陽合作銀行の資本金は1,000万に達していた。設立された都市信用社聯合社の地域分布をみると、各省（自治区）の省都（中心都市）を中心に都市信用社聯合社が設立されていた。遼寧省、江蘇省、河南省、湖北省と四川省では、3都市以上で都市信用社聯合社が設立された。

　都市信用社聯合社の設立は、地方政府と地方人民銀行が中心となって推進した。その役割は、主に都市信用社に業務上の便宜を図るものであった。都市信用社は、かつて地方人民銀行と地方の専業銀行を通じて決済や資金融通を行っていたが、聯合社は地方人民銀行と地方の専業銀行の役割を代替するようになった。このことは、1994年以後の都市合作銀行の設立にあたって、都市信用社聯合社を中心に、他の都市信用社を容易に統合する効果をもたらした。しかし、その機能がある一方、実際にはこうした都市信用社の立地や設立部門の関係で都市信用社聯合社を通じた業務を潤滑にしえたのはごく一部に限られていた。こうして都市信用社聯合社は地方人民銀行の出先機関のような組織になってしまい、都市信用社を束ねて中小企業金融などの銀行業務を開拓するようなインセンティブを持たなかった。

2．都市商業銀行の設立と地方政府

(1) 都市商業銀行の設立

　上述したように、1980年代後半から、地方政府や地方人民銀行が中心となって、都市信用社に対する管理監督を強化し、「帰口管理」や都市信用社聯合社の設立を通じて地方人民銀行の支配を確立し、政府主導の構造を構築した。これによって、設立機関の複雑さや財産権未確立等の諸問題を乗り越え、都市商業銀行の成立を可能にした。

　1994年から都市信用社をベースとした都市合作銀行の設立の機運が高まり、同年8月の「北戴河会議」で当時の首相朱鎔基の「都市合作銀行の設立を推進」

する発言を受け、1995年3月14日に「都市合作銀行試行座談会」が北京にて開かれた。この会議では、都市合作銀行設立のモデル都市として認定された北京・天津・上海・深圳・石家荘市の政府官僚と、中国人民銀行副総裁である周正慶・朱小華が、都市合作銀行設立の基本原則を確認した。都市合作銀行設立では、地方財政の資本参加が資本金の30％以下であること、個人株式の新規発行をしないこと、資産査定と所管部門から管理権を分離させることなどが明示された[24]。

　その後、半年も経たない1995年8月に経済特区の深圳市において、地方政府の出資を受けて都市信用社聯合社を主体とする深圳市城市合作銀行が誕生した。同年、北京市城市合作銀行と上海市城市合作銀行の設立が認められ、翌年、省都を中心として18都市で都市合作銀行が誕生した。1998年から都市合作銀行の名称は、都市商業銀行に変更された。これらの都市商業銀行は地方財政の出資を受け、同一都市の都市信用社を統合し、地方人民銀行の「帰口管理」と都市信用社聯合社の設立によって確立した統治システムをベースに銀行業務を展開する。

　近年になって公表された都市商業銀行の取締役と管理層の経歴からわかるように[25]、設立初期における都市商業銀行の会長は主に地方財政局の局長などを歴任した地方の財政幹部であった。頭取はほとんどが地方の四大商業銀行の出身者で、しかも大半が四大商業銀行の支店長などの経験者であり、いわば金融のエキスパートである。また副頭取や管理層の多くは、都市信用社聯合社の出身者である。都市信用社聯合社の主任は、設立当初から副頭取に就任して、階級上では金融機関出身の頭取の下にあるが、株式の保有数は取締役のなかで最大である。一方、地方財政系統出身の会長は、ほとんど都市商業銀行の株式を持っていない。

(2) 上海市城市合作銀行

　最も詳細に都市商業銀行の成立過程を公表したのは、1995年12月に設立した「上海市城市合作銀行」（以下、上海銀行）である。その設立過程を詳細に記録

した文献も出版されている[26]。それによれば、上海市政府と人民銀行上海支店が上海銀行を設立する必要性やその具体的な内容を話し合い始めたのは1994年であった。中国人民銀行の設立許可を受けて、1995年4月5日に上海市商業銀行籌備領導小組（委員会）が設立された。委員会のメンバーは組長が上海市副市長（華建敏）、副組長が上海市人民政府秘書長（馮国勤）と人民銀行上海支店支店長（毛応梁）、その他は上海市計画委員会主任（韓正）、上海市計画委員会副主任（程静萍）、上海市財政局副局長（劉紅薇）、上海市計画委員会主任補佐（蔡暁虹）、人民銀行上海支店金管処処長（沈斌）、上海市都市信用社聯合社主任（王世豪）であった。都市商業銀行設立に際しては、「六個不変」、「四個不准」と「三個必須」の行動原則がとられた[27]。

　都市商業銀行を設立する際の最も重要な作業は、各都市信用社の資産を保全することである。上海銀行設立に際しては、都市信用社の資産を査定するため、まず各都市信用社の純資産を査定し、そして純資産の分配案を確定し、最後に都市信用社を経由する財政信用を整理した。具体的には、都市信用社聯合社を含む都市信用社99社の資産を監査し、資本総額4.19億元および払込資本3.12億元を確定した。各都市信用社の余剰金や不動産なども払込資本として認めたため、資本金に占める都市信用社の自社株比率は高くなり、4.19億元のうち1.89億元を自社資金で占めることとなった。同時に、払込資本の内容を広げた結果、上海銀行の個人株主は2〜3万人にも及ぶこととなった。

　また純資産を7.3億元に確定し、その分配の10％を貸倒引当金に充て、70％を法人株主に分配、残り20％を内部従業員に階級と勤務年数に従って分配した。資産査定と設立準備の認定を受けたのち、都市商業銀行の設立を中国人民銀行から承認された。その後、設立に向けて資本増強を行い、15億元の資本金まで増資することを想定していた。新銀行の資本金の内訳は、前身の都市信用社の資本金3.13億元、法人株主と内部従業員に分配した6.37億元、残りは地方政府から4.5億元、大企業から1億元を増資した。資本金問題を乗り越えた上海銀行は1995年12年29日に営業を開始した。

　なお都市信用社の株主構成は、上海銀行の設立記録には記載されていない。

表2-6 重慶銀行設立時の出資者と出資額（1996年）

	出資者		出資額 （万元）	割合 （％）
地方財政	市、区財政局10局	重慶市財政局、江北区財政局	2,500	10
都市信用社	35社	銀通都市信用社、工合都市信用社	16,125	63
地域企業	39社	重慶鉄道投資開発公司、長安汽車公司	6,943	27
合計	84社		25,568	100

出所：重慶市商業銀行章程より。

　そこで1996年7月に設立された重慶市商業銀行の銀行細則（章程）に公開されている銀行発足時における出資者と出資額のリストを用いて、都市商業銀行の資本金構成を検討しよう。重慶市商業銀行は、地方政府、都市信用社、地元企業の現金出資を受けて設立された。3者から合計2億5,568万元の出資金を集めた。そのうち、重慶市財政局と各区の財政局によって拠出された出資額はおよそ10％の2,500万元である。一方、重慶市各区に所在する都市信用社自身の出資額は圧倒的に多く、計1億6,125万元で出資金全体の63％を占めていた。他方、39社の地域企業からの出資金は6,943万元で、出資金の27％を占めている。地域の出資企業には、重慶鉄道局や鉄道投資開発公司、長安汽車公司などの企業が含まれる。

　都市信用社の出資は新銀行の資本金全体の63％にも及び、都市信用社の職員や業務は都市商業銀行に引き継がれたため、都市信用社からの出資の一部は職員や退職者の個人株式保有として所有されるが、大半は集団の持株組合によって所有されている。その後の増資の際には、都市信用社がすでに存在していないため、地方政府と地元企業のみが出資者となり、元都市信用社職員の出資追加はなかった。

　こうして政府主導によって、地方財政まで動員して都市商業銀行が成立した。これによって、1980年代に大量に出現した都市信用社は新たな形で地域経済との関わりを強めていく。このダイナミズムの解明は中国の金融発展を理解するうえで極めて重要である。

V　民間銀行の成立条件——保留社の事例

　政府主導の下で、都市商業銀行に転換した都市信用社と異なり、単独の経営を認められ、民間銀行に成長した都市信用社も数社存在した。『中国金融年鑑』(2005年版、pp. 20-21) によれば、都市信用社の整理整頓のなかで、統廃合等の方法を取らずに経営の独立性を維持しながら、都市信用社として営業を継続したのは2004年までに全国で17社ある。これらの都市信用社については、一般的に「保留社」(保留した都市信用社) と称される。保留社は主に沿海部の省に集中しているが、西部の甘粛省にも1社存在する。その他、確認できたのは、浙江省、江蘇省、湖北省にはそれぞれ4社、1社、1社が存続をしているのが確認できた。他の省の詳細は不明である[28]。

　浙江省と江蘇省の保留社は、浙江省の寧波象山緑葉都市信用社 (以下、緑葉社)、温嶺市都市信用社 (以下、温嶺社)、台州泰隆都市信用社 (以下、泰隆社)、義烏稠州都市信用社 (以下、稠州社) 4社と江蘇省の泰州長江都市信用社 (以下、長江社) 1社である。その後、浙江省の温嶺市都市信用社、台州泰隆都市信用社と義烏稠州都市信用社は、2006年に資本増強を受け都市商業銀行として認可された。江蘇省の泰州長江都市信用社も2008年に都市商業銀行設立の認可を受けた[29]。これらよりはやく2002年に台州市商業銀行に転換した台州銀座都市信用社 (以下、銀座社) は浙江省に存在した。これも対象として検討すべきである。

　保留社から転換した都市商業銀行は、一般の都市商業銀行より規模がひと回り小さく、営業基盤から言えばコミュニティバンク (「社区銀行」) と称すべきかもしれない。経営規模が小さいにも関わらず、なぜこれらの都市信用社は単独の経営を貫くことができ、最終的に商業銀行まで成長できたのか。すなわち民間商業銀行の成立条件はどのようなものだろうか。これについて、以下では、立地、経営者および地方政府との関係から検討してみよう。

(1) 立地の特徴

一般に、浙江省は民間経済が発達した地域であると称される。浙江省義烏市には有数の「専業市場」(卸売市場) として「中国小商品批発市場」が存在する。海外からの買付客が町中に溢れ

表2-7 保留社の所在地

	保留社	所在地
1	寧波象山緑葉都市信用社	浙江省寧波市象山県
2	温嶺市都市信用社	浙江省台州市温嶺市
3	義烏稠州都市信用社	浙江省金華市義烏市
4	台州泰隆都市信用社	浙江省台州市路橋区
5	台州銀座都市信用社	浙江省台州市路橋区
6	泰州長江都市信用社	江蘇省泰州市靖江県

出所:筆者作成。

ている。台州市の民間企業は、2002年末に30万社を超えた。売上高500万元を超える民間工業企業は2,300社、1億元を超える民間企業は70社存在する(『台州統計年鑑』2003年版)。中国の中堅自動車メーカである「吉利集団」は台州市に立地する民間企業である。このように、立地条件に恵まれ、民間企業や中小卸売業者が多数存在することから、民間銀行が成長できる土壌が形成された。これは、保留社が存在する大きな要因といえよう。

ところが、浙江省で最初に注目され、民間経済が最も発達した温州市ではなぜ保留社が存在しないだろうか。温州市では、はやくから民間の都市信用社が設立され、民間経済の発達とともに成長した。しかし、温州市では、都市信用社聯合社が設立されて以降、民間の都市信用社も地方人民銀行の支配下に置かれ、独自発展のインセンティブが薄れた[30]。これによって、都市信用社聯合社をベースに設立された都市商業銀行の誕生とともに、民間の都市信用社は都市商業銀行に統合された。

ここで、表2-7の保留社の所在地により、その特徴を見てみよう。浙江省と江蘇省の6社保留社の立地は温州市のような地区級市でなく、寧波市の象山県や金華市の義烏市、台州市の温嶺市と路橋区、泰州市の靖江県など、県や県から昇格した県級市に立地している。もともと金融業を行うのに適した環境ではない地域で、保留社は地域経済の成長とともに成長してきた。これらの地域には地方人民銀行や国有商業銀行の支店も存在するが、市場に敏感に反応しない国有商業銀行の経営は、保留社にとって競争要因にならない。また金融市場が制度的に分断されていたことから、外部からの参入者も存在しない。総じて

地区級市に立地していないことが保留社の特徴といえよう。

(2) 経営者の特徴

このような都市信用社においては、経営者の存在が大きい。都市商業銀行に転換した保留社の情報公開が進んでいるので、銀行年報などを利用して、2006年時点における経営者の基本情報と株式保有状況を示しておこう[31]。

まず、表2-8で経営者の年齢をみると、40代が多い。最年少の稠州社の金子軍は36歳、最年長の緑葉社の董強友は70代である。残り全員は40代である。経営者の在職期間をみると、董強友を除く全員が設立当初から経営の任にあった。つまり、6社のうち、設立初期に就任が交替した緑葉社を除くと、残り5社は起業者が事業を継続してきた。経営者のほとんどが20代のときに起業したと見てよい。

この都市信用社6社はほとんどが1988-89年の間に設立された。緑葉社と泰隆社、銀座社は自ら金融業を興した都市信用社であるのに対して、稠州社と温嶺社は地方人民銀行が主導して財政資金を使って設立した都市信用社である。都市信用社は90年代半ばの整理整頓期において地方人民銀行と出資関係を断ったが、経営者は地方人民銀行の出身で占められていた。江蘇省の長江社はもともと1988年に当地の建設銀行を中心に設立した都市信用社であるが、1994年に元の建設銀行と関係を断って独立した。朱恵建はもともと建設銀行の幹部であった。

経営者の位置づけをみるには、それぞれの株式保有をみることが有効であろう。経営者の出資比率は純粋な民間都市信用社が比較的多いが、地方の人民銀行や専業銀行が設立した場合は比較的少ない。例えば、温嶺市都市信用社から転身した浙江民泰商業銀行の取締役会会長は江建法である。株式保有からみると、江建法は特別に多いわけではなく、全体の0.4％を所有するにすぎない。ただし、泰隆社の王鈞は10％以上を保有し、事実上の最大株主である。都市商業銀行に転換したのち、多くの経営者は持ち株会社を通じて銀行の株を持つようになったため、実際の割合を把握することが難しい。銀座社の陳小軍の場合、

表 2-8 保留社経営者の一覧（2006年）

	経営者基本情報			株式保有
銀座社	陳小軍	44歳	取締役会長兼頭取（設立1988年より）	0.6%[1)
泰隆社	王鈞	42歳	取締役会長（設立1989年より）	10.0%
稠州社	金子軍	36歳	取締役会長（1989年より）	0.5%
温嶺社	江建法	46歳	取締役会長（不明）	0.4%
緑葉社	董強友	70代	主任（1989-2006年） 会長（2006年より）	保有
	樊虹国	49歳	総経理（2006年より）	不明
長江社	朱恵健	不明	総経理（設立1988年より）	不明

注：1）経営者の株式保有は、持ち株会社を通じて行うため、銀行年報に記載した割合では明らかにできない。ここで示したのは、銀行年報より引用した数字である。
出所：銀行年報などの関連資料より筆者作成。

年報の情報によれば0.6%の株式保有であるが、実際には10%以上あると推測されている[32)]。

(3) 事業展開の特徴

都市信用社のうち、先行研究でしばしば検討されるのは台州市の銀座社と泰隆社である。緑葉社、温嶺社、稠州社についてはあまり検討の対象になっていない。緑葉社は銀座社や泰隆社と同様に民間資本が設立した信用社である。これに対して、稠州社と温嶺社は地方人民銀行が主導して設立した信用社である。稠州社は1987年6月にわずか10数万元の資本金から出発した。しかし、当初はしばらく預金を集めることができなかった。その理由は、銀行以外の金融組織は社会からの評価が低かったからである。ところが、その翌年の後半になると、稠州社の預金と貸出金はそれぞれ1,686.6万元と2,009.7万元に達し、専業銀行の支店と同規模にまで成長した[33)]。

驚異的な成長を遂げたのは、義烏小商品批発市場の存在による。1987年の統計によると、義烏小商品批発市場では6,000の個人経営戸（店）があり、関連する被雇用者は数万人に達していたと思われる。専業銀行にはさまざまな制約（人員・処理能力）があり、6,000の自営業者に対して、1,000の自営業者にしか預貸業務を行えない状況にあった。そのため金融アクセスの不足に対して大

きなビジネスチャンスが潜んでいた。稠州社は業務の効率化・迅速化によって、6,000自営業者の4分の1にあたる1,500自営業者を顧客にすることに成功した。

中国建設銀行が中心となって設立した長江社が1988年に開業した当時、泰州市にはすでに四大専業銀行と泰州都市信用社が存在していた。泰州市の民間経済のおかげで、長江社が20万元を資本金に行脚営業を展開した。また率先して金融業務の電子化を図った。これによって、多くの中小工商業者を顧客にし、2006年の総資産が12億元に達したうえ、不良債権率はわずか2％であった[34]。

地方人民銀行や専業銀行等の公的金融機関が設立した都市信用社よりも経営規模が大きい銀座社は、設立当初から民間起業家である李書福の企業（現在の吉利集団）と密接な関係がある。現在吉利集団は台州市商業銀行（銀座社）の株式の10％を保有しており、李書福が銀行の取締役も兼任している。緑葉社の株式構成は不明であるが、民間の紡績工場から国内最大のアパレルメーカーにまで成長した雅戈尓（YOUNGOR）グループの副会長が緑葉社の取締役総経理に転職したことから、同グループとは深い関係にあるのがわかる。一方泰隆社の場合は、特定の企業との関係が確認できない。このように、緑葉社が多数の民間の中小業者を取引相手として発展したのに対して、銀座社などは特定の民間企業との長期的な取引を通じて発展してきた。保留社の発展過程には、特徴の異なるパターンが存在すると言える。

(4) 地方政府との関係

公的金融機関が主導して設立した都市信用社は、地方政府の支援を受けながらビジネスを拡大してきたので、もとより地方政府と良好な関係にある。一般的に言って民間の都市信用社は、ほとんどが地方政府と良好な関係を持っている（陳玉雄［2004, 2006］）。例えば、台州市に位置する銀座社と泰隆社は、1999年に取付け騒ぎが起こり、それを収めるために地方政府が1億元を超える特別融資を実施した[35]。もちろん、特別融資を実施するには、金融リスクに対応する政府の監督責任の要因が大きいことは否めない。地方政府が民間金融機関を救済するこのような事例に鑑み、地方政府との関係なくして民間信用社の

発展史を語ることはできないと言える。

　銀座社が都市商業銀行に転換した際、それが純粋な民間金融機関であったにもかかわらず、台州市政府は中国人民銀行の要求に応じ、安定株主として2億元以上を出資し、5％程度の株式を取得した（門闖［2008］）。これによって、地方政府は、監督者としての立場だけでなく株主としても銀行の経営活動に関与するようになった。しかも、民間銀行とのつながりは、間接的関係から直接的関係へと変化し、地方政府主導の地域経済の発展モデルに民間銀行を取り込んだ。他の保留社でも、都市商業銀行に転換した際に、ほぼ同様に地方政府より5％程度の資本金を調達し、地方政府を株主として受け入れた。例えば、温嶺社は、温嶺市国有資産投資公司（政府系投資会社）より5％の出資を受けた[36]。ただし、これらの銀行は、年々資本金を増強しており、政府からの追加出資が行われなかった場合、株式保有における地方政府の比率は低下している。

VI　おわりに

　中国における都市信用社の営業年数は10数年足らずである。中国では、都市部の信用組合事業が早々に協同組合の機能を失って商業銀行へと転換したが、これは世界でも類をみない現象である。本章ではこのような都市信用社に関して、歴史的な分析を行った。分析では都市信用社から都市商業銀行への転換に2つのパターンが存在することを指摘し、以下のような結論を得た。

　従来の農村信用社を中心に検討した研究では、信用社の組織運営における官僚的な要素が衰退をもたらしたとするが、本研究ではそれとは異なる要因を明らかにした。そもそも、信用組合の官僚的な組織運営は中国特有のものではない。日本やドイツでも同様である。日本の信用組合の場合は、明治期の「産業組合」を嚆矢として、大正期、戦前・戦時期を経て戦後に到り、特定の職業や地域内で形成される信用組合と旧市街地信用組合を前身とする信用金庫の2つのタイプに分かれた。とくに戦時期には信用組合は統制機関のひとつとして管理強化が図られ、官僚的な組織運営が強制されたこともある。そして戦後にお

いては、関連する法律の整備によって、信用組合や信用金庫は社会に定着するようになった。

　中国の都市信用社がこうした日本の信用組合と明らかに異なるのは、都市信用社の設立が組合員の出資という形式ではなく、ほとんどが株式発行によったことである。つまり、中国の都市信用社は設立当初から所有権を重視したことが重要な特徴であって、官僚組織の運営は金融幹部の存在がもたらした表面的な特徴にすぎない。金融当局が初めて都市信用社の発展を推進したのは1986年以後のことであり、本章では地方人民銀行と四大専業銀行が初期段階からいろいろな目的で都市信用社の設立に関与し、その後政府の政策に呼応してさらに関与を深めたという事実を明らかにした。こうして中国の都市信用社は、出資部門の利害を代表する関係者と金融行政を担当する金融幹部の複合体となった。この点は、のちの都市商業銀行への転換において有利な条件となった。

　保留社については、金融機関であったとしても地下金融の性格が強かったとする研究がこれまで多かった。ところが、保留社は地下金融というよりも、立地条件などを利用し、地方政府と良好な関係を築いたうえで、場合によっては特定の企業と連携を強めることで発展を遂げたことを本章で明らかにした。保留社は表面上、信用組合の形を取りながらも、実質的には株式構造であったことによって、内部の資金管理の健全性を保っていた。保留社は実態としては、いわゆる信用協同組合ではなく、当初から営利を目的にする株式会社として事業運営がなされた。これこそが経営を成功させた要因であった。

　都市信用社は、1980年代において、当時の集団企業や自営業者に対して資金融通や流動性確保という金融サービスを提供するものとして生まれた。しかし、その発展はあまりにも膨張的で、市場発展に応じて出現したものとはいえない。資金運用自体にも限界があり、都市信用社への転換が設立当初から求められていたともいえる。とくに都市信用社の設立にはさまざまな利害関係者が関わっており、都市商業銀行への転換は政府の力なしには実現できなかったであろう。それゆえ、政府の力によって可能になった利害調整が都市商業銀行の経営にどのような影響を与えているかという点こそが検討すべき課題なのである。

第2章 都市商業銀行前史　97

附表2-1　都市信用社運営状況の推移

(単位：億元、人、％)

	信用社数	職員数	資産	前年比(％)	預金	前年比	貸出金	前年比	所有者持分	払込資本	利益	自己資本比率
1985	980	n.a.	n.a.		n.a.	n.a.	n.a.	n.a.	n.a.	n.a.	n.a.	4.4
1986	1,207	13,741	31.9		29.5		19.5		1.4	n.a.	n.a.	3.1
1987	1,615	26,479	90.4	183.4	75.6	156.3	63.4	225.1	2.8	n.a.	n.a.	3.8
1988	3,265	49,768	185.2	104.9	157.1	107.8	133.9	111.2	7.1	n.a.	4.2	6.6
1989	3,409	60,308	284.2	53.5	220.9	40.6	196.3	46.6	18.8	n.a.	9.8	7.6
1990	3,421	68,687	372.2	31.0	309.7	40.2	248.8	26.7	28.2	n.a.	8.5	10.2
1991	3,518	77,382	497.5	33.7	447.8	44.6	316.2	27.1	50.6	n.a.	8.9	6.1
1992	4,001	90,981	792.2	59.2	821.3	83.4	487.2	54.1	47.9	n.a.	11.9	7.1
1993	4,798	122,947	1,182.4	49.3	1,339.7	63.1	777.4	59.6	84.1	84.1	20.7	7.4
1994	5,229	161,279	2,168.7	83.4	2,353.5	75.7	1,323.6	70.3	161.5	111.1	12.1	6.6
1995	5,217	150,780	3,039.2	40.1	3,357.4	42.7	1,929.0	45.7	200.8	136.0	13.1	5.7
1996	4,630	n.a.	3,747.8	23.3	3,998.3	19.1	2,445.2	26.8	211.9	158.4	6.0	3.2
1997	3,716	135,569	2,916.6	△22.2	2,846.7	△28.8	1,933.9	△20.9	92.8	114.6	△23.1	2.1
1998*	923	54,068	1,033.8		2,416.9	△15.1	1,689.6	△12.6	22.2	79.4	△34.2	△3.1
1999*	836	39,632	950.3		2,248.8	△7.0	1,609.5	△4.7	△29.1	76.3	△39.7	△1.5
2000	1,689	n.a.	1,823.0		1,529.2	△32.0	1,056.9	△34.3	△28.0	49.4	△18.3	△2.0
2001	1,049	41,960	1,287.0	△29.4	1,071.4	△29.9	725.4	△31.4	△25.8	38.3	△8.3	△0.1
2002	758	n.a.	1,192.3	△7.4	1,010.6	△5.7	664.4	△8.4	△1.4	37.9	△2.0	0.3
2003	723	n.a.	1,487.2	24.7	1,270.6	25.7	837.0	26.0	4.0	38.8	0.0	1.1
2004	681	33,836	1,799.8	21.0	1,588.9	25.1	1,014.5	21.2	20.4	48.5	3.5	1.6
2005	599	29,595	2,032.7	12.9	1,817.7	14.4	1,131.1	11.5	31.6	52.4	9.2	2.7
2006	78	19,004	1,830.7	△9.9	1,596.0	△12.2	1,006.6	△11.0	50.1	n.a.	10.2	2.7
2007	42	9,367	1,311.7	△28.4	n.a.				64.2	n.a.	7.7	4.9

注：1) 信用社数、職員数および資本規模に関する統計については、それぞれ1985-92年は金『1993』、1992-96年は『中国金融統計Ⅰ1952-1996』、1996-2005年は『中国金融年鑑』、2006-07年は『中国銀行業監督管理委員会年報』より整理した。
2) 預金、貸出金、収益および所有者持分については、2005年までは『中国金融統計』(1949-2005年)、2006-07年は『中国銀行業監督管理委員会年報』より作成。
3) *1998-99年の信用社数、職員数および資産規模は地方都市の数字のみである。
4) 自己資本比率＝所有者持分／総資産(％)。

出所：『中国金融年鑑』各年版、『中国金融統計1952-1996』、『中国金融統計1949-2005』、『中国銀行業監督管理委員会年報』2006-2007年版、金建棟［1993］より筆者作成。

補足-3　成都市匯通城市合作銀行の事例

　民間銀行といえば浙江省の事例がよく提起されるが、中国国内では「成都市匯通城市合作銀行」の事例が政策立案当局に与えた影響が大きい。成都市匯通城市合作銀行は民間資本によるものではなく、中国人民銀行の幹部を数多く出した「西南財経大学」の出資により設立された金融機関である。1980年代以来、西南財経大学の学者は全国を先駆けて株式制度や株式企業の経営理念を紹介する研究書物を出版した[37]。このことは、政策立案当局に影響を与えた可能性が大きいことを暗示する。そこで西南財経大学が設立した成都市匯通城市合作銀行の事例を補足として紹介する。

　成都市匯通城市合作銀行の前身は西南財経大学と四川省社会科学院が共同で1985年3月18日に設立した「成都市匯通城市金融公司」である。四川省人民銀行との折衝のなかで、中国人民銀行成都支店の指導を受けることになり、西南財経大学の主管の下に1986年10月14日に名称を「成都市匯通城市合作銀行」に変更した。当初の構想は成都市匯通城市合作銀行を教育実験の場として、財政金融（経済学）を専門とする単科大学の学生に銀行業務の実習の場所を提供することであった。しかし、実際には10万元の資金で出発した成都市匯通城市合作銀行は、株式の発行を通じて資本増強を図った。1986年に100万元の株式を発行し、内部では取締役会や頭取責任請負制を取り入れ、商業銀行の経営システムを整えた。また顧客企業に資産証券化による資金調達のサービスを提供し、株式取引のノウハウを蓄積した[38]。

　1988年になると、順調な銀行経営を行う成都市匯通城市合作銀行は、再度1株100元を30万株発行した。翌年（1989年）初めての株主総会を開き、950の企業と個人から資金を調達した。これによって成都市匯通城市合作銀行は本格的な民間商業銀行として社会から注目された。成都市匯通城市合作銀行は雑誌や新聞でも大きく報道され、民間商業銀行の成功事例とされた。1992年から政策立案当局も、既存の協同金融組織を株式構造に転換すべきという認識を持ち始

め、2年近くの政策検討ののち、1995年から都市合作銀行の転換を進めた。以前から中国の都市協同金融組織には協同組合の性質が欠けているという指摘が多くあるように、銀行の名称では合作（協同）としながらも経営形態は株式企業と変わらない。

改革開放後は、成都市匯通城市合作銀行のように協同組合の建前を持ちつつ実質的には実際に株式企業として設立された都市信用社が数多く存在した。しかもその多くは成都市匯通城市合作銀行と同様に、株式発行によって資金調達を行った[39]。ただし、これらの都市信用社は直接に株式企業の経営構造をとらず、理事会と信用社主任の協同組合方式で銀行業務を展開した。成都市匯通城市合作銀行が社会に大きな影響を与えたのは、株式企業の経営構造を取り入れて民間商業銀行のモデルになったこと以上に、その生みの親である西南財経大学の存在が大きい。西南財経大学は財政部直轄の重点大学として金融界での影響が大きいのみならず、学界でも影響力が大きい。したがって、この大学が成都市匯通城市合作銀行の運営で成功を収めたことは、政策立案当局に大きな影響を与えたと考えられる。しかしながら、成都市匯通城市合作銀行は経営不振で1998年に倒産に追い込まれ、その事業は政府出資で設立した「成都市商業銀行」に引き継がれることになり、西南財経大学との関係もなくなった。

注
1) 「都市信用社管理規定」（1988年8月16日、中国人民銀行）では、都市信用社は都市部における集団所有金融組織であり、集団企業、自営業者および都市住民に対して金融サービスを提供する金融企業であると定義した。
2) 1850年頃にドイツで生じた金融弱者（金融アクセスを持たない）である中小商工業者と貧しい農民のため、ヘルマン・シュルツェ・デーリチュとフリードリッヒ・ウィルヘルム・ライファイゼンが、それぞれ市街地と農村部で信用組合を設立し、相互扶助・互恵を原則に組合員の協同組織で金融事業を行った。ライファイゼン信用組合に関しては、村岡［1997］が詳細に述べている。
3) 業務の特徴からみれば、1951（昭和26）年の「信用金庫法」で旧市街地信用組合から変身した日本の信用金庫とほぼ同じものである。なお日本の信用組合に関しては、伊藤［1982, 1983］、渋沢［1983］と加瀬［1983］が詳細な研究史の整理

をしている。
4) 中国最初の都市信用社は1979年に河南省羅河に誕生したとされるが、いくつかの地方史をみると、都市部に人民公社が設立されるにつれ、信用組合もつくられていった。例えば海口市では、1961年に都市部で人民公社が設立されたのに伴い、都市信用社2社も設立された（林明ほか［2004］、p. 1003）。
5) 1999年までに2,150社の都市信用社が都市商業銀行によって統合された（李利明・曾人雄［2007］、p. 133）。
6) 大銀行を中心とする金融システムのドイツでも、市場型金融システムのアメリカでも、各地に多くの信用組合が存在し、そのほとんどは地域内、業種内の信用組合である（例えば、ドイツの協同組合銀行（DZ Bank）、アメリカのクレジットユニオン）。
7) 盧漢川・王福珍［1990］、p. 303。
8) 新中国成立後、中国政府は国民党政権の中国農業銀行を接収し、1952年にこれを中国人民銀行の農林金融管理局に降格した。その後、1955-57年と1963-65年の2回にわたって営業再開したが、中国農業銀行として再出発したのは1979年以後のことである（盧漢川・王福珍［1990］、p. 349）。
9) 『中国金融年鑑』2007年版、p. 520。
10) これらの都市信用社は都市商業銀行に転換する前は一般に「保留社」と呼ばれていた。
11) 1986年から都市信用社に関する統計が『中国金融統計』や『中国金融年鑑』に記載されるようになった。
12) 1997年11月の国務院辦公会議にて都市商業銀行へ改名を行う中国人民銀行の要望書が承認された。1998年以後、都市商業銀行へ改名した（尚明［2000］、p. 135）、注1）。
13) 『中国金融年鑑』各年版より筆者が推測した。
14) 「唐双寧：緊緊依靠地方政府做好城市信用社整理整頓工作」（中国銀行業管理監督委員会ウェブサイト http://www.cbrc.gov.cn/chinese/home/jsp/docView.jsp?docID＝1823、2008年9月12日参照）。
15) 任正釗［1986］、盧漢川・王福珍［1990］を参照した。
16) これは中国の近現代史上の「官利制度」に似ており、株式と債券の双方の性質を持ち合わせる融資の様式である。「官利制度」の詳細については朱蔭貴［2005］を参照されたい。
17) この事例は瀋松泉［1988］による。
18) 1986年10月に中国人民銀行と四大専業銀行の呼びかけに応じ、都市信用社の責

任者会議が武漢市で開かれた。会議では信用合作社の経営自主権を確保し、多種多様のルートと形式で都市信用社を推進する方針を定めた。とくに専業銀行以外にも、区・街道（町等）の経済組織、民間団体と各業界による信用合作社の創設を奨励することを強調した（金建棟［1993］）。

19)　『中国金融年鑑』1992年版、p. 338。
20)　雲南省、江西省の地方都市に設立された都市信用社はこれに属する事例が多い。
21)　張紹瑞・白建林［1992］、王世豪［1993］を参照されたい。
22)　汪世壁［1990］。
23)　馮涛［1993］。
24)　上海市城市合作銀行籌備領導小組辦公室［1996］を参照した。
25)　北京銀行や上海銀行の年報を参照されたい。
26)　上海市城市合作銀行籌備領導小組辦公室編［1996］。
27)　「六個不変」は（人員、職務、待遇、財産使用権、内部管理制度および業務規定を現状維持すること）、「四個不准」は（財産を隠すこと、融資を急拡大すること、必要以上に人員を取り入れることおよび高額ボーナスなどを支給することを原則禁止）、「三個必須」は（通常営業、通常勤務と所管部門から離脱することを必須とする）である。
28)　ほかには湖北省が保留した襄樊市大慶路都市信用社（湖北省１社）がある（代擁軍ほか［2007］。甘粛省にも１社がある（張天祀［2004］、甘粛銀監局調研組［2005］）。
29)　『靖江日報』2008年７月14日。
30)　潘紹真［2006］は温州鹿城信用社の創業者である楊嘉興の事例を紹介した。
31)　銀行年報のほかには呉星南・金力勝［1988］、寛平［1999］、『金融時報』2003年12月15日、黄金木［2007］を参照した。
32)　『南方週末』2004年11月４日。
33)　呉星南・金力勝［1988］。
34)　黄金木［2007］。
35)　黄毅ほか［2006］が詳しい。
36)　『浙江稠州商業銀行年報』を参照。
37)　西南財経大学［1987］を参照されたい。
38)　馮先受・儲学軍［1990］、劉欣・殷孟波［1990］、張寿寧［1992］を参照した。
39)　多くの個人は債券との区別を理解しないまま株式を購入した。配当があるので、購入意欲があった。

第3章

都市商業銀行の所有と経営──地方政府による所有を中心に

I　はじめに

　近年、国有商業銀行などでは株式化や上場が進展している。それに伴って、従来政府の支配下にあった中国の銀行部門の所有と経営が研究課題として注目されるようになった。本章の課題は、銀行のなかでも、とりわけ地方政府の出資を受けて設立された都市商業銀行について、その所有と経営の特徴を明らかにし、中国銀行部門における政府所有の是非を検証することにある。

　こうした所有と経営の問題が重要視されたのは、国有企業改革において企業の所有と経営をめぐるさまざまな議論が巻き起こった1990年代半ばになってからである[1]。銀行の所有と経営の問題が長らく重要視されてこなかった理由として、1980年代から90年代前半にかけての金融体制改革では、銀行個体の経営健全化を重視することより、資金配分手段（融資チャンネル）の多元化や金融機関の創設といったマクロの金融構造を再調整することに重点が置かれたことが挙げられる。実際、90年代半ばまでの金融改革では国有銀行の創設や商業銀行化、株式商業銀行の認可および政策金融機関の設立などが進められた。また、国有商業銀行以外の株式商業銀行であっても、金融の特殊性により政府の支配構造が堅持されており、所有構造の相違による経営実績の違いはあまり重要視されていなかった。

　しかしながら、1990年代半ばから、国有商業銀行の不良債権問題が顕在化したことを契機として、銀行自身の経営健全性が問題視されるようになった。その後のアジア金融危機や中国のWTO加盟は、このことの緊急性を強めた。こ

うして銀行の経営効率性およびその決定要因を検討する文献が多く見られるようになった（焦謹璞［2002a, 2002b］）。多くの研究は、国有商業銀行と株式商業銀行を研究対象として経営効率における両者の差異を指摘している（姚叔潔ほか［2004］）。銀行の株式化や上場の進展に伴って、銀行の株式構成を利用して経営実績における所有構造の影響を検証する研究が現れてきた（Berger et al.［2009］、Jia［2009］）。しかし、これらの研究は、銀行経営における政府所有の非効率性を指摘しているものの、政府所有を堅持する理由およびその是非を明らかにできてはいない。

　中国の銀行部門においては、都市商業銀行のような中小銀行に対して政府の支配力が強いことを考慮すると、銀行経営における政府所有が非効率性だけをもたらしたと結論付けるのみでは不十分である。1980年代からの金融改革の進行によって、中国の銀行部門はかつての中国人民銀行モノバンク体制から国有商業銀行、株式商業銀行、都市商業銀行、農村商業銀行などによって構成される重層的なものに変化してきた。国有商業銀行と違って、株式商業銀行や都市商業銀行の多くは設立期から企業法人などの出資を受けており、その経営のあり方は、政府の支配下にある国有銀行のそれとかなり異なっている。すなわち、政府所有の役割と機能も銀行のタイプによって異なっている。それゆえ、タイプごとに銀行経営における政府所有の影響を検討しなければならない。

　銀行部門における幅広い政府の影響を明らかにするのは容易なことではない。国有商業銀行と株式商業銀行を検討するだけでは、重層的な中国の銀行システムにおける政府の影響を表面的にしか解明できない。金融市場の地域分断（Boyreau-Debray and Wei［2004］）に関しては、地域の金融機関を検討する必要がある。というのもそれらは、地方政府の影響を強く受ける金融機関だからである。本章は、これまでほとんど詳細に検討されてこなかった都市商業銀行を取り上げ、銀行年報などの情報を用いて構築したデータベースをもとに都市商業銀行の所有と経営における地方政府所有の是非を明らかにすることを目的としている。ただし本章では、都市商業銀行のみを検討するのではなく、国有商業銀行と株式商業銀行を含めた先行研究を再検討しつつ、株式化と上場に

よって明確になった銀行部門の所有と経営の特徴にも十分注意を払う。

　本章の構成は以下のとおりである。Ⅱでは先行研究を整理し、課題を設定する。Ⅲでは銀行部門における株式化の動向を分析し、中国の銀行における所有と経営の特徴をまとめる。Ⅳでは都市商業銀行について、独自のデータベースを分析し、時系列的な変化と地域的な特徴を明らかにする。Ⅴでは地方政府所有の是非について定量的な分析を試みたい。最後のⅥでは本章の分析から得られる結論を述べる。

Ⅱ　先行研究

1．政府所有の問題

　所有と経営の問題は、株式の分散に伴う「所有と支配」の問題に注目したバーリとミーンズによって提起された。中国の銀行部門の株式化は1990年代以降のことであり、上場した商業銀行にしても銀行株式の保有は一定の株主に集中している。その意味で、株式の分散化による「所有と経営の分離」は顕在化していない。また金融の特殊性を根拠として、政府は株式保有や行政介入を通じて銀行に対するコントロールを堅持している。いくつかの銀行において外資株主が最大株主になったとはいえ、銀行業全体は中国政府の統治下にあり、その支配的株主はまさに政府である。

　これまでの研究では、銀行株式の所有構成などを説明変数とし、経営業績に与える影響を検証することを繰り返してきた（Berger et al. [2009]、Jia [2009]、Lin and Zhang [2009]）。Berger et al. [2009] と Jia [2009] は政府支配による経営の非効率性を指摘したものの、厳密な計量分析による解明を行ったとは言えない。Lin and Zhang [2009] は上場や外資の経営参加による経営効率の改善を明らかにしたが、政府所有については明確な結論を提示しなかった。つまりこれらの研究は、政府所有の特徴と政府による経営関与の詳細を検討しておらず、経営の非効率性をもたらす政府所有の問題点を明らかにできていない。

これに対して、中国の上場企業や国有企業改革に関する研究では、企業経営における支配的株主としての政府の影響をさまざまな側面から検討している（Jefferson and Singh［1999］、丸川［2002］、Garnaut et al.［2005］）。政府所有によってもたらされる経営の非効率性に関しては、政府による企業支配の堅持、およびそれによる経営者と従業員の規律づけ（コンプライアンス）の欠如が問題視される。政府はさまざまな観点から企業への支配を堅持しようとする。しかし、政府の支配は株主利益最大化を目的とする企業の経営行動を歪め、小株主に対する搾取・収奪が懸念される（川井［2003］）。これについて、渡邉［2006b］は政府の企業支配を可能にする3つの手段を明らかにしている。第1に、政府と国有企業（政府系投資会社など）による共同支配、第2に、最上位株主としての政府による企業集団（グループ）の支配、第3に、非決議権株式による新株発行である。すなわち、企業に対する政府の支配は経営決定権の配分（allocation of control）を支配することによって堅持される。企業集団の経営においてはこの点が顕著であるとされる（Watanabe［2002］）。

　銀行部門における政府の支配には、企業部門と同様の特徴があるだろうか。これを明らかにする研究は管見の限り存在しない。そこで本章の課題として、まず銀行の所有構造と経営構造を詳細に検討し、銀行部門における政府所有と経営の特徴を明らかにする。そして政府が支配する企業における経営者と従業員の規律づけ（コンプライアンス）問題について、銀行部門にはどのような特徴があるのかを検討する。蔡顎生ほか［2003］が指摘したように、銀行の経営において最も一般的とされる政府の支配領域は銀行の人事権（会長、頭取の任免）である。銀行幹部の人事権は共産党の組織部に握られている。つまり銀行の経営は、一般に政府が選んだエージェントである経営者によって行われる。これによって、経営者のエージェンシー問題に加え、政府と経営者も含む銀行従業員の間に著しい情報の非対称性が生じる。経営の健全性を確保するには、銀行のコーポレート・ガバナンスを強化することが求められている（Watanabe M.［2006］）。

　不良債権問題の処理を開始した1990年代後半から、中国政府は、戦略的投資

家(機関投資家)と位置づけられる法人株主を受け入れるなど、銀行の所有形態を変化させた。その後、外資の受け入れや資本市場の上場など、銀行のコーポレート・ガバナンスを改善することに力を入れている。銀行の経営をめぐる外部の環境はこのように大きく変わっているが、このなかで政府が株式保有などを通じてその支配を維持しようとする背景にはどのような目的が存在するだろうか。そして、政府はどのような銀行に対して株式保有などを通じて支配を維持しようとするだろうか。これらの点について、本章は、定量分析を通じて政府所有の非効率性の有無と政府支配の特徴を明らかにしたい。

2. 地方政府と地域特性

都市商業銀行の支配的株主は、所在都市の地方政府である。これは、都市商業銀行の設立に際して、中国人民銀行の要求に応じた結果である[2]。この要求には、銀行経営の安定化やコーポレート・ガバナンスの強化など、さまざまな理由があるが、結果として都市商業銀行の経営は地方政府の財政にリンクされた。例えば、中国初の都市商業銀行である深圳市城市合作銀行は、深圳市政府から「地方財政信用」の管理運営を引き受けるなど、地方政府とのつながりを深めた[3]。

こうして都市商業銀行の経営は地方政府の関与の仕方とその背景にあるインセンティブに左右されるようになった。設立期の都市商業銀行の経営効率を扱った分析を行った研究では、国有商業銀行や株式商業銀行と比較して、都市商業銀行の経営効率が最も悪かったことが報告されている (Shih *et al.* [2006])[4]。しかし、近年の研究では、都市商業銀行の経営状況を個別に分析し、中国銀行業の競争力ランキングの上位において都市商業銀行の割合が高い(上位10行中6行)ことも指摘されている(張建華[2003])。こうした都市商業銀行の経営実績に生じた変化は、地方政府の関与によってどこまで説明できるだろうか。

中国の高度経済成長において、地方政府の役割がしばしば強調されている。計画経済期からの「緩い集権」(中兼[1999])という初期条件を背景として、地方政府には成長のインセンティブが存在し、生産や投資の拡大を助長した。

一方、地方政府には、地域管理者の観点から地域経済の安定化を重視するインセンティブもあり、成長と安定を求めるインセンティブは同時に存在する。しかし、成長と安定にはトレードオフの関係が存在し、どちらを選択するか、優先するかは、地方政府官僚の情勢判断と利害調整によるところが大きい。Qian and Xu［1993a, 1993b］が示したM-form（multidivisional-form）によれば、中央政府の指令に対して、地方政府には優先順位や実行方法を決めることができるというインセンティブが存在している。

　Ferri［2009］とMen［2009］が考察した浙江省、湖北省、四川省の都市商業銀行のケースでは、地方政府の正の効果が検出できなかった。Ferri［2009］は都市商業銀行の業績における国有企業のプラス効果を検出した。ただし、国有企業については、政府との共同支配であるかどうかは不明である。一方、Men［2009］では、地方政府の株式保有数と派遣役員数が比例しないことに注目し、政府が銀行経営に積極的に関与しようとしていないことを明らかにした。とりわけ、浙江省においては銀行の自主権が高いこと、経営効率性がよいことを指摘している。これらを踏まえ、地方政府の関与については、その多様性と複雑性を考慮しつつ、地方政府支配のパターンと地域格差を明らかにしたうえで検討する必要がある。

Ⅲ　商業銀行の株式化とガバナンス構造

1．商業銀行の株式化

(1) 株式商業銀行の出現

　中華人民共和国の成立以前、数多くの民間銀行が存在した。とりわけ中華民国期の経済黄金期にあたる1919-37年の間に、「北三行南四行」を主とする主力銀行が出現したことは、中国金融業の勃興を意味するものであった。この頃の民間銀行は、株式制度を取り入れるだけでなく、留学経験がある経営者などの登用によって近代的な銀行業務を行い、企業家精神に富んだ銀行経営を展開し

ていた(Cheng [2003])。人民共和国以降、銀行の国有化や社会主義改造などを通じて、長期にわたり中国人民銀行によるモノバンク・システムが資金配分を担っていた。改革開放の政策転換に伴い、モノバンクの解体や銀行の新設によって国有の専業銀行が出現し、株式商業銀行や都市商業銀行、さらには民間銀行や農村商業銀行など、さまざまなタイプの銀行機関が出現した。

1980年代半ば以降、株式商業銀行が出現した。株式商業銀行は、間接的あるいは直接的に政府や国営企業にコントロールされたため、銀行業全体の所有制度の変革をもたらすことはなかった。これまでに設立された株式商業銀行は13行に上り、預金規模と貸出規模ともに銀行業全体の3割を占め、極めて重要な資金配分ルートとなっている[5]。株式商業銀行の設立時には、政府や国営企業が中心となって財政資金や余剰資金を設立資本に充てた事例が多く、企業や機関投資家からの増資を通じて、資本の拡大が計られた。これによって、株式商業銀行の経営には創設機関の意向が強く反映され、また創設部門の特徴によって株式商業銀行は以下の3つのグループに分けられる。

中央級国有企業を親会社とする株式商業銀行は、中信銀行、中国光大銀行、招商銀行、華夏銀行である。中信銀行と中国光大銀行は、親会社が展開する金融コングロマリットの中核になっている。招商銀行の親会社である招商局集団は、海運や金融、土地開発などさまざまな分野において事業を展開する特殊な中央事業会社である。華夏銀行の親会社である首鋼総公司は、鋼鉄やITなどさまざまな分野で展開する中央特大企業である。これに対して、地方財政発の株式商業銀行は、主に経済特区の開発に伴って設立された。恒豊銀行だけは、山東省煙台市に立地し住宅貯蓄銀行から株式商業銀行に転身した。民間企業発の民生銀行と浙商銀行は、民間企業から出資を募って設立されたとはいえ、民生銀行は全国工商連合会会長であった経叔平の呼びかけによって実現したものであり[6]、また浙商銀行は寧波市に設立された中外合資の前身を持つ特殊銀行であった。

1980年代当時、株式化された金融機関は、株式商業銀行だけではなかった。当時の都市信用社もその多くが株式の発行を行っていた。ただし、当時の認識

表3-1　株式商業銀行の類型

		設立年	創設機関	備考
国有特大企業系	中信銀行	1987年	中信集団	中央企業
	中国光大銀行	1992年	光大集団	同上
	招商銀行	1987年	招商局集団	同上
	華夏銀行	1992年	首鋼総公司	同上
地方財政系	深圳発展銀行	1987年	地方財政	特区開発
	興業銀行	1988年	地方財政	同上
	広東発展銀行	1988年	地方財政	同上
	浦発銀行	1993年	地方財政	同上
	恒豊銀行	1987年	地方財政	住宅貯蓄
民間企業系	民生銀行	1996年	民間企業	民営
	浙商銀行	2004年	民間企業	民営（合資）

注：浙商銀行は2004年に全国規模の株式商業銀行に認可される以前は、1993年に設立された中外合資の浙江商業銀行であった。
出所：筆者作成。

として株式の発行はあくまでも融資手段のひとつであり、所有権制度としては認識されなかった。これによって、株主による統治が貫徹されず、創設部門の意思が強く反映されていた。とはいえ、門闖［2008］で述べたように、都市信用社の株式構造は、所有権制度としては認識されなかったが、多かれ少なかれその経営に影響を及ぼした。そのため都市商業銀行へ転換する際に、各株主の権益は確保されたことから、改革開放初期における都市信用社の株式構造は、その後の発展を規定するものとなった。

(2) 商業銀行の上場

　銀行の所有構造が、銀行経営の健全化に大きな影響を与えるものとして認識されるようになったきっかけは、その株式上場である。比較的早期に上場したのは、株式商業銀行である深圳発展銀行である。この銀行は、1987年、深圳市政府の投資会社や信託投資会社が中心となって深圳市の農村信用社数社を加えて設立したものであった。この銀行は、中国資本市場の幕開け（深圳証券交易所）とともに初の金融株として1991年に深圳株式市場に上場した。しかし、深圳発展銀行の上場はあくまでも特別な措置であり、実験的な色合いが強かった。

しかも深圳発展銀行の発行済み株式の内訳は、法人株が30.74％、一般の市場流通株（社会公衆株）が69.26％であった[7]。

その後、しばらく銀行の上場はなかったが、その間にも中国の資本市場は大きく発展した。深圳株式市場以外に上海株式市場（上海証券交易所）が創立され、株式市場の時価規模は1991年の300億元から1999年の1兆元にまで成長した。1999年11月、1993年に開業した上海浦東発展銀行（浦発銀行）が上海株式市場に上場した。深圳発展銀行と比べて上海浦東発展銀行の発行済み株式に占める市場流通株の割合は13.28％にとどまり、非流通の法人株が86.72％に達していた。その後、株式商業銀行の上場が連続して行われた。2000年12月に中国民生銀行が上海株式市場に上場、2002年に招商銀行が深圳株式市場に上場、2003年8月に華夏銀行が上海株式市場に上場した。

国有商業銀行など規模の大きい銀行の上場は、2005年から開始した。まず2005年に交通銀行と中国建設銀行は香港株式市場に上場し、翌年に中国工商銀行と中国銀行は上海市場と香港市場で株式を発行した[8]。2006年から都市商業銀行などの小規模商業銀行も株式市場の上場を始め、南京市商業銀行と寧波市商業銀行は2006年に株式市場に上場した。2007年には北京銀行も株式市場への上場を果たした。

2007年末時点における上場銀行の株式の構成は、表3-2のようにまとめられる。その特徴は、以下の4点である。まず国有商業銀行であるほど国有株式の比率が高い。そして、ほとんどの上場銀行の出資者のなかに外資が存在する。さらに南京市商業銀行、寧波市商業銀行、北京銀行などの上場した都市商業銀行では、他の上場銀行と異なり職員の持ち株の割合がかなり高い。最後に流通株式の比率は、銀行の上場年数に関係しており、早期に上場した株式商業銀行の深圳発展銀行、浦発銀行、民生銀行の流通株式比率は70％を超えている。

中国工商銀行、中国銀行、中国建設銀行では、財政部と「匯金公司」[9]による国家の株式所有比率が3分の2以上を占めている。交通銀行はこれらの銀行の比率より低いとはいえ、やはり財政部を中心とする国有部門の株式保有が41.87％に達している。株式商業銀行のグループでも国有部門による株式保有

表3-2　2007年末時点における各上場銀行の株式構成

(単位：％)

	非流通株				流通株	最大株主
	国有株	法人株	外資株	職員持株		
中国工商銀行	70.70	5.10	7.20	—	17.00	匯金公司
中国銀行	70.79	0.51	13.91	—	14.79	匯金公司
中国建設銀行	67.97		10.31	—	21.72	匯金公司
交通銀行	41.87	6.45	0.05	—	51.63	財政部
深圳発展銀行	0.20	7.99	15.18	0.03	76.60	Newbridge Asia.
浦発銀行	18.33	0.42	—	—	81.25	上海国際集団
民生銀行	—	4.93	—	—	95.07	新希望投資
招商銀行	46.52	3.30	0.04	—	50.14	招商局集団
華夏銀行	38.87	7.60	13.37	—	40.16	首鋼総公司
興業銀行	46.35	19.65	19.98	—	14.02	福建省財政庁
中信銀行	64.18	—	20.00	—	15.82	中信集団
南京市商業銀行	36.12	8.51	15.90	5.17	34.30	南京市国有資産管理集団
寧波市商業銀行	19.52	36.03	10.00	16.45	18.00	寧波市財政局
北京銀行	29.20	24.50	20.10	11.70	14.50	ING Bank

注：国有株には財政資金による国家株と国有法人の持株が含まれる。
出所：各銀行2007年度年報。

が高く、最も多い中信銀行では64.18％となっている。ただこれらの銀行の場合、国家財政部や匯金公司のような中央政府系機関ではなく、中信集団や招商集団ならびに首鋼総公司などの国有企業大手が株式を保有している。興業銀行と浦発銀行の場合、地方政府系の投資会社が株式を保有している。深圳発展銀行と民生銀行はほとんど国有株を所有していない。南京市商業銀行、寧波市商業銀行と北京銀行の発行済み株式のうち、20〜30％は国有株である。それらは地方政府系の投資会社などによって保有される。

　これらの上場銀行は、浦発銀行と民生銀行を除き外資による非流通株の株式保有が見られる。その比率は10〜20％の間であることが多い。割合の低い交通銀行と招商銀行では外資による法人株の保有比率は、わずか0.05％と0.04％である。ただし、これをもって外資による株式保有が低いと結論づけることはできない。なぜなら、多くの外資金融機関が銀行流通株の株式を保有しているからである。例えば、香港上海銀行（HSBC）が持つ交通銀行の流通株は、発行

済み株数の18.36%に達している。さらに浦発銀行にも、流通株として計上される外資株が存在し、例えばシティバンクグループが3.78%の発行済み株式を保有している。

2．銀行ガバナンスの変化

(1) 2層型ガバナンス

　中国の銀行が導入したガバナンス構造は、取締役会と監査役会からなる2層型である。これは、いわゆる現代企業制度に基づくものとして、1990年代の国有企業改革において大いに推進された[10]。銀行の場合は、株式発行によって成立した株式商業銀行が当初から取締役会と監査役会の内部統治機構を導入した。国有商業銀行は、たとえ監査役会を設けていなくても、取締役会とこれに準ずる理事会によるガバナンスを早い時期から確立していた。都市商業銀行は、都市信用社をベースに成立当初からこうした2層型のガバナンス構造を構築していた。

　国有企業のコーポレート・ガバナンス改革が進行し始めた1990年代の半ばには、銀行部門のガバナンス構造はすでに取締役会と監査役会の2層型になっていた。銀行の株式化によって急速に進められたのは、設置委員会のガバナンスの構築である。図3-1に示されるように、これらの設置委員会がそれぞれ取締役会と監査役会の下に置かれ、銀行経営の中心部署となっている。一般に監査役会以下には、指名委員会と審査委員会が設置され、取締役会には、融資審査や関連取引防止の委員会、リスク管理の専門委員会、指名委員会、賃金委員会が設置されている。ただし、実際の経営ではこれらの設置委員会と銀行経営陣の関係によって、ガバナンスのあり方がかなり異なっている。例えば、主要経営陣が取締役会のメンバーである場合は、設置委員会の機能が大きく期待できるが、頭取責任制の下で実際の経営陣が取締役でない銀行の場合は、頭取を中心とする経営陣を補佐する関連委員会も設置されているので、監査役会と取締役会の設置委員会より経営陣関連の委員会のほうが経営の主導権を握ることが考えられる。現在の傾向として、取締役会と監査役会の設置委員会を機能化

図3-1　2層型ガバナンスと設置委員会

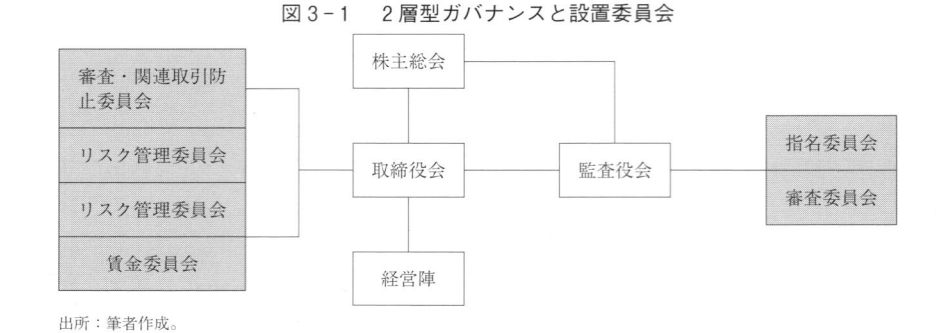

```
┌──────────────┐                ┌──────────┐
│審査・関連取引防│                │  株主総会 │
│止委員会       │                └────┬─────┘
├──────────────┤                     │
│リスク管理委員会│─┐    ┌──────┐     │     ┌──────┐     ┌──────────┐
├──────────────┤ ├────│取締役会│─────┴─────│監査役会│────│指名委員会 │
│リスク管理委員会│─┤    └──┬───┘           └──────┘     ├──────────┤
├──────────────┤ │       │                              │審査委員会 │
│賃金委員会     │─┘    ┌──┴───┐                         └──────────┘
└──────────────┘      │経営陣 │
                       └──────┘
```

出所：筆者作成。

することが進められている。

　中国の銀行業において、設置委員会の導入が具体的にいつから始められたのかははっきりしていない。株式商業銀行のなかで、最初に外資を導入した中国光大銀行は、外資導入の1996年においても行長（頭取）の下に関連委員会を設けた行長責任制を踏襲し、2003年以降になって設置委員会を設立した。2002年1月に中国証券監督管理委員会が「上市公司治理準則（上場企業ガバナンス規則）」を発表すると、これに応じて中国人民銀行が2002年5月から「商業銀行情報公開暫定方法」と「株式商業銀行公司治理（コーポレート・ガバナンス）指引（ガイドライン）」を公布し、また2003年に中国銀行業監督管理委員会が成立した。これらのことから、金融行政側における銀行に対するコーポレート・ガバナンスの強化は設置委員会の推進と関係することがわかる[11]。都市商業銀行の場合は、中国銀行業監督管理委員会の成立によって情報公開と設置委員会のガバナンスの構築が強く求められたため、2006年以降にほとんどの都市商業銀行において、取締役会と監査役会の設置委員会が設けられ、その状況を年報で報告することとなった。さらに中国銀行業監督管理委員会は、銀行取締役会の職務責任や関連取引の認定方法まで規制強化を図った[12]。

(2) 取締役会と監査役会の構成

　商業銀行における2層型ガバナンスの確立とともに、取締役会と監査役会の

構成も変化し始めた。取締役会を中心とする銀行内部のガバナンス構造（internal corporate governance mechanism）が確立されたことに伴い、従来の銀行幹部を中心とする取締役会のメンバー構成から、株主企業から派遣される取締役と外部者を登用する社外取締役を含むメンバー構成へとシフトした。本来であれば、取締役会の構成および役割は、企業の所有構造に規定されることが多い。例えば、所有構造（shareholding）が対等関係（arm's-length）かあるいは統治指向（control-oriented）によって、取締役会の構成や責務、機能などはかなり異なる。中国の場合、資本増強を行うたびに取締役会に大株主から取締役を受け入れるなど、株主重視の姿勢が見られる。

　しかし、この場合は、取締役会を占拠する大株主が銀行の経営に大きな影響を持つこととなり、小株主の利益が損なわれないような対策を講じる必要性がある。とくに監査役会の存在だけでは取締役会の活動を十分に規制できない場合、大株主による支配問題を回避するこは、会社や経営陣および大株主との利害関係を持たない社外取締役（independent directors）の導入が求められる。2002年の「上市公司治理準則」の発表に伴い、中国人民銀行は社外取締役を導入する際のルール化を図った。これによって、銀行取締役会は、大株主取締役、社内取締役、社外取締役によって構成されるようになった。各上場銀行取締役会と監査役会の構成を表3–3に示す。

　取締役会と監査役会の構成を分析することは、これまで「ブラックボックス」として扱われてきた銀行内部のガバナンスメカニズムを解明することにつながる。「上市公司治理準則」では、取締役会と監査役会の構成および取締役と監査役に就く要件について詳細な規定を定めており、中国の上場銀行における取締役会と監査役会の構成の特徴は表3–3を通じて確認することができよう。まず取締役会にしろ監査役会にしろ、銀行の経営に直接関与しない株主派遣取締役と社外取締役の比率が高い。そして銀行経営陣にあたる社内取締役の数はほとんどの銀行において取締役総数の4分の1以下になっている。

　取締役会と監査役会の規模は通常同じである。上場銀行の取締役会は14～18名で構成され、監査役会はややバラつきがあり5～11名の構成である。取締役

表3-3　上場銀行の取締役会・監査役会の構成（2007末時点）

	取締役会				監査役会			
	株主	社内[1]	社外	人数	株主	社内	社外	人数
中国工商銀行	7	4	4	15	2	1	2	5
中国銀行	8	4	4	16	3	2	—	5
中国建設銀行	7	4	6	17	3	3	2	8
交通銀行	5	4	7	16	6	3	2	11
深圳発展銀行	6	4	4	14	2	3	2	7
浦発銀行	8	3	6	17	4	3	2	9
民生銀行	10	2	6	18	4	3	2	9
招商銀行	9	3	6	18	4	3	2	9
華夏銀行	7	4	7	18	6	3	2	11
興業銀行	7	3	5	15	4	3	2	9
中信銀行	7	2	5	14	4	3	2	9
南京市商業銀行	7	3	5	15	3	2	2	7
寧波市商業銀行	8	4	6	18	2	3	2	7
北京銀行	7	3	5	15	4	3	2	9

注：1）社内の取締役は銀行の経営陣を指すものである。
出所：各銀行2007年度年報。

会には株主派遣の取締役が最も多く、平均して取締役数の5分の2程度を占める。民生銀行のように、取締役18名中に10名が株主派遣の取締役である場合もある。社内取締役、いわゆる銀行経営陣の取締役は比較的少ない。民生銀行では、頭取と副頭取各1名の2名である。これに対して、社外取締役の数は比較的多く、取締役総数の3分の1を占める。交通銀行と華夏銀行は、7名の社外取締役を受け入れている。監査役会の構成も取締役会に似ており、株主派遣の監査役が多く、半数近くを占めている。社外監査役は一律2名となっている。社内（職員）監査役は、ほとんどの銀行で3名となっている。

3．経営業績との関連

こうして国有商業銀行と株式商業銀行は株式化と上場を通じて、銀行のガバナンス構造を確立しつつ、経営業績を伸ばしてきている。以下の表3-4では、各上場銀行の財務指標について、収益性、安全性、成長性の3点から分析を行う。

表3-4　上場銀行の財務指標（2007年末時点）

(単位：%)

	収益性			安全性			成長性		
	ROA	ROE	経費率	流動比率	NPL	CAR	預金	貸出	預貸率
中国工商銀行	1.01	16.14	34.40	26.80	2.74	13.09	9.01	12.20	56.30
中国銀行	1.09	14.22	41.40	32.60	3.12	13.34	7.57	17.16	64.78
中国建設銀行	1.15	18.38	35.90	40.98	2.60	12.58	13.12	13.87	61.27
交通銀行	1.08	19.09	32.40	27.07	2.82	14.44	15.66	19.51	62.60
深圳発展銀行	0.86	27.04	38.80	39.33	5.62	5.77	21.10	21.77	75.78
浦発銀行	0.69	20.74	37.20	39.60	1.46	9.15	27.67	19.52	70.24
民生銀行	0.77	18.23	40.60	34.94	1.22	10.73	15.13	17.57	74.44
招商銀行	1.36	24.76	34.90	41.70	1.54	10.67	21.89	18.95	70.11
華夏銀行	0.41	17.01	40.50	48.15	2.25	8.27	18.27	17.76	64.36
興業銀行	1.17	31.17	36.30	39.22	1.15	11.73	19.35	23.35	68.73
中信銀行	0.97	14.30	23.20	38.90	1.48	15.27	27.25	24.21	74.40
南京市商業銀行	1.36	14.49	29.80	43.80	1.79	30.67	16.10	20.05	59.74
寧波市商業銀行	1.44	16.96	36.50	61.62	0.36	21.00	20.16	29.65	63.95
北京銀行	1.07	18.34	25.20	72.01	2.06	20.11	11.44	21.30	59.44

注：ROA＝純利益／総資産、ROE＝純利益／所有者持分、経費率＝営業費用／営業収入、流動比率＝流動資産／流動負債、NPL＝不良貸出／貸出金総額、CAR＝自己資本比率、預金＝預金の前年比増加率、貸出＝貸出金の前年比増加率、預貸率＝貸出金／預金。
　　流動比率は人民元決算の数値である。
出所：各銀行2007年度年報。

　まず収益性では、国有商業銀行と都市商業銀行の総資産利益率ROAが1％を超えているが、株式商業銀行はこれを下回る場合が多い。招商銀行と興業銀行は株式商業銀行のなかでROAが1％を超えている。ROEでは、株式商業銀行が国有商業銀行と都市商業銀行より高い比率を見せている。これは株式商業銀行の自己資本比率が他の上場銀行より低いためである。自己資本比率の高い興業銀行では、ROEの比率が31.17％に達している。銀行の規模経済性の指標である経費率では、規模の大きい国有商業銀行がその優位性を発揮できていない。一方、南京市商業銀行や北京銀行などの小規模銀行では、経費率が2割台にあり、経営効率がよい。

　銀行資産の安全性については、流動比率と資産規模とが負の相関関係にある。小規模の寧波市商業銀行と北京銀行では、61.62％と72.01％の高い比率を出し

ている。不良債権比率は、2000年以降の政府による強力な不良債権処理によって、国有商業銀行でも2～3％程度にとどまっている。株式商業銀行のほとんどでは、深圳発展銀行の5.62％を除いて、1％台となっている。もっとも不良債権比率が低いのは都市商業銀行の寧波市商業銀行である。自己資本比率（BIS規制 Tier 2）では、国有商業銀行は政府の資本注入によって12～13％台になっている。外部から資本を調達した株式商業銀行の自己資本比率は相対的に高くなく、深圳発展銀行のような BIS 資本規制以下の銀行も存在する。銀行の成長性をみる預金、貸出金の増加では、規模の大きい国有商業銀行はその増加率が低く、これに対して株式商業銀行は規模拡大によって高い比率を示している。例えば浦発銀行と中信銀行では27％台の比率に達している。貸出の増加についても株式商業銀行の増加は国有商業銀行のそれより大きい。指摘すべきは、小規模の都市商業銀行が近年貸出を拡大していることである。全体的に株式商業銀行は預貸率が高く、国有商業銀行や都市商業銀行より資金運用比率が高いと言える。

　銀行の上場は、長期的に銀行の経営業績にどのような影響があるのだろうか。2006年以前に上場した銀行の資産増加と総資産利益率（ROA）の推移（表3-5）を見れば、上場による資産増加のペースアップの一時的効果が見られるものの、上場による ROA の大幅な改善は見られない。むしろ、いずれの銀行においても、設立当初の高い収益時期より、資産拡大に伴って ROA の比率が低下してきている。上場による資産増加のペースアップが顕著に現れたのは、興業銀行と民生銀行である。2000-03年における民生銀行の平均資産増加比率は78.86％に達した。ROA では、招商銀行は一貫して高い収益性を維持している。1990-94年における2～3％台の高い水準から、2000-03年においては1％台以下に落ちたが、2004-07年になると、1％台への回復を果たした。民生銀行は民間所有とはいえ、業績においては上場銀行のなかで決して高くない。すなわち、所有構造の差異による経営業績の差がほとんど見られず、また株式上場によるガバナンス効果も明確に現れていない。もっともはやく上場した深圳発展銀行と浦発銀行の業績はそののちに上場した銀行のそれに劣っている。

第3章 都市商業銀行の所有と経営 119

表3-5 上場株式商業銀行の資産増加と総資産利益率の推移

(単位:各年平均値、%)

	増加率	1990-94年	1995-99年	2000-03年	2004-07年
深圳発展銀行	資産 ROA	56.92 3.22	24.12 2.10	46.76 0.46	16.69 0.60
浦発銀行	資産 ROA	n.a. n.a.	47.03 1.51	38.30 0.75	20.08 0.63
民生銀行	資産 ROA	n.a. n.a.	65.01 1.29	78.86 0.63	26.32 1.00
招商銀行	資産 ROA	71.24 2.03	35.03 2.07	30.20 0.82	27.23 1.23
華夏銀行	資産 ROA	n.a. n.a.	41.34 1.72	42.04 0.67	24.59 0.57
興業銀行	資産 ROA	86.05 1.01	24.03 1.14	46.57 0.60	34.58 0.88

注:興業銀行は1991年から、民生銀行は1996年から、華夏銀行は1996年からの財務統計を利用した。
出所:『中国金融年鑑』各年版および各銀行年報より筆者作成。

Ⅳ 都市商業銀行の実証データ

1. データベースと記述統計

本章では、筆者が銀行年報などの資料を集めて構築した独自の都市商業銀行データベースの78行から、3年以上の所有構造やガバナンス情報を得られる62行を選び、実証データベースを作成した。都市商業銀行は全国各省の都市に立地するため、データベースの特徴をみるには、銀行の地域分布を示す必要がある。それが表3-6である。

時系列でデータベースをみていくと、サンプルにある都市商業銀行は、2000年の26行からその数が増え、2004年には62行になった。年数は2000-06年の7年で、サンプル数は325である。銀行の地域分布を見ると、東部地域の都市商業銀行が多く、31行のサンプル数167で全体の半分以上を占める。中部地域は

表3-6　都市商業銀行データベースの詳細

	全体	東部	中部	西部
2000	26	14	5	7
2001	30	16	5	9
2002	36	19	7	10
2003	47	25	9	13
2004	62	31	15	16
2005	62	31	15	16
2006	62	31	15	16
合計	325	167	71	87

出所：都市商業銀行データベース。

2000年の5行から2006年の15行まで増え、そのサンプル数の合計は71である。これに対して、西部地域は中部地域と同じく16行、サンプル数は中部地域より若干多く、合計87となっている。

財務のデータには、営業収入や、純利益、総資産、預金額、貸付額、所有者持分と不良貸付額などがある。銀行の所有構造とガバナンス構造のデータには、主に所有形態別の株式保有割合、上位株主の株式保有比率、取締役会と監査役会の構成が含まれる。都市商業銀行の資本構成は大まかに政府保有（国家株）、法人保有（法人株）、個人所有（自然人株）に分けられるが、政府保有は地方財政（省、市、区）の出資である。法人保有の場合は国内企業や金融機関以外に、政府系の投資会社も多く含まれている。個人保有の多くは都市信用社元職員や都市商業銀行職員の株式保有であるが、保有の形式には直接に個人が保有するものと持ち株組合（職工持株会）を通じて株式を保有するものが分けられる。要約統計量は表3-7に示した。

データベースはアンバランスなパネルデータとなっている。上位株主の保有比率や取締役会の構成などでは、情報が十分ではない銀行が多く存在する。銀行の財務情報を見ると、純利益と所有者持分についてはデータの欠落が存在する。都市商業銀行の営業収入は、平均値8億元程度、最大89.5億元、最小1,000万元程度である。純利益は、平均1.2億元である。都市商業銀行の資産規模は、平均で222億元、最大2,729億元、最小5.1億元であり、その開きが大きい。預金と貸付の平均はそれぞれ186.5億元と115.6億元である。貸付の平均値はおよそ資産平均値の半分である。不良貸付は、平均値9.7億元、最大72.6億元である。所有者持分は平均10.6億元、最大126.3億元である。

銀行所有構造では、政府（地方政府）による保有比率が、平均23.9％、最大75％、最小0である。法人（国内）保有比率は、平均63.3％、最大97％、最小20％である。外資保有比率は、平均1.1％、最大25％、最小0である。個人保

有は、平均12.2％、最大50％、最小０である。銀行年報では上位10社までの株主保有比率を示しているが、ここでは、上位５社までの株式保有比率に言及する。最大株主の保有比率は、平均20.3％である。２位から５位までの保有比率は、それぞれ平均10％、7.8％、6.2％、5.6％である。ここから都市商業銀行の株式保有は上位株主に集中していることがわかる。

都市商業銀行は会社法で定めた取締役会と監査役会の２層型統治構造を取り入れている。また各銀行は近年、積極的に社外取締役や社外監査役を受け入れ内部統治の強化に努めている。銀行のガバナンス構造については、取締役会は、社外取締役（大学教授や公認会計士が多い）、地方政府派遣（政府官僚が銀行の取締役を兼任するケース）の取締役、株主代表（銀行の株主が取締役を兼任するケース、多くの場合は企業の会長、社長）の取締役によって構成される。取締役会の規模は、平均11.3人、最大18人、最小５人である。社外取締役と地方政府派遣の取締役は、それぞれ

表3-7　データの記述統計

財務情報 （単位：億元）

	Obs	Mean	Std. Dev.	Min	Max
営業収入	325	8.0	12.9	0.1	89.5
純利益	308	1.2	2.5	0.0	23.8
資産	325	222.0	386.8	5.1	2,729.7
預金	325	186.5	325.6	4.5	2,330.9
貸付	325	115.6	191.6	2.9	1,295.8
不良貸付	325	9.7	12.6	0.1	72.6
所有者持分	319	10.6	17.1	0.0	126.3

株式保有の構成 （単位：％）

	Obs	Mean	Std. Dev.	Min	Max
政府保有	319	23.9	14.3	0.0	75.0
法人保有	319	63.3	16.1	20.0	97.1
外資保有	319	1.1	4.4	0.0	25.0
個人保有	319	12.2	8.9	0.0	50.0
上位株主	209	20.3	12.4	0.3	89.4
５社保有比率	209	10.0	4.2	0.0	29.0
	209	7.8	3.4	0.0	19.4
	209	6.2	2.6	0.0	13.3
	209	5.6	2.5	0.0	10.0

銀行ガバナンス構造 （単位：人）

	Obs	Mean	Std. Dev.	Min	Max
取締役会規模	226	11.3	2.8	5.0	18.0
社外取締役	226	1.0	1.1	0.0	6.0
地方政府	226	1.1	0.9	0.0	4.0
株主代表	226	5.9	2.1	1.0	12.0
監査役会規模	218	5.4	1.6	0.0	9.0
社外監査役	218	0.6	0.8	0.0	2.0
地方政府	218	0.5	0.7	0.0	3.0
株主代表	218	2.0	1.2	0.0	6.0

出所：表3-6に同じ。

平均1人と1.1人である。一方、株主代表の取締役は数が多く平均5.9名である。監査役会も社外監査役、地方政府派遣と株主代表の監査役によって構成される。監査役会の規模は平均5.4名であり、社外監査役と地方政府派遣の監査役はそれぞれ0.6名と0.5名である。株主代表の監査役会は2名である。なお株主代表の取締役と監査役を詳細に区分することができないため、法人株主派遣と職員持ち株組合の代表などを区別せずに計上した。

2．時系列変化と地域的特徴

(1) 経営業績と所有構造の変化

以下では、データベースを用いて、都市商業銀行の所有と経営における時系列の変化を考察し、各地域の特徴を、2006年のクロスセクションデータから分析する。各年における銀行の経営業績を確認するため、表3-7で示した財務データから以下の財務指標を算出した。それぞれ銀行の総資産利益率（ROA）、自己資本利益率（ROE）、不良債権比率（NPL）、自己資本比率（CAR）である。これらを時系列に示したのが表3-8である。

表3-8　都市商業銀行の財務指標
（単位：平均値、%）

	ROA	ROE	NPL	CAR
2000	0.15	9.50	29.34	4.70
2001	0.16	9.18	24.41	4.61
2002	0.21	4.35	18.97	4.14
2003	0.37	10.56	13.97	4.60
2004	0.39	10.57	10.91	4.63
2005	0.47	7.44	7.50	5.19
2006	0.57	10.99	4.29	5.96

出所：表3-6に同じ。

表3-8からいずれの財務指標も好転していることがわかる。ROAは2000年の0.15%から2006年の0.57%まで上昇し、ROEは2002年と2005年に4.35%と7.44%に低下しているが、それ以外は10%前後となっている。2002年と2005年の下降は、資本の増強などの要因によるものと考えられる。不良債権比率の減少幅は大きく、2000年の29.34%から2006年の4.29%まで急降下した。これに対して、所有者持分を用いて計算した自己資本比率は、2000年の4.7%から2006年の5.96%まで上昇している。平均値はBIS規制（8%）に達していない。

また都市商業銀行の所有構造における変化（図3-2）を見ると、その最大

第3章 都市商業銀行の所有と経営　123

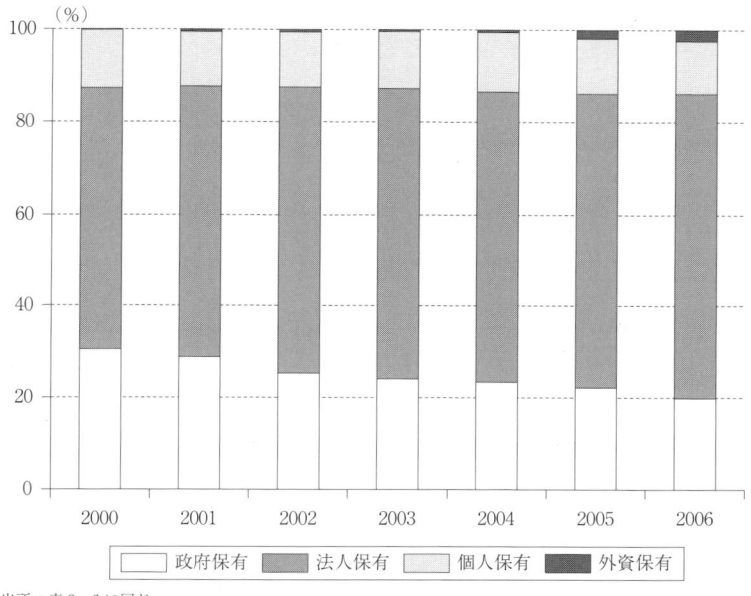

図3-2　都市商業銀行所有構造の変化（平均値）

□ 政府保有　■ 法人保有　▨ 個人保有　■ 外資保有

出所：表3-6に同じ。

の特徴は政府保有の減少と法人保有の拡大であると指摘できる。地方政府の株式保有比率は、2000年の3割程度から2006年の2割程度まで減少し、国内法人の保有比率は6割弱から6割強まで増加した。個人の株式保有比率は、1割以上のシェアで推移している。近年になって、外資の株式保有比率は拡大している。ただし、その割合は平均でわずか2～3％程度である。

(2) 各地域の特徴

以下では所有構造の地域ごとの特徴を見てみよう。2006年における都市商業銀行のデータを用いて、東部、中部、西部地域に分けてその詳細を表3-9に示した。まず、銀行株の保有では、東部地域における政府保有比率は12.6％であるのに対して、中部では26.7％、西部では34.5％と比較的高いシェアを占めている。東部地域における法人保有の比率は70.8％に達したが、中部と西部

表3-9 都市商業銀行の所有構造とガバナンス構造（2006年）

（単位：%）

	東部	中部	西部	全国平均
政府保有	12.6	26.7	34.5	19.1
法人保有	70.8	60.3	57.8	66.5
外資保有	4.7	0.0	0.5	2.9
個人保有	11.8	13.0	7.0	11.3
最大株主	20.7	25.0	30.4	23.3
上位5位合計	50.3	54.0	61.7	53.1
上位10位合計	68.5	71.3	76.4	70.5
政府支配[1]	59.4	100.0	88.9	74.1
取締役数	11.4	11.4	9.8	11.0
政府	0.9	1.0	0.7	0.9
株主	5.9	5.4	5.1	5.6
社外	1.3	1.2	0.8	1.2
監査役数	5.4	5.3	5.4	5.4
政府	0.4	0.3	0.6	0.4
株主	2.2	1.4	1.7	1.9
社外	0.6	0.8	0.5	0.6

注：1）政府支配は、最大株主が地方政府あるいは政府系の投資会社である場合の割合を指す。
出所：表3-6に同じ。

のそれは60.3%と57.8%になっている。外資による株式保有はほとんど東部地域に集中しているため、東部の平均比率はどの地域よりも高く4.7%になっている。中部には外資の株主が存在しなかった。また個人保有については、東部のそれは11.8%、中部と西部のそれは各々13%と7%である。

資本構造の集中度指標としては、株式保有比率の上位10社のデータを用いてその合計値を計算した。全国の平均を見れば、最大株主の平均株式保有比率は23.3%、上位5社になると53.1%に達し、上位10社では70.5%の高い数字を呈している。都市商業銀行の株式保有は特定の株主に集中しているといえよう。上位10社合計の平均値では、東部（68.5%）は中部（71.3%）と西部（76.4%）より数値が低い。経済の発達した東部地域は中西部より、株式の保有が分散しているようにみえるが、その差はごくわずかである。また最大株主が地方政府あるいは政府系の投資会社である場合の割合では、東部は59.4%、中部と西部は100%と88.9%になっている。都市商業銀行の所有構造における政府の支配がうかがえる。

表3-9からわかるように、東部地域と中部地域の取締役会の構成はほぼ同じである。取締役数は東部と中部が同じく11.4名、そのうち政府派遣は0.9名と1名、株主取締役は5.9名と5.4名、社外取締役は1.3名と1.2名となっている。これらを差し引くと社内の取締役は3名程度であることが推測できる。これに対して、西部地域の取締役会の平均数は10名以下（9.8）である。そのうち株

主取締役と社外派遣取締役は、それぞれ5.1名と0.7名以下となっている。また西部地域の株式保有においては、地方政府の割合が大きい割に、政府派遣の取締役は多くなく平均0.7名である。

とはいえ、会社法や「株式商業銀行公司治理指引」の制定によって、都市商業銀行のガバナンス構造はそれぞれ類似す

表 3-10 都市商業銀行の財務状況と貸出分布（2006年）

(単位：億元、%)

	東部	中部	西部	全国平均
資産	409.6	166.2	158.9	287.9
預金	341.2	139.3	134.7	240.6
貸付	216.2	89.8	91.4	154.3
純利益	2.8	0.8	0.6	1.8
ROA	0.7	0.5	0.4	0.6
ROE	14.1	9.5	8.2	11.0
NPL	3.0	4.5	5.8	4.3
CAR	7.8	5.0	5.1	6.0
製造業貸出割合	28.4	23.3	21.9	25.7
公共関連貸出割合	16.5	24.3	16.3	21.4
不動産業貸出割合	10.3	12.2	12.9	11.4
貸出額上位10社	14.5	28.1	25.0	20.2
政府関連*	7.6	14.3	13.8	10.5

注：政府関連は、貸出額上位10社の政府関連投資会社の割合である。
出所：表3-6に同じ。

るものにシフトしてきたことが考えられる。監査役会の構成を見ると、各地域の監査役会は同じ構成を呈している。あえて指摘するならば、西部地域における政府派遣の監査役が東部と中部より若干高く、また中部地域においては株主監査役が少なく1.4名となっている。

2006年における都市商業銀行の経営状況を詳細にみるために、都市商業銀行の財務諸標を取り上げる。これは表3-10に示される。資産、預金、貸付と純利益の統計からは、2006年における東部地域の都市商業銀行の優位性がみてとれる。平均して409.6億元の資産をもち、中部と西部地域の2倍以上にあたる。都市商業銀行の預金と貸付でも、東部地域の平均値は、中部と西部の2倍以上である。東部地域の純利益は2.8億元で、中部と西部のそれより3倍以上の開きがある。これは財務指標のROA、ROE、NPL、CARからも同じことがいえる。

2005年から多くの都市商業銀行の年報には、貸出構成の割合と貸出額上位10社の情報が記載されるようになった。これを利用して、都市商業銀行の貸出行動をみることができる。製造業への貸出は、いずれの地域においても2割を占

めている。東部地域は最も多く28.8％である。公共関連への貸出は主に公共サービス業（水力、電力、ガス、場合によって教育も含む）に対する融資である。この割合は、中部の平均値が高く24.3％を占めている。東部と西部でも16％台に達している。近年における不動産ブームのなか、都市商業銀行の不動産業への貸出は、大きな割合を占めるようになった。いずれの地域も10％を超えている。

貸出額上位10社の割合を見れば、都市商業銀行の貸出は比較的集中していることがわかかる。中部と西部地域では、その平均値が2割以上になっている。東部地域は14.5％である。また上位10社への貸出のうち、政府関連の会社に融資した割合は、貸出金全体の1割程度、上位10社への貸出額の半分になっている。ここでいう政府関連会社は主に地方政府の投資会社で、国有資産管理公司、道路や都市整備を担当する土地備蓄会社と高速道路整備会社である。

V 実証分析

1．実証モデルと変数の選定

(1) 政府所有非効率性の推計（モデル1）

まずモデル1で検証するのは、銀行の経営における政府所有の非効率問題である。これについては多くの研究でも検証されている（Berger *et al.* [2009]など）。都市商業銀行データベースより銀行の財務指標と株式構成のデータを用いて実証にあたる。それを最大限利用するために、パネルデータの推計を用いて実証分析を行う[13]。ここでは、財務指標として資産収益率（ROA）が銀行の収益率水準を表す。銀行の株式構成は銀行のガバナンス構造を表す[14]。また推計モデルには、コントロール変数と地域ダミーを入れて一緒に推計する。推計モデル（モデル1）は以下のようになる。

$$ROA_{it} = \beta_1 \sum share_{it} + \beta_2 * controls_{it} + \lambda * dummy + \mu_{it} \tag{1}$$

具体的には、被説明変数は銀行の資産収益率 ROA である。説明変数 share は政府保有、法人保有、外資保有および個人保有の比率である。コントロール変数として銀行の預金負債比率（総資産に対する預金の比率）、預貸率（預金に対する貸出金の比率）、操業年数を用いる。また地域のダミー変数を用いて推計を行う。モデル１の誤差項 u_{it} は、Baltagi［2001］が紹介した二元配置誤差構成要素（two-way error component）モデルのように、u_{it} を $u_{it}=u_i+\lambda_t+\varepsilon_{it}$ に書き換える[15]。ここで u_i は観察不可能な経済主体の個別効果である。λ_t は観察不可能な時間効果であり、ε_{it} は攪乱項となる。まずサンプルについてプールド推計（最小２乗法）を行い、そして固定効果（fixed effect）とランダム効果（random effect）を推計し、ハウスマン検定（Hausman test）を行う。テストの結果は帰無仮説に棄却されたため、モデル１の推計にはランダム効果（random effect）モデルを用いた[16]。

(2) 政府支配の諸要因に関する推計（モデル２）

これ以外にも、銀行の所有構造において地方政府が支配的になっている要因を考察する必要がある。ここで、モデル２では地方政府が支配的となったケースを考える。都市商業銀行では、地方政府の株式保有割合が、中国人民銀行が要求する30％の限度を超えた場合に、地方政府が支配的株主となる。なぜ地方政府は都市商業銀行の株式を大量に持たなければならないだろうか。それを規定する要因について、以下の推計（モデル２）を行う。

$$gov_{it}=\beta_0+\beta_1 x_{it}+\varepsilon_{it} \tag{2}$$

モデル２では、被説明変数は、政府支配（gov）の質的変数（ダミー）である。政府が最大株主でその株式保有割合が30％を超えれば、政府支配のダミー変数を１に設定し、そうでない場合は０とする。このような質的変数の推計には、プロビットモデル（Probit estimator）を用いて検証する[17]。

政府支配を規定する要因には、どのようなものがあるだろうか。まず政府が最大株主である場合、銀行資産の安全性の優先が考えられる。また地方政府の

成長インセンティブに関係して、融資や資金運用の拡大も予想される。つまり政府支配によって生じた銀行の行動は、政府のインセンティブに一致するはずである。これを表す銀行の指標として、具体的に、銀行の資産規模（$ASST$）、総資産利益率（ROA）、不良債権比率（NPL）および自己資本比率（CAR）など銀行の拡張行動と安定指向を反映する説明変数を取り入れた。

プロビットモデルでは、モデルの誤差項 ε_{it} は推計すべき係数 β_0、β_1 と互いに独立で同一の正規分布 $N(0, \sigma^2)$ に従うと仮定される。実際の推計モデルは式(3)になる。$\phi(z)$ は標準正規分布の累積分布関数である。

$$gov_{it}(1, 0) = \phi(ROA_{it} + NPL_{it} + CAR_{it} + \ln ASST_{it} + dummy) \tag{3}$$

なお銀行経営における地方政府の支配ケースとして、30％以上の株式保有のほかには、地方政府系の投資会社が最大の株主となった場合も考えられる。それらについても質的変数モデルで推計を行う。

2．実証結果

(1) 政府所有の非効率性

まず説明変数間の相関を推計した結果[18]、政府保有と法人保有の間には高い相関（相関係数：-0.8039）があったため、法人保有を説明変数から外す。そしてモデル1に対してパネルデータ推計の手順に従って、固定効果とランダム効果をそれぞれ推計し、ハウスマン検定ではランダム効果モデル（GLS）を選択し、推計の結果を表3-11に示した。

表3-11を見れば、4つの推計では、3つが政府所有のマイナス効果を5％の統計水準で検出した。なお地域ダミーを入れる推計2でも政府所有のマイナス効果が10％水準での有意（Z値>1.7）を確認した。これに対して、外資所有と個人所有は推計係数がプラスになっているものの、統計上における有意が確認できなかった。銀行の性質を表すコントロール変数として推計した預金負債率、預貸率、操業年数では、預金負債率の有意が見られない。預貸率は5％の統計水準でマイナス効果の有意を確認した。最も顕著となっているのは銀行

の操業年数（1％水準）である。操業年数の長い都市商業銀行は収益性がよいことが確認できる。これと同様に、地域ダミーでは、東部地域の推計は1％統計水準でプラスの有意を観察できた。東部地域に立地する都市商業銀行は、よい経営業績を収めている。

ここからは、都市商業銀行の経営における政府保有の非効率性を確認できたが、4つの推計の決定係数（R^2、0.098〜0.134）はいずれも10％程度である。地域ダミーを入れたモデルの決定係数はそうでないモデルより統計上で有意となっている。地域格差が大きい中国においては、政府保有の非効率性は、一様であるとは考えられない。そこで、以下では地域特性の推計を通じてさらなる検討を行う。

表3-11 政府所有の非効率性に関する実証結果(1)

	推計1	推計2 地域ダミー	推計3	推計4 地域ダミー
政府所有	−0.004 (2.12)**	−0.004 (1.71)*	−0.005 (2.38)**	−0.005 (2.00)**
外資所有	0.005 (0.81)	0.003 (0.50)	0.003 (0.61)	0.001 (0.26)
個人所有	0.006 (1.67)	0.005 (1.40)	0.005 (1.40)	0.004 (1.04)
預金負債率	0.45 (1.45)	0.41 (1.38)		
預貸率			−0.550 (2.09)**	−0.552 (2.32)**
操業年数	0.031 (2.95)***	0.032 (3.26)***	0.033 (2.87)***	0.033 (3.21)***
東部地域		0.241 (2.56)***		0.25 (2.65)***
中部地域		0.021 (0.16)		0.051 (0.04)
西部地域		—		—
常数項	−0.131 (0.51)	−0.250 (0.94)	0.641 (2.83)***	0.522 (2.22)**
R2 within	0.098	0.109	0.121	0.134
between	0.033	0.074	0.031	0.059
overall	0.058	0.119	0.059	0.127
Wald 統計	24.5***	32.94***	26.45***	36.77***
グループ	62	62	62	62
観測数	325	325	325	325

注：1）カッコ内はZ値である。*、**、***はそれぞれ10％、5％、1％水準で有意である。
　　2）Hausmanテストを用いてランダム効果モデルを選択した。

(2) 地域特性の推計

ここでは、サンプルデータを経済発達地域（東部地域）と非経済発達地域（中西部地域）、それに中心都市（直轄市、省都、計画単例市）と地方都市に分け

表3-12 政府所有の非効率性に関する実証結果(2)

	推計1 東部	推計2 中西部	推計3 中心都市	推計4 地方都市
政府所有	-0.005 (1.99)**	-0.003 (0.88)	-0.002 (0.56)	-0.012 (3.44)***
外資所有	0.009 (1.49)	0.028 (1.24)	0.01 (1.70)*	0.031 (1.30)
個人所有	0.002 (0.57)	0.006 (0.95)	0.007 (1.44)	0.001 (0.32)
預貸率	-0.003 (1.11)	-0.006 (1.91)*	-0.008 (2.09)**	-0.003 (0.85)
操業年数	-0.016 (1.38)	0.086 (5.28)***	-0.006 (0.33)	0.060 (4.32)***
常数項	0.922 (3.29)***	0.185 (0.59)	0.964 (3.58)***	0.558 (1.75)
R^2 within	0.003	0.271	0.037	0.245
between	0.362	0.042	0.306	0.004
overall	0.091	0.162	0.130	0.079
Wald統計	9.20	44.47***	15.11***	38.16***
グループ	31	31	23	39
観測数	167	158	129	196

注：カッコ内はZ値である。*、**、***はそれぞれ10％、5％、1％水準で統計有意である。

てそれぞれ推計を行う。その結果は、表3-12に示される。

表3-12から、政府保有の非効率性について、地域の特徴を検出した。中西部地域および中心都市における政府所有の非効率性は検出できなかった。その一方、東部や地方都市において、政府保有の非効率性が見られる。第1章で示したように、都市商業銀行の設立は東部を中心として地方都市まで広がっている。これに対して、中西部は省都などの中心都市を中心に都市商業銀行が設立されている。実証の結果からは、東部の地方都市における政府保有の非効率が他の地域より顕著であることを示している。外資保有について、中心都市の推計は10％以下の統計有意（Z値、1.7）を示した。預貸率が有意となっているのは中心都市の推計（5％水準）である。また中西部の推計でも10％水準以下の統計有意を検出している。これは中西部の中心都市が融資を拡大すると、業績にマイナス効果があることを示している。1％水準の有意を検出したのは、操業年数であり、それぞれ中西部と地方都市の推計である。このような地域の格差を考えながら、モデル2について、政府支配の要因を見てみよう。

表3-13 政府支配の諸要因に関する実証結果

	推計1 政府支配	推計2 政府最大	推計3 投資会社	推計4 政府取締役
不良債権	-0.005 (0.33)	0.281 (4.41)***	0.224 (3.02)***	0.305 (1.99)**
自己資本	-0.163 (3.33)***	-0.149 (1.75)*	-0.196 (1.15)	-0.519 (2.27)**
収益指標	-1.361 (2.43)**	-1.163 (1.75)*	-2.357 (3.04)***	0.94 (0.84)
資産規模	-0.561 (2.95)***	-0.474 (2.20)**	-0.965 (2.62)***	-0.957 (3.06)**
東部地域	0.374 (0.85)	2.821 (3.52)***	-2.043 (1.98)**	
中部地域	0.081 (1.90)*	3.664 (2.40)**	—	
西部地域	—	—	-0.654 (0.49)	
常数項	1.452 (1.49)	3.895 (2.99)**	11.798 (3.02)***	12.138 (3.14)***
年度ダミー	Yes	Yes	Yes	Yes
グループ	62	62	62	62
観測数	325	325	325	226
対数尤度	-118.423	-79.630	-51.011	-56.59
Wald統計	30.24***	23.47***	16.39**	10.3**
尤度比検定	114.08*** Prob>=chibar2=0.000	78.09***	59.44*** Prob>=chibar2=0.000	116.06***

注:カッコ内はZ値の絶対値である。*、**、***はそれぞれ10%、5%、1%水準で有意である。

(3) 政府支配の要因

表3-13の推計では、都市商業銀行において銀行経営に影響を与える地方政府支配について、その支配を規定する要因を計測した[19]。非説明変数には、30%を超える地方政府の所有を利用するほか、最大株主が地方政府であるかどうか、また政府系の投資会社であるかどうかも用いる。さらに、政府派遣の取締役の有無も政府支配の変数として用いる。これらの被説明変数に対する説明変数として、不良債権比率、自己資本比率、収益指標のROA、および銀行の規模を表す資産額を用いた。

Men［2009］では、政府は銀行の株式を大きく保有したとしても、政府派遣の取締役を増やすなど銀行の経営に積極的に関与する姿勢が見られないことを明らかにした。この点について、政府支配の規定要因の推計では、その特徴を明らかにした。地方政府の支配は、銀行の自己資本比率、経営業績（ROA）、資産規模と負の相関があることを推計結果は示している。つまり、自己資本比率と経営業績、資産規模の改善によって、地方政府の所有による支配は低下している。一方、不良債権比率と政府の所有には正の相関が検出されている。つまり、不良債権比率の高い銀行に対して、政府が依然として所有による支配を堅持していることが考えられる。

　表3-13からは、30％を限度とする地方政府の出資を超える要因として、自己資本比率（1％水準の統計有意）、経営業績（5％水準の統計有意）、銀行資産規模（1％水準の統計有意）の低さがあげられると指摘できる。政府が依然として最大株主の立場を堅持しているのは、不良債権比率が高く銀行資産規模が少ない銀行であることがわかる。また自己資本比率や収益指標のROAについても10％水準の統計有意を示している。最大株主を地方政府だけでなく政府系の投資会社に拡大した場合、自己資本比率の有意性は失われ、収益指標は1％水準の有意を示している。また地方政府取締役の有無を被説明変数にした推計では、不良債権比率、自己資本比率と資産規模が5％水準の統計有意を示している。さらに地域ダミーを入れたところ、東部地域の負の相関が推計2、3で見られた。一方、中部の地域ダミーとの正の相関が推計の1、2で示されている。また4つの推計には、年度ダミーを入れている。推計1、2はWald検定と尤度比検定が1％以下水準の有意性を示したが、推計3、4では、Wald検定の統計有意が低下している。

VI　おわりに

　本章では、中国の都市商業銀行の所有と経営の実態を考察した。とくに都市商業銀行の所有と経営に焦点を当て、銀行の所有構造と統治機構を検討した。

国有商業銀行と株式商業銀行を含めた検討では、銀行への支配を維持しながらも、株式化や上場などを通じて銀行のコーポレート・ガバナンスを強化する政府の姿勢が明らかにされた。しかし、市場（資本市場）メカニズムによる銀行経営の規律づけは機能しておらず、銀行の経営業績と上場年数の間には相関関係がみられない。銀行経営の規律づけは依然として政府を中心とする内部統治機構に委ねられているのが現状である。

　そして、都市商業銀行データベースを用いて、都市商業銀行独自の特徴を明らかにした。都市商業銀行は、その営業基盤がいまだに固まっていないものの、内部のガバナンス強化を通じて経営の健全化を図りつつある。いずれの指標においても、都市商業銀行の経営状況は改善されている。都市商業銀行の所有構造に関しては、地方政府の出資が義務化されたこともあって、すべての都市商業銀行に地方政府は出資しているが、そのシェアに相応する地方政府からの取締役と役員の派遣は見られない。しかも、地方政府の株式保有シェアは年々低下している。その一方、地方政府系の投資会社は都市商業銀行の株式を大量に保有し、都市商業銀行の資金運用においては地方政府の関連会社（道路・土地整備等）に対する融資が大きな割合を占めている。

　都市商業銀行の経営における地方政府所有のあり方についての定量分析では、地方政府所有の非効率性を検出した。しかし、これにも地域格差があり、東部の地方都市に立地する都市商業銀行においては、政府の所有が非効率性をもたらしているが、中西部になると必ずしも同様ではない。銀行株式の3割以上を保有し最大株主であり続ける地方政府支配の維持を助長する大きな要因は、不良債権問題や自己資本不足である。一方、資産規模の拡大や業績の改善によって、これらの手段を通じた地方政府の支配は低下している。すなわち、業績や資産状況のよくない小規模の都市商業銀行に対して地方政府が支配を堅持することには、やむをえない側面が存在する。都市商業銀行独自のビジネスモデルを確立し安定的な経営を行えるまでは、銀行経営に対する地方政府の関与が続けられるだろうし、また都市商業銀行は金融体制改革の目標とする地域金融機関に成長するまでには、相当の期間を要するだろう。

注

1）　唐燕霞［2004］が詳しい。
2）　30％を限度に地方財政からの出資を要求した。
3）　地方財政信用とは、地方財政資金を有償的に使用する信用授与の一形式、一般的に「財政専門運転資金」と呼ばれる。地方財政上に「財政専門運転資金」という会計科目を設け、具体的に工業企業の技術導入を支持する「工業企業技術改造専門資金」のようなものが含まれる。
4）　Shih論文は中国人民銀行が収集・集計した2002年の商業銀行個別データ（都市商業銀行に関する部分は未公表）を用いて国有商業銀行、株式商業銀行、都市商業銀行の主成分分析を行った。
5）　蚌埠住房貯蓄銀行は2005年に設立された徽商銀行に統合された。2006年に設立された渤海銀行は全国の株式商業銀行として位置づけられる一方、地域銀行の性格も強く、一般には都市商業銀行に分類されることが多い。
6）　経叔平（1918-2009）は、民生銀行設立以後、取締役会会長および名誉会長を歴任した。
7）　「深圳発展銀行1993年度報告（摘要）」を参照されたい。
8）　交通銀行（2005年6月23日、香港市場：2007年5月15日、上海A株市場）、中国建設銀行（2005年10月27日、香港市場）、中国銀行（2006年6月1日、香港市場；2006年7月5日、上海A株市場）、中国工商銀行（2006年10月27日、香港市場と上海A株市場上場）。
9）　国有商業銀行の資本増強を行うために設立した中国の国家投資会社、詳細については露口［2006］と門闖［2007a］を参照されたい。
10）　現代企業制度については唐燕霞［2004］が詳しい。
11）　「上市公司治理準則」（中国証券監督管理委員会：2002年1月7日）、「商業銀行信息披露暫行弁法」（中国人民銀行：2002年5月28日）、「股份制商業銀行公司治理指引」（中国人民銀行：2002年6月14日）。
12）　「商業銀行与内部人和股東関聯交易管理方法」（中国銀行業監督管理委員会：2004年4月2日）、「股份制商業銀行公司董事会尽職指引」（中国銀行業監督管理委員会：2005年9月12日）。
13）　筆者が構築したデータベースはアンバランスのパネルデータである。さらに被説明変数にはダミーなども使うため、それを計測するには、サンプルバイアスを取り除くべく、GMMの操作変数法（IV）やHeckmanの2段階推定法を用いた推計を行うことが多い。しかし、データの脱落はさまざまな要因による。ひとつの方法でそれをコントロールすることは困難であり、前後の推計結果を容易に解釈す

るため、固定効果とランダム効果のパネルデータ推計を行う。
14) 所有構造の効果を検証するには、Berger et al. [2005] が static effect、selection effect、dynamic effect を表す指標を示した。本章は収益性を表す指標のみを用いた。
15) 推計式は
$$y_{it} = X'_{it}\beta + \mu_{it}$$
$$i = 1, \ldots, N_t ; t = 1, \ldots, T$$
に仮定する。
16) chi 2 値（33.07***、1％以下有意）。
17) より厳密には、政府が最大株主である場合は30％を超えれば政府保有の比率を被説明変数に設定し、そうでない場合は0とするトービット推計（Tobit Estimator）を行うべきである。ここでは、プロビットとトービットの推計を行ってその結果を比較したが、ほぼ同様の推計結果を得られた。他の質的変数と同様の推計を行うため、本章はプロビットの推計のみを行う。
18)

	政府所有	外資所有	個人所有	法人所有
政府所有	1.0000			
外資所有	－0.0755	1.0000		
個人所有	－0.1542	0.0955	1.0000	
法人所有	－0.8039	－0.2711	－0.2823	1.0000

19) さまざまな制約により、ここでの推計は政府支配を規定する要因について、因果関係を証明するものになっておらず、相関関係を確認することにとどまった。

第4章

都市商業銀行の経営効率性

I はじめに

 2001年のWTO加盟と2003年の「中国銀行業監督管理委員会」設立によって、中国の銀行業の経営構造には大きな変化が生じた。例えば、各商業銀行は資産運用の健全性を重視する経営姿勢を示すようになり、1995年以降設立された中小規模の都市商業銀行も、貸出管理の厳格化や資産運用の多様化を通じて経営の健全化を図ろうとしている。こうした潮流は、都市商業銀行のような規模の経済性を発揮できない中小銀行の経営構造にどのような変化をもたらしたのだろうか。そして実際に経営は効率的に行われるようになったのだろうか。本章ではこれらの点を、2000年以降の銀行ミクロデータを利用して、都市商業銀行の経営構造および効率性を定量的に検証することを通じて明らかにする。

 WTO加盟によって外資系金融機関の進出や国内における銀行業の規制緩和が進展したことにより、銀行業の競争はかつてないほど激化しており、銀行経営の効率性が重視されるようになってきた。このことを示すように、2000年以降、中国の銀行部門の効率性を分析する論文が数多く現れてきた。比較的はやい時期に銀行部門の効率性を分析した研究として、魏煜・王麗 [2000]、張健華 [2003]、姚叔潔ほか [2004] が挙げられる。その後、実証方法の改善などを通じてより精緻に銀行の経営効率性を分析する研究が現れてきた。遅国泰ほか [2005]、Chen et al. [2005]、Fu and Heffernan [2007]、Hu and Zhou [2008]、Berger et al. [2009] がそれにあたる。しかし、これらの研究は研究対象および分析手法においていくつかの課題を抱えている。魏煜・王麗 [2000]、姚叔

潔ほか［2004］、Chen et al.［2005］、Fu and Heffernan［2007］、Hu and Zhou［2008］、Berger et al.［2009］は、国有商業銀行と株式商業銀行に対して同様の推計法を用いて分析しており、異なる経営構造を持つ商業銀行間の差異を析出することができていない。またこれらの研究は国有商業銀行と株式商業銀行を研究対象としており、大銀行とは異なる経営構造を持つ中小の都市商業銀行についての分析を行っていない。

張健華［2003］は都市商業銀行を取り扱っているが、利用したデータの制約などにより、ノンパラメーターのDEA法を採用しており、都市商業銀行の経営構造を詳細に示すことができていない。ここで注目すべきは、2003年に中国銀行業監督管理委員会が成立して以来、銀行部門の情報公開が飛躍的に前進し、都市商業銀行に関する研究も行われるようになったことである（Shih et al.［2006］、Lin and Zhang［2009］）。しかし、Shih et al.［2006］は、中国人民銀行の1年分の非公開データを利用して国有商業銀行、株式商業銀行、都市商業銀行の経営指標を比較したにすぎない。またLin and Zhang［2009］は、銀行の経営構造を分析するものではなく、銀行の所有構造がその財務指標に与える影響を推定する研究である。これらの先行研究に対して、本章は独自のデータベースを利用して都市商業銀行の経営構造を分析する初めての試みと言える。

本章の分析に際しては、都市商業銀行に関するデータに制約があるなか、5年以上の詳細な財務データを得られる都市商業銀行36行についてのデータベースを作成した。これによって、先行研究では不可能であった経済理論による関数形の仮定や推計値の頑健性検定などが可能となる。とりわけ本章では、確率的フロンティア費用関数を中心に推計を行い、都市商業銀行の経営構造における規模と範囲の経済性や費用の補完性などを詳細に示し、都市商業銀行の経営上の特質を明らかにする。

またこのような経営構造に関する定量的な分析から得られる結果は、重要な政策的インプリケーションをも含んでいる。2000年以降、都市商業銀行は資本増強や規模の拡大などによって経営が安定化し、独自の経営構造を確立しようとしている。ここ数年、都市商業銀行間における統合・合併の動きが出始め、

例えば安徽省、江蘇省、吉林省は同省の都市商業銀行を合併し、規模拡大を通じた経営基盤の安定化を図った[1]。しかし、都市商業銀行の経営において、期待されるような規模の経済性と範囲の経済性は存在するのであろうか。この点について従来の研究は明確に論じてこなかった。このように、今後の銀行部門改革と関連する問題に政策判断の材料を提供するという意味でも、本章における厳密な推定は極めて重要であると言える。

本章の構成は以下のとおりである。まず、Ⅱでは、銀行の効率性を計測する方法（確率的フロンティア費用関数）と銀行生産物の説明を行う。そしてⅢでは、実証データを分析し、生産・費用構造から都市商業銀行の営業構造の特徴を明らかにする。続いてⅣでは確率的フロンティア費用関数の手法を用いて銀行の費用非効率性を推計し、規模と範囲の経済性が存在するかどうかを検証する。また検証結果の頑健性をテストするという意味も含めて複数の推計結果を示す。そして最後に、結論をまとめ政策的インプリケーションを提示する。

Ⅱ　効率性の計測

銀行が人員や物的資産（店舗、設備）を投じてその業務を行う側面は一般の生産企業と大きな違いがない。銀行の経営効率性（operational efficiency）[2]についても銀行の生産構造を表す生産・費用関数からそれを計測することが多い[3]。同じ生産物を生産する銀行では、費用最小の銀行が効率的とされる。効率的とされる銀行との差は個別銀行の費用非効率性である。また組織運営のあり方により生じる経営の非効率性はX非効率性と称される（Leibenstein [1966]）。

銀行は融資などを通じて金利などの生産物を生産するが、その生産量はYと表される。これに対して銀行業務が必要とする生産要素（人員や物的資産）の投入量をQとする。生産関数、費用関数には双対性があり[4]、銀行の生産関数は$F(Y, Q) = 0$と仮定できる。ここで生産物の価格をP_Yとし、生産要素価格をPとする。この際の銀行利潤πは$\pi = P_Y^* Y - P^* Q$である。利潤最大化

の場合は、これに対応する費用関数は $C=f(Y, P)$ である。C は銀行の総生産費用である。通常の場合、銀行の生産・費用構造を表す費用関数をトランスログ関数の形式で示す（式1）。

$$\ln C = f \ln (Y, P) + v + u \tag{1}$$

銀行の総生産費用 C は産出量 Y、要素価格 P によって規定され、攪乱項 v と非効率性 u に依存する。これは確率的フロンティア関数（Stochastic Frontier Approach、以下 SFA）と呼ばれている[5]。v は攪乱項であり、正規分布 $N(0, \sigma^2)$ を仮定する。銀行の費用非効率性を求めるのに u をさまざまな確率分布に仮定して推計を行う。u が半正規分布（half normal distribution）であると仮定する場合については、Aigner et al. [1977] が計算法を示した。u が切断正規分布（truncated normal distribution）であると仮定する場合については、Stevenson [1980] が計算法を示した。また u が指数分布（exponential distribution）であると仮定して計算することもある。

個別銀行の非効率性の算出は、観察可能な $v+u$ の条件付き分布の平均値を用いて求めることができる。またこれによって推計される費用関数の推計値を用いて、各種の経済性指標を計算することができる。まず費用の増え方が生産物の増え方より大きいかどうかを以下（2式）のように計算する。これは1より大きいかどうかで規模の経済性の有無が確認できる。費用の補完性は範囲の経済性が成立するための十分条件である。範囲の経済性を直接に計算することは不可能であるため、多くの研究では範囲経済性の指標として費用の補完性（3式）を利用する。例えば、$CC<0$ であれば、生産物 Y の増加は費用逓減の効果があると解釈できよう[6]。

$$\text{規模の経済性}: SE = \sum_{i=1}^{n} \frac{\partial \ln C}{\partial Y_i} \tag{2}$$

$$\text{費用の補完性}: CC = \frac{\partial^2 C}{\partial Y_i \partial Y_j} \tag{3}$$

SFA 手法による推計では生産要素と産出物の選択について注意を払う必要

がある。とりわけ何を銀行の生産物とすべきかについては異なる見方が存在する。銀行の産出物としては、生産アプローチ（production approach）の観点から金利収入や手数料収入といったフロー変数が採用されることが多い。その一方、銀行の生産活動は収入面だけでないため、業務能力を表す

表4-1　データセットの構成

	東部地域	中部地域	西部地域	合　計
2000	14	5	7	26
2001	16	5	9	30
2002	19	7	10	36
2003	19	7	10	36
2004	19	7	10	36
2005	19	7	10	36
2006	19	7	10	36
合計	125	45	66	236

出所：都市商業銀行データベース。

貸出や預金規模などのストック変数も採用されている。また銀行が預金を吸収し貸し出して金利を得る仲介アプローチ（intermediation）の観点から銀行の生産物を選択する場合もある。先行研究では仲介アプローチよりも業務が多様化した銀行の生産活動を反映する生産アプローチのほうが多く採用されている。とはいえ、何をもって銀行の生産物とするかは現状では一致していない[7]。通常、銀行の経営構造および効率性を検証する際には、分析の目的に応じて生産物を選別している（Berger and Mester [1997]）。銀行の生産要素については、人員や物的設備を投入するという側面では生産企業と同様であるため、生産要素として人件費や物件費が採用されている。

III　データ

1．データセット

本章が用いた都市商業銀行のデータセットは、筆者が独自に構築した都市商業銀行データベースから、5年間以上の財務情報を取れる都市商業銀行36行を対象とした[8]。36行のうち、2000年から2006年まで7年間のデータが揃ったのは26行である。データセットの詳細は、表4-1に示している。データのサンプル数は合計236である。そのうち、東部地域は125（19行）、中部地域は45（7

表4-2　要約統計量

(単位：億元、人)

	Obs.	Mean	Std. Dev.	Min	Max
純利益	236	1.39	2.86	△0.44	23.82
金利収入	236	9.27	14.61	0.10	89.45
非金利収入	236	0.42	1.07	0.00	12.43
金利支払	236	4.58	6.97	0.08	41.02
営業費用	236	2.41	3.29	0.03	22.34
行員数	236	1,262	1,051	200	5,003
固定資産	236	3.29	3.46	0.23	22.23
貸出金	236	134.35	220.18	2.91	1,295.77
投資額	236	66.62	124.02	0.00	712.34
不良資産	236	11.14	13.83	0.32	72.56
預金	236	219.97	374.45	4.50	2,330.90
負債総額	236	229.93	392.58	4.50	2,323.23
総資産	236	260.24	444.88	5.07	2,729.69

出所：表4-1に同じ。

行)、西部地域は66(10行)である。利用できるデータの制約により、データセットの地域分布は東部地域に偏っている。これは東部地域に立地する都市商業銀行の情報公開が中西部地域の都市商業銀行より進んでいることだと考えられる。

都市商業銀行の年報から収集したデータの項目は、銀行の純利益、金利収入、非金利収入、金利支出、営業費用、行員数、固定資産、貸出金、投資額、不良資産、預金、負債総額、総資産である。これらのデータから都市商業銀行の生産構造と費用構造を見ることができる。まずデータの要約統計量(表4-2)から都市商業銀行間において大きな格差があることがみてとれる。銀行の生産物として、金利収入と非金利収入の平均は9.27億元と0.42億元である。金利収入と非金利収入の最大値は89.45億元と12.43億元であり、最小値は0.1億元と0である。その格差は大きい。貸出金と投資額の平均値は、134.35億元と66.62億元である。銀行の行員数と資産規模からも銀行間における大きな格差がみてとれる、規模の比較的大きい銀行は行員数が5,003人に達し、2,330.9億元の資産を有する。規模の小さい銀行では、行員数は200人、総資産は5.07億元である。

2．都市商業銀行の経営構造

以下、2000-2006年における都市商業銀行の生産と費用構造を、収集できたデータを用いて見てみよう。データセットから銀行のフロー生産物として金利

収入と非金利収入、ストック生産物として貸出金と投資額を利用する。また銀行の資本労働比率（固定資産／職員数）、人件費（営業費用／行員数、ただし営業費用には物件費等を含む）、平均資金調達金利（金利支払／負債総額）、労働生産性（経常収益／職員数）、非金利収入比率（非金利収入／経常収入）、預貸率（貸出金／預金）、経費率（営業費用／経常収入）、金利支払比率（金利支払／営業支出）、総資産利益率（純利益／総資産）などの財務指標から銀行の生産と費用構造の詳細を示す。

(1) 地域特徴と時系列の変化

表4-3を用いて、都市商業銀行の生産と費用構造を見てみよう。まず銀行全体の平均値では、金利収入と非金利収入はそれぞれ9.27億元と0.42億元である。営業収入に占める非金利収入の比率は4.91%である。また標準偏差（カッコ内）は平均値より大きいことから、銀行間に大きな差があることがみてとれる。各地域の平均値を見ると、東部地域の金利収入は14.58億元で、中部（3.09億元）と西部（3.44億元）の4倍以上である。そして非金利収入では、東部の平均値は0.69億元で、中部（0.23億元）と西部（0.18億元）の3倍程度であり、非金利収入の比率については、東部地域（3.78%）が中部（6.96%）と西部（5.65%）よりも低い。

銀行のストック生産物である貸出金と投資額の平均値は、それぞれ134.35億元と66.62億元である。地域別の平均値では、東部地域が中西部より高く、その平均値は209.95億元と106.99億元である。中部と西部地域の平均値はそれぞれ44.32億元と25.66億元、52.56億元と18.07億元である。中部地域の貸出金の平均値は西部地域より少ないが、投資額の平均値は西部地域より多い。銀行の投入要素として、経費比率の平均値は1.45%である。地域別の人件費では、東部は20.41万元／人、中部は8.05万元／人、西部は12.65万元である。平均資金調達金利の全国平均値は2.5%である。各地域間では大きな差がなく、東部、中部、西部地域の平均資金調達金利はそれぞれ2.46%、2.72%、2.42%である。労働資本比率の平均値は23.69万元である。地域別の平均値では、東部は25.53

表4-3 都市商業銀行の生産・費用構造

	東部	中部	西部	平均
金利収入（億元）	14.58 (18.17)	3.09 (3.55)	3.44 (4.16)	9.27 (14.61)
非金利収入（億元）	0.61 (1.41)	0.23 (0.35)	0.18 (0.36)	0.42 (1.06)
非金利収入比率（％）	3.78 (2.69)	6.96 (10.81)	5.65 (4.87)	4.91 (5.82)
貸出金（億元）	209.95 (276.76)	44.32 (49.79)	52.56 (63.78)	134.35 (220.18)
投資額（億元）	106.99 (157.52)	25.66 (38.39)	18.07 (24.13)	66.62 (124.01)
人件費（万元／人）	20.41 (9.88)	8.05 (5.13)	12.65 (6.92)	15.88 (9.76)
平均資金調達金利（％）	2.46 (4.17)	2.72 (2.00)	2.42 (1.03)	2.50 (3.19)
資本労働比率（万元／人）	25.53 (11.65)	19.61 (10.41)	22.99 (10.81)	23.69 (11.37)

注：カッコ内は標準偏差である。
出所：表4-1に同じ。

万元、中部は19.61万元、西部は22.99万元である。

　時系列から銀行の生産構造を見ると、金利収入の平均値は2000年の5億元程度から13億元程度まで増加している。これに対して非金利収入は2000年の0.13億元から2006年の0.98億元まで増えた。営業収入に占める非金利収入比率は2000-2006年の間に低下傾向にあり、2000年の6％台から2004年の4％台まで下落した。しかし2005年からその比率は回復し、2006年には5.5％まで上昇している。

　費用構造の時系列変化を見ると、人件費（営業費用／行員数）は2000年の10万元／人から2006年の20万元台に上昇した。これに対して銀行の労働資本比率は20万元台で推移して大きく上昇しなかった。銀行の平均資金調達金利は2000年の4.5％から下がり続け、2006年になるとわずか2％まで低下した。

(2) 他の商業銀行との比較

　中国銀行業における都市商業銀行の経営構造の特徴を確認するために、ここ

第4章 都市商業銀行の経営効率性 145

図4-1 生産構造の時系列変化

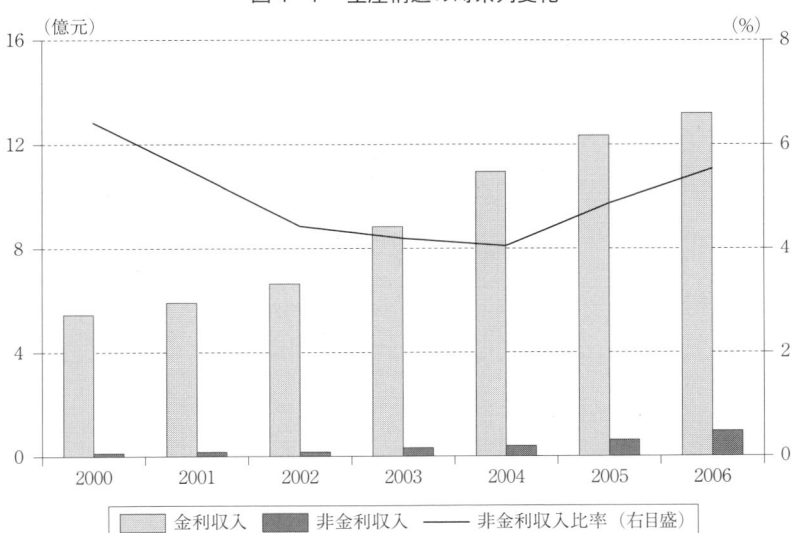

凡例: 金利収入　非金利収入　——非金利収入比率（右目盛）

図4-2 費用構造の時系列変化

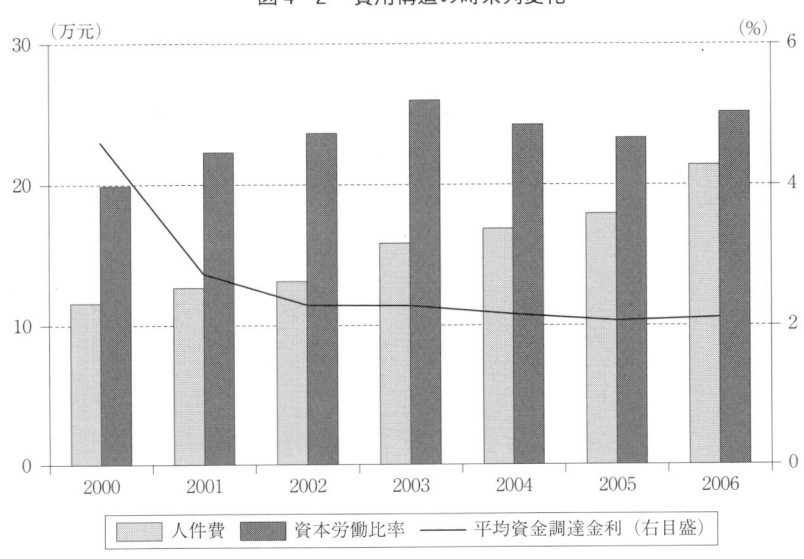

凡例: 人件費　資本労働比率　——平均資金調達金利（右目盛）

出所：表4-1に同じ。

表4-4 商業銀行の経営構造比較（2006年）

	国有商業銀行	株式商業銀行	都市商業銀行
金利収入（億元）	1,310.84	123.17	9.27
	(500.52)	(112.41)	(14.61)
非金利収入（億元）	109.94	6.83	0.42
	(35.51)	(6.70)	(1.06)
非金利収入比率（％）	8.19	5.77	4.91
	(2.61)	(3.18)	(5.82)
貸出金（億元）	22,528.41	2,414.72	134.35
	(7,280.02)	(1,733.31)	(220.18)
投資額（億元）	10,458.39	748.53	66.62
	(5,770.29)	(671.51)	(124.01)
人件費（万元／人）	12.98	34.72	15.88
	(4.51)	(12.86)	(9.76)
平均資金調達金利（％）	1.73	1.55	2.50
	(0.51)	(0.38)	(3.19)
資本労働比率（万元／人）	24.36	46.21	23.69
	(7.96)	(15.63)	(11.37)

注：カッコ内は標準偏差である。
出所：各銀行年報等により算出。

で国有商業銀行と株式商業銀行との比較を行う[9]。表4-4からは、まず銀行間における規模の格差が大きいことがうかがえる。各生産物の平均値においては、国有商業銀行の規模はおよそ株式商業銀行の10倍、株式商業銀行の規模は都市商業銀行の10倍以上になる。つまり、国有商業銀行と都市商業銀行の間においては規模の格差が100倍以上になる。金利収入は、国有商業銀行は1,310.84億元で株式商業銀行123.17億元の10倍以上、株式商業銀行は都市商業銀行9.27億元の10倍以上である。一方、非金利収入では、国有商業銀行は109.94億元で、株式商業銀行6.83億元の15倍以上であり、都市商業銀行のそれはわずか0.42億元である。国有商業銀行は生産物に占める非金利収入の割合（8.19％）が大きい。ストックの生産物（貸出金と投資額）では、フローの生産物（金利収入と非金利収入）と同様に国有商業銀行と株式商業銀行、都市商業銀行の間には大きな差がある。

　銀行の生産要素投入として、株式商業銀行の人件費（34.72万元／人）と資本労働比率（46.21万元／人）の平均値は国有商業銀行（人件費12.98万元／人、

表4-5　各商業銀行の生産・費用構造の変化

	国有商業銀行		株式商業銀行		都市商業銀行	
	2000 →	2006	2000 →	2006	2000 →	2006
資本労働比率（万元／人）	24 →	21	41 →	43	20 →	25
労働生産性（万元／人）	33 →	70	59 →	178	30 →	93
非金利収入比率（％）	6.9 →	8.1	8.4 →	4.4	6.4 →	5.5
経費率（％）	29 →	30	42 →	30	43 →	24
金利支払比率（％）	68 →	56	56 →	60	60 →	63
預貸率（％）	74 →	61	72 →	71	69 →	66
総資産利益率（％）	0.2 →	0.7	0.4 →	0.5	0.5 →	0.6

注：数字は各年度の平均値である。
出所：表4-4に同じ。

資本労働比率24.36万元／人）と都市商業銀行（人件費15.88万元／人、資本労働比率23.69万元／人）より高く、平均資金調達金利（2.5％）の平均値は国有商業銀行（1.73％）と株式商業銀行（1.55％）より高い。国有商業銀行と比較すると、都市商業銀行の人件費と平均資金調達金利は高いのである。表4-4からわかるように、商業銀行のなかで都市商業銀行の人的・物的生産要素価格はそれほど高くないが、資金調達価格は最も高い。

表4-5は、各商業銀行の生産・費用構造の変化を示している。まず資本労働比率と労働生産性を見ると、資本労働比率の上昇は大きくない。国有商業銀行の資本労働比率は逆に2000年の24万元／人から2006年の21万元／人に低下している。株式商業銀行と都市商業銀行は2000年の41万元／人、20万元／人から2006年の43万元／人と25万元／人に微増した。これに対して大きく変化したのは労働生産性である。株式商業銀行は2000年の59万元／人から2006年の178万元／人に増加し、都市商業銀行は2000年の30万元／人から2006年の93万元／人に増えた。非金利収入比率では、国有商業銀行が増加しているのに対して、株式商業銀行と都市商業銀行は2000年の8.4％、6.4％から2006年にはそれぞれ4.4％と5.5％に低下した。

表4-5で人件費、物件費を含む営業費用で示した経費率（営業費用／経常収益）は、国有商業銀行が微増したのに対して、株式商業銀行と都市商業銀行は低下している。とりわけ都市商業銀行は2000年の43％から2006年の24％まで

低下した。金利支払比率では、国有商業銀行は2000年の68%から2006年の56%まで低下した。その一方、株式商業銀行と都市商業銀行は2000年の56%、60%から2006年の60%、63%に微増した。預貸率では各銀行とも2000年の数字より低下しているが、国有商業銀行の減少が著しく2000年の74%から2006年の61%まで低下した。また各銀行の総資産利益率（ROA）が上昇しているが、国有商業銀行は2000年の比較的低い数字（0.2）から0.7という高い数字まで上昇した。株式商業銀行と都市商業銀行のそれも微小ではあるが上昇している。

Ⅳ　費用非効率性の計測

1．実証モデル

ここではSFA費用関数の仮定に基づき、推計関数を以下のような標準的なトランスログ型に展開した。標準の2生産物と2要素価格を持つ費用関数の構造方程式は以下になる。

$$\ln C = \alpha + \sum_{i=1}^{2} \alpha_i \ln Y_i + \sum_{j=1}^{3} \alpha_j \ln P_j + \frac{1}{2} \sum_{i=1}^{2} \sum_{k=1}^{2} \beta_{jk} \ln Y_i \ln Y_k$$

$$+ \frac{1}{2} \sum_{j=1}^{2} \sum_{l=1}^{2} \beta_{jl} \ln P_j \ln P_l + \frac{1}{2} \sum_{i=1}^{2} \sum_{j=1}^{2} \gamma_{ij} \ln Y_i \ln P_j + v_i - u_i \quad (4)$$

(4)式が経済学的に意味を持つためには、費用関数の単調性、対称性、一次同次性、擬凹性の条件を満たす必要がある[10]。残差項のuは半正規分布（half normal distribution）を仮定する[11]。先行研究では銀行業の生産要素価格として定義される賃金率や資本レンタル価格を利用している。本章では、パネルデータを推計対象としているため、必要な人件費や物件費の細かなデータを入手することが困難である。作成したデータセットは、生産物として、貸出金収益（金利収入）、貸出金以外（非金利）の収益、また貸出金、預金額を中心とし、費用として、資金調達費用（金利支出）、営業経費（営業費用）を中心とした。固定資産の減価償却で反映される資本レンタル価格はデータの制約から示すこ

とができない。ここで、資本レンタル価格については完全競争的な市場ではすべての銀行が同一の価格に直面するとの仮定をおき、人件費と管理費が大半を占める営業費用の価格のみを生産要素価格とする。よって2生産物と1生産要素価格の推計式は(5)式になる。

$$\ln C_{i,t} = \alpha_0 + \alpha_1 \ln Y1_{i,t} + \alpha_2 \ln Y2_{i,t} + \alpha_3 \ln Y1_{i,t}^2 + \alpha_4 \ln Y2_{i,t}^2 + \alpha_5 \ln Y1_{i,t} \ln Y2_{i,t}$$
$$+ \alpha_6 \ln P_{i,t} + \alpha_7 \ln P_{i,t}^2 + \alpha_8 \ln Y1_{i,t} \ln P_{i,t} + \alpha_9 \ln Y2_{i,t} \ln P_{i,t} + v_{i,t} - u_{i,t} \quad (5)$$

Y_1 = 金利収入、Y_2 = 手数料収入
P = 営業費用／行員数
銀行の費用コスト C = 総費用（金利支払＋営業費用）

なお、銀行によっては、一部の項目のデータが取得できなかった年度がある。これについては、中西部2～3行を中心に補完を行う。サンプルをプールして推計した場合は、クロスセクションの回帰にあたるため、データのデフレータを取っている。

2．実証結果

費用関数の推計結果は、以下の表4-6に示したとおりである。
この結果について、まず統計テストとして尤度比検定を行う。$\sigma_u = 0.2901$、$\sigma_v = 0.2132$、算出した尤度比検定（$\sigma_u = 0$）の検定統計量は7.39（chi 2 = 0.003）、1％水準で有意である。また頑健性テストの意味でOLSとパネルデータの推計も行った。尤度比検定の数字は統計有意であることから、銀行の費用非効率性が存在する。表4-6の推計結果から個別銀行の費用非効率を計算することができる。この推計結果を利用して(2)式と(3)式に基づき、銀行の規模の経済性と費用の補完性の指標を計算した。その結果は、規模弾力性はSE = 1.360[***]（1％水準）、費用補完性（範囲経済性の十分条件）CC = 0.129[***]であった。ここからわかるように、都市商業銀行の全体は規模不経済（1より大きい）であ

表 4-6　費用関数の推計結果

	SFA 推計		OLS 推計		パネル推計	
	係数	標準誤差	係数	標準誤差	係数	標準誤差
$\alpha 1$	-2.061***	0.556	-1.852***	0.573	-1.802***	0.474
$\alpha 2$	1.306***	0.336	1.196***	0.353	0.985***	0.327
$\alpha 3$	0.175***	0.044	0.180***	0.046	0.153***	0.042
$\alpha 4$	0.056	0.039	0.071*	0.041	0.077**	0.031
$\alpha 5$	-0.096	0.063	-0.113	0.069	-0.182***	0.048
$\alpha 6$	1.922**	0.920	1.683*	0.945	3.121**	1.204
$\alpha 7$	0.171	0.122	0.149	0.126	0.328*	0.177
$\alpha 8$	-0.749***	0.149	-0.685***	0.154	-0.500***	0.127
$\alpha 9$	0.296***	0.099	0.254**	0.103	0.181*	0.098
year 2000					0.066	0.083
year 2001	-0.125	0.078	-0.097	0.082	-0.011	0.071
year 2002	-0.139*	0.077	-0.114	0.080	0.021	0.065
year 2003	-0.215***	0.077	-0.191**	0.080	0.045	0.053
year 2004	-0.330***	0.076	-0.315***	0.080	0.024	0.046
year 2005	-0.432***	0.077	-0.417***	0.080	-0.009	0.040
year 2006	-0.488***	0.078	-0.464***	0.081		
常数項	10.258***	3.530	8.912**	3.612	14.978***	4.156
$\ln \sigma v2$	-3.091***	0.191				
$\ln \sigma u2$	-2.475***	0.301				
サンプル数	227		227		227 (36)	
LL	-28.39					

注：***、**、* はそれぞれ1％、5％、10％統計有意水準である。Pooled 推計は最小二乗法推定、パネル推計は固定効果である。LL は最大対数尤度値を示している。

り、範囲の経済性もみられない。以下では、頑健性テストの意味も込めて他の推計結果を示しておこう。

3．他の推計結果

(1) 貸出金・証券投資額の推計

都市商業銀行においては、その経営構造の変化に伴い資産運用が多様化している。そのひとつは証券投資額の増大である。ここでは、銀行の生産物を貸出金だけでなく、証券投資額も取り入れて推計を行う。(5)式と同じ仮定で、非効率性 u に対して同様に半正規分布を仮定し、推計を行う。

第4章 都市商業銀行の経営効率性　151

その推計モデルは、(5)式と同様のものであるが、生産物は金利収入ではなく、貸出金額と投資証券額となっている。

$$\ln C_{i,t} = \alpha_0 + \alpha_1 \ln Y1_{i,t} + \alpha_2 \ln Y2_{i,t} + \alpha_3 \ln Y1_{i,t}^2 + \alpha_4 \ln Y2_{i,t}^2 + \alpha_5 \ln Y1_{i,t} \ln Y2_{i,t}$$
$$+ \alpha_6 \ln P_{i,t} + \alpha_7 \ln P_{i,t}^2 + \alpha_8 \ln Y1_{i,t} \ln P_{i,t} + \alpha_9 \ln Y2_{i,t} \ln P_{i,t} + v_{i,t} - u_{i,t} \quad (6)$$

Y_1＝貸出額、Y_2＝証券投資額
P＝営業コスト（営業費用／行員数）または資金調達コスト（金利支払／負債総額）
C＝銀行の総費用コスト（金利支払＋営業費用）

推計の結果は表4-7に示したとおりである。推計結果から、貸出額と証券投資額を生産物として推計した費用非効率性の結果と、金利収入および非金利収入を生産物とした推計の結果との間には大きな差がある。

貸出金と証券投資額を生産物として推計した結果では、金利収入を用いた推計ほどの統計有意が見られなくなる。営業コストの推計は尤度比検定で有意が検出されなかった。資金調達コストの推計は尤度比検定で統計有意が検出されたものの、5％水準以下（3.78**, Chi 2＝0.026）の有意しか認められていない。これは、都市商業銀行のストック生産物の貸出金と投資額では銀行間に大きなバラつきが存在することを示唆している。すなわち各銀行は、資産運用の多様化が進んでいても、同様の費用構造になっていない。具体的な推計では、資金調達コストを生産要素価格とする推計は、営業コストを用いた推計よりも統計の有意が検出されている。α6－α9までの推計値はいずれも1％水準の統計有意を示しており、係数は弾力性値であるため、相関性の解釈自体は可能である。この推計から、都市商業銀行間における経営構造の相違が浮き彫りになった。ストック生産物を用いた経営効率性の分析に関しては、同一の費用関数をもとにしたパラメーター手法でなく、DEAなどのノーパラメーター手法を用いることとする。

表4-7 ストック生産物の推計結果

	営業コスト				資金調達コスト			
	Coef.	Std. Err.	z	P>z	Coef.	Std. Err.	z	P>z
$\alpha 1$	0.729	1.730	0.084	−0.170	1.529	0.201	7.620	0.000
$\alpha 2$	−0.228	0.382	−0.600	0.550	−0.230	0.120	−1.920	0.055
$\alpha 3$	−0.023	0.112	−0.210	0.834	0.015	0.055	0.270	0.785
$\alpha 4$	0.046	0.040	1.140	0.256	0.032	0.019	1.710	0.087
$\alpha 5$	0.004	0.121	0.030	0.977	0.005	0.060	0.080	0.939
$\alpha 6$	−2.174	1.040	−2.090	0.037	0.604	0.118	5.100	0.000
$\alpha 7$	−0.286	0.127	−2.250	0.025	0.192	0.023	8.210	0.000
$\alpha 8$	0.157	0.174	0.900	0.367	0.472	0.090	5.250	0.000
$\alpha 9$	−0.094	0.102	−0.920	0.357	−0.179	0.052	−3.450	0.001
Year 2000	0.135	0.092	1.470	0.142	−0.007	0.046	−0.150	0.884
year 2001								
year 2002	−0.189	0.085	−2.220	0.026	−0.098	0.043	−2.290	0.022
year 2003	−0.235	0.086	−2.720	0.007	−0.158	0.043	−3.700	0.000
year 2004	−0.275	0.087	−3.170	0.002	−0.185	0.044	−4.250	0.000
year 2005	−0.311	0.086	−3.620	0.000	−0.192	0.043	−4.440	0.000
year2006	−0.280	0.087	−3.230	0.001	−0.178	0.044	−4.060	0.000
常数項	−10.039	4.370	−2.300	0.022	−0.848	0.414	−2.050	0.041
サンプル数	231				231			
lnsig 2 v	−2.189	0.093	−23.500	0.000	−4.092	0.242	−16.930	0.000
lnsig 2 u	−11.477	139.890	−0.080	0.935	−3.397	0.362	−9.390	0.000
LL	−74.920				83.053			
尤度比検定	—				3.78 Prob>chi 2=0.026			

注:LL は最大対数尤度値を示している。

(2) 地域別の推計

　銀行間に存在するバラつきは、地域の違いによる可能性が大きい。以下では、データセットを東部地域と中西部地域に分けて推計を行う。その結果は表4-8のとおりである。

　表4-8においては、東部地域の都市商業銀行における費用非効率性の存在が尤度比検定から確認できる。その数値は9.19***、1％以下水準で有意である。これに対して、中西部の推計は尤度比検定の統計有意が確認できなかった。これは2つのことを意味する。ひとつは東部地域の都市商業銀行に費用非効率性が存在し、同一の費用関数で推計できることである。もうひとつは、中西部地

表4-8 地域別の推計結果

	東部地域				中西部地域			
	Coef.	Std. Err.	z	P>z	Coef.	Std. Err.	z	P>z
$\alpha 1$	−8.115	1.838	−4.410	0.000	−1.229	0.589	−2.090	0.037
$\alpha 2$	4.870	1.501	3.240	0.001	1.281	0.321	3.990	0.000
$\alpha 3$	0.685	0.172	3.980	0.000	0.272	0.058	4.700	0.000
$\alpha 4$	0.146	0.106	1.390	0.166	0.077	0.044	1.750	0.079
$\alpha 5$	−0.690	0.222	−3.110	0.002	−0.186	0.066	−2.820	0.005
$\alpha 6$	8.634	2.950	2.930	0.003	−0.500	1.120	−0.450	0.656
$\alpha 7$	0.893	0.434	2.060	0.039	−0.142	0.146	−0.970	0.331
$\alpha 8$	−2.143	0.460	−4.660	0.000	−0.485	0.162	−3.000	0.003
$\alpha 9$	1.162	0.447	2.600	0.009	0.282	0.095	2.960	0.003
常数項	40.572	10.681	3.800	0.000	0.405	4.487	0.090	0.928
サンプル数	125				102			
lnsig 2 v	−3.357	0.598	−5.620	0.000	−2.805	0.163	−17.200	0.000
lnsig 2 u	−1.522	0.368	−4.130	0.000	−10.878	737.495	−0.010	0.988
LL	−37.871				−1.678			
尤度比検定	9.19 Prob>=chi 2=0.001				—			

注:LL は最大対数尤度値を示している。

域の都市商業銀行が同一の費用構造を有していないことである。東部地域の都市商業銀行の規模弾力性と費用補完性を計算すれば、それぞれ SE=2.503[***], CC=0.253[***]である。サンプル全体の推計と同様に、規模と範囲の経済性は見られない。

4．費用非効率性の比較

(1) 時系列の変化

推計結果を利用して個別銀行の費用非効率性を算出した。費用効率的であれば、銀行の費用非効率性の係数値は1と推計される。1より小さい数字は、費用の非効率性を表している。表4-9を見ればわかるように、2000年から都市商業銀行の費用非効率性（平均値）は改善されていない。全体の平均値は0.2台で推移している。この結果は、国有商業銀行と株式商業銀行に関する推計を行った Fu and Heffernan［2007］とも一致している。すなわち都市商業銀行の収益性は改善されているにもかかわらず、経営の費用効率性は改善されていない。

表4-9 費用非効率性の時系列変化

	観察数	平均値	標準偏差
2000	24	0.245	0.108
2001	28	0.220	0.097
2002	34	0.224	0.121
2003	34	0.223	0.138
2004	35	0.231	0.150
2005	36	0.230	0.127
2006	36	0.222	0.120
平均	227	0.227	0.124

出所:推計結果による。

表4-10 費用非効率性の地域比較

	東部地域	中部地域	西部地域
平均値	0.232	0.226	0.218
標準偏差	0.147	0.097	0.084
観察数	125	40	62

出所:表4-9に同じ。

(2) 地域の特徴

都市商業銀行の場合は、地域間の格差が大きいため、以下では各地域間の特徴を見てみよう。個別銀行の費用非効率性の数値を利用して平均値を計算し、地域ごとの費用非効率性の数値を示す。地域間の比較は表4-10に示したとおりである。これを見ればわかるように、東部地域の費用非効率性（0.232）は中西部より高い。そして中部地域の費用非効率平均値（0.226）は、西部地域（0.218）より高い。ただし、その差はわずかであり、またこれは収集した銀行のサンプルの偏りが影響している可能性は否定できない。以下では上位行の比較を通じて個別銀行の詳細な推計値を見ることにする。

(3) 上位10行の比較

以下では、銀行ごとの非効率性uの推計値を利用して、個別銀行の費用非効率と収益性（総資本利益率：ROA）の特徴を見てみよう。サンプルの銀行数は36あるが、ここでは費用効率性と収益性の高い10行を表4-11に示した。同表をみると、最も費用効率が高い都市商業銀行は東部地域の紹興市商業銀行である。2位は同じく浙江省の嘉興市商業銀行である。紹興市商業銀行は平均値で0.747、嘉興市商業銀行は0.312であり、1位と2位の開きは大きい。3位以降は中西部の銀行が多く、四川省の成都市商業銀行や徳陽市商業銀行、湖北市の黄石市商業銀行がある。8位からは上海銀行、台州市商業銀行、東莞市商業

第4章　都市商業銀行の経営効率性

表4-11　費用効率性と収益性上位10行の比較（2006年）

(単位：％)

費用効率上位10行			収益性上位10行		
	費用効率	ROA		ROA	費用効率
紹興市商業銀行	0.747	0.440	大連銀行	0.977	0.208
嘉興市商業銀行	0.312	0.324	天津銀行	0.869	0.148
成都銀行	0.291	0.128	台州市商業銀行	0.790	0.251
黄石市商業銀行	0.281	0.245	南充市商業銀行	0.787	0.134
徳陽市商業銀行	0.271	0.179	杭州市商業銀行	0.739	0.172
瀘州市商業銀行	0.271	0.360	南京銀行	0.662	0.171
南昌市商業銀行	0.265	0.470	上海銀行	0.634	0.263
上海銀行	0.263	0.634	寧波銀行	0.619	0.218
台州市商業銀行	0.251	0.790	北京銀行	0.556	0.206
東莞銀行	0.224	0.462	温州銀行	0.546	0.148

注：攀枝花市商業銀行、孝感市商業銀行と楽山市商業銀行の費用効率性数値は2004年以降しか計算できなかったため、これらの銀行をリストから除外した。
出所：表4-9に同じ。

銀行といった収益性の高い東部地域の都市商業銀行が入ってくる。

一方、収益性の高い銀行では、西部の南充市商業銀行のほかはすべて東部地域の都市商業銀行である。1位は大連市商業銀行、2位は天津市商業銀行である。これらの銀行をみると、高い収益を挙げている一方で、その経営は費用非効率とすべき銀行が多く、非効率性uの数字が0.1台の銀行は天津市商業銀行、杭州市商業銀行、南京市商業銀行、温州市商業銀行の4行である。これらの銀行は経営において費用効率的ではない。収益性および費用効率性が良好な銀行は大都市に立地する上海銀行と地方都市に立地する台州市商業銀行である。

5．費用非効率性の地域的特徴

(1) 資産規模と費用非効率性

上述したように、非効率性uに影響する銀行の経営構造の要因はさまざまであり、また地域間においても大きな差異が存在する。ここでは、SFA費用関数の推計では確認できない地域特性や資産規模の要因を加えて、都市商業銀行の経営構造の特徴を確認することにする。とくに地域間において都市商業銀行の資産規模に大きな差が存在することを考えれば、資産規模の側面から銀行

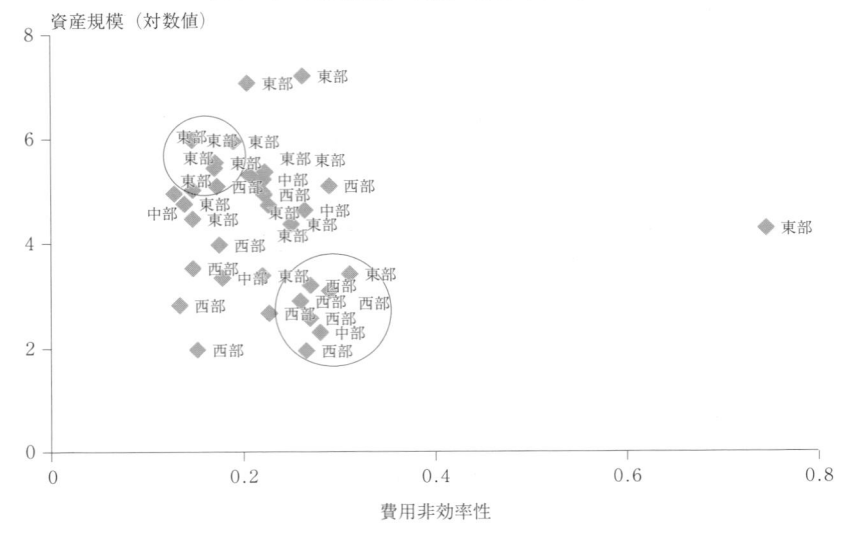

図4-3 資産規模と費用の非効率性（2006年）

出所：表4-9に同じ。

の費用非効率性と同時に地域間の特性も確認することができよう。

　図4-3は銀行の資産規模と費用の非効率性の関連を示す相関図である。縦軸は資産規模の対数値であり、横軸は個別銀行の費用非効率性である。いずれも平均値である。これを見ればわかるように、非効率性と資金規模の間には相関関係（係数：-0.039）が見られない。規模の大きい銀行は費用非効率的（too big to fail）になりがちであるが、相関図からは一部の大規模な東部地域の都市商業銀行は費用非効率的だと観察できる。中西部の都市商業銀行の一部は、規模が小さいとはいえ、多くの東部の銀行より費用効率的である。

　無論、図4-3は本章の偏ったデータセットによるもので、厳密な分析結果ではない。ただここまで分析してきたように、都市商業銀行の間における経営効率性と収益性の差は、東部と中西部の地域間に限られるものではなく、東部の都市商業銀行の間にも中西部の都市商業銀行の間にも存在する。それを正確に検証するには、特定の銀行をサンプルとして個別の分析を行わなければなら

図4-4　不良債権比率と費用の非効率性（2006年）

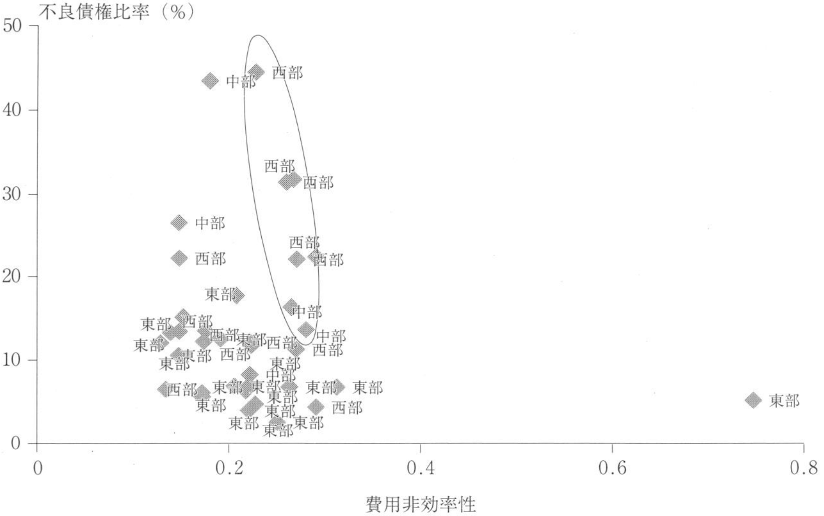

出所：表4-9に同じ。

ない。これについては、第2部の浙江・湖北・四川三省の都市商業銀行に関する分析において検証していきたい。

(2) 不良債権比率と費用非効率性

その他に銀行の経営に大きく影響する要素として挙げられるのは、貸出の不良債権化問題である。都市商業銀行の前身である都市信用社はずさんな運営によって大量の不良債権を残していた。それを引き継いだ都市商業銀行の経営においても、不良債権の存在を軽視することはできない。資産規模に関する分析と同様に、銀行の不良債権比率と銀行の費用非効率性との相関図を図4-4に示した。縦軸は銀行の不良債権比率で、横軸は銀行の費用非効率性である。ここからは、銀行の不良債権と費用非効率性の間に相関関係（－0.073）が見られない。

図4-4からみてとれるように、不良債権比率の低い東部地域の都市商業銀

行の一部は中西部の銀行より費用非効率的である。これに対して、中西部の銀行においては、一部の不良債権比率の高い銀行は大半の東部地域の銀行より費用効率的である。これが不良債権比率の高さによる経営への圧力と関係しているか否かは、具体的事例を見ない限り、その詳細を確認することができない。ただし、不良債権比率の高い銀行においては、経営情況の厳しさから経費節約や人員削減といった経営努力を行っている可能性が考えられる。もちろんこれは偏ったデータセットで示したものであり、全国の都市商業銀行に共通することではない。この点についてのさらなる分析は、第2部の浙江・湖北・四川三省の都市商業銀行に委ねたい。

V　おわりに

本章では、確率的フロンティア費用関数を用いて都市商業銀行の経営効率性を定量的に分析した。その結果、誤差項を半正規分布の仮定の下で行った推計では、いずれも規模と範囲の経済が確認できなかった。尤度比検定の結果が顕著であることから、都市商業銀行の費用非効率性が存在することが明らかになった。また個別銀行の費用非効率性を算出し、それを中心に銀行間・地域間における費用非効率性の差異と特徴を示した。その特徴とは、中西部の銀行は東部の銀行より比較的費用効率的であるという点である。資産の規模と質（不良債権比率）がともに劣っている中西部の銀行にとっては経営情況の厳しさが経営圧力になっていることが推測できる。とくに都市商業銀行の経営効率は各行によってバラつきが大きく、単純に資産運用を多様化するだけでは銀行の経営効率が改善されるとは限らない。地域間に存在する都市商業銀行の格差は、東部と中西部の地域間に限るものでなく、東部内あるいは中西部内の都市商業銀行の間にも存在する。これについては、第2部の浙江・湖北・四川三省の都市商業銀行に関する分析で詳しく検証していきたい。

規模と範囲の経済性の推計結果から見えてくるのは、都市商業銀行は国有商業銀行と株式商業銀行に比べて規模が小さく、銀行業務も多角化しておらず、

第4章　都市商業銀行の経営効率性　159

かつ営業ネットワークが広範囲に展開していないため、国有商業銀行および株式商業銀行とは異なる市場構造や営業環境に直面しているということである。同様に、全国的にネットワークを展開する国有商業銀行と株式商業銀行の間でも相違があり、国有商業銀行のネットワークは金融インフラの意味合いが強く、株式商業銀行のように収益性と効率性だけを追求する経営が求められているわけではない。これに対して、都市商業銀行の銀行業務はほぼ所在都市に限定され、国有商業銀行と株式商業銀行のような経営規模の拡大は求められていない。また直面する市場環境は、所在地によって異なる面もあるが、国有商業銀行との競争圧力にさらされる点は所在地にかかわらず同様である。それゆえ、都市商業銀行の経営効率に関しては、規模拡大や経営の多角化を通じた経営効率の改善よりも、いかにして経営リスクを最小限にし、かつ無駄なく経営を遂行できるかが重要になってくる。これは本章での銀行の生産と費用構造に関する詳細な分析から明らかになった点である。

しかし、本章の分析には大きな課題も残されている。それは、確率的フロンティア関数を利用したことで、すべての都市商業銀行を同じ市場条件において分析した点である。今後の課題として、銀行のサンプル数を増やして仮定条件が緩いノンパラメトリックな分析を行い、それをパラメトリックな手法の推計と比較する作業が必要である。

注
1)　序章を参照されたい。
2)　企業の経営効率性は生産要素の投入と利用の効率によって決められる。これについては、Farrell [1957] が効率性を価格効率と技術効率の2タイプに分類した。前者は生産要素価格が既定である場合に、最も効率的とされる生産要素投入量に対してある企業の生産要素投入の度合いを意味する。後者は最も効率的とされる企業の投入産出に対して、技術的にある企業がそれを実現できる度合いを意味する。
3)　Berger and Mester [1997] は銀行の費用関数と利潤関数をまとめ、それらを利用して銀行の cost efficiency、standard profit efficiency と alternative profit efficiency を検証した。
4)　標準的なミクロ経済学教科書（Varian [1992] など）を参照されたい。

5） 効率性の推定法を大きく分けるとパラメトリックな手法とノンパラメトリックな手法がある。SFA手法はパラメトリックな推定法である。パラメトリックな手法の代表としてはDEA（Data Envelopment Analysis）がある。
6） 厳密な証明は粕谷［1993］を参照されたい。
7） 筒井［2008］によれば、(1)貸出残高、預金残高といった資産または負債に関する額、(2)営業収入（貸出収入等）、(3)粗所得、資産運用収入－資金調達費用、(4)預金口座数などの取引量、の4つに大別できる。
8） データセットの数は都市商業銀行総数の3分の1であるが、経営状況のよい銀行がのきなみ情報を公開する可能性があることを考えれば、データセットにサンプル・セレクション・バイアスが存在する。ここでは、データ欠落の処理にあたり、中西部の都市商業銀行を中心に補うようにしている。
9） 国有商業銀行と株式商業銀行のデータは、いずれも『中国金融年鑑』（中国金融学会）の各年版より引用した。データセットは国有商業銀行4行、株式商業銀行10行から構成される。時期は2000年度から2006年度にわたり7年間のものである。
10） その場合、単調性として $\alpha, \beta > 0$、対称性として $\beta_{ik} = \beta_{ki}$、$\beta_{jl} = \beta_{lj}$ が必要条件となる。一次同次性には $\sum_{j=1}^{2} \alpha_j = 1$ と $\gamma_{ij} = 0$ である。擬凹性として費用最小化の2階条件 $Hp[\partial^2 C / \partial P_j \partial P_l]$ は非負値定符号である必要がある。
11） 半正規分布の場合、残差項を v-u に表示することが多い。

第 2 部　浙江・湖北・四川三省の都市商業銀行

第5章

地域金融市場と都市商業銀行——預金・貸出金の推移を中心として

I はじめに

　本章以降の各章では、東部の浙江省、中部の湖北省、西部の四川省とそこに立地する都市商業銀行を対象に、その地域金融の担い手としての金融活動や経営システムなどを詳細に分析し、地域金融成立のメカニズムを明らかにしていく[1]。まず本章では、地域金融市場における都市商業銀行の預金と貸出金の推移を分析し、域内の資金循環における都市商業銀行の位置づけを明らかにする。

　ここで分析対象として浙江省、湖北省、四川省の3省を選んだ理由は、東部、中部、西部にそれぞれ位置する各省の格差を検討するという目的のほか、これらの省では中心都市のみならず地方都市にまで都市商業銀行が設立されていることにある。第1章で検討したように、中国の金融市場は地域的に分断されている。そうした地域金融市場における都市商業銀行の位置づけを明らかにすることには、以下の2つの目的がある。ひとつは、中国の金融市場における都市商業銀行の位置づけを再検討することにある。というのは、前述したように中国の銀行業において都市商業銀行の市場シェアは8％程度（2010年）にとどまり、全銀行を合わせても国有商業銀行1社にさえ及ばないほどの規模しかなく、一見すると中国の金融市場に与える影響は少ないようにみえる。しかし、都市商業銀行の営業範囲はほとんどその所在都市に限られており、ローカル金融市場に限って言えば都市商業銀行の影響力は思ったほど弱いものではない可能性がある。この点については、地域金融市場における各都市商業銀行の預金と貸出金のシェアの推移を通じて明らかにしたい。

もうひとつは地域金融市場における都市商業銀行の特徴を明らかにすることである。都市信用社の業務を引き継いで成立した都市商業銀行は、独自の特徴を有していると考えられる。ここまでの検討では、都市商業銀行と他の商業銀行について、銀行業務や金融サービスの特徴を区別せずに検討してきた。しかし、都市商業銀行は国有商業銀行のように広範にわたって商業銀行業務を展開することはないが、その一方で地域金融市場においては独自の特徴があると考えられる。この点について、都市商業銀行の貸出の構成などを通じて明らかにしたい。

本章は以下のように構成される。Ⅱでは浙江省、湖北省、四川省の都市商業銀行をリストアップし、各銀行の概況と所在都市の立地状況を紹介し、その特徴に応じて都市商業銀行のグループ分けを行う。そしてⅢでは浙江省、湖北省、四川省の地域金融市場を考察し、それぞれの特徴を比較しつつ分析する。続いてⅣでは各都市を単位として、預金市場、貸出市場における都市商業銀行の変化と特徴を分析し、地域金融市場における都市商業銀行の位置づけを明らかにする。おわりにでは本章で明らかにした内容をまとめる。

Ⅱ 都市商業銀行と所在地

1．各省の都市商業銀行

浙江省、湖北省、四川省においては、2006年までに25行の都市商業銀行が設立された。その詳細は表5-1に示したとおりで、東部地域に位置する浙江省では杭州市、寧波市、紹興市、金華市（義烏市を管轄）、湖州市、嘉興市、温州市、台州市（温嶺市を管轄）の8都市で合計11の銀行が設立された。同省では、1996年から2002年までに8行の都市商業銀行が誕生していたが、2006年には新たに3行が民間の都市信用社から都市商業銀行として承認された。そのうち、浙江泰隆商業銀行は台州商業銀行と同じ台州市路橋区を中心に事業を展開しており、浙江民泰商業銀行も台州市が管轄する温嶺市に所在するため、台州

表5-1 各省都市商業銀行の一覧（2006年末時点）

	銀行名	所在地	設立年月	総資産	預金量	店舗数	職員数
浙江省	杭州市商業銀行	杭州市	1996年9月	568.5	537.1	70	1,401
	寧波市商業銀行	寧波市	1997年4月	565.5	461.9	75	1,393
	金華市商業銀行	金華市	1997年12月	136.4	120.2	32	792
	湖州市商業銀行	湖州市	1997年12月	74.3	66.5	35	407
	嘉興市商業銀行	嘉興市	1997年12月	92.8	84.2	27	361
	紹興市商業銀行	紹興市	1997年12月	196.4	175.8	32	681
	温州市商業銀行	温州市	1998年12月	223.0	189.6	58	1,100
	台州市商業銀行	台州市	2002年3月	144.3	130.2	43	789
	浙江泰隆商業銀行	台州市	2006年8月	83.1	75.1	13	352
	浙江稠州商業銀行	義烏市	2006年8月	75.1	69.0	18	355
	浙江民泰商業銀行	温嶺市	2006年8月	57.0	51.2	12	373
湖北省	荊州市商業銀行	荊州市	1997年4月	40.7	32.5	44	440
	武漢市商業銀行	武漢市	1997年12月	295.0	276.5	94	1,789
	黄石市商業銀行	黄石市	1997年12月	29.2	27.3	12	252
	宜昌市商業銀行	宜昌市	1998年1月	66.9	58.6	18	476
	孝感市商業銀行	孝感市	1999年12月	17.5	15.3	7	228
四川省	成都市商業銀行	成都市	1996年12月	374.5	337.9	115	2,055
	楽山市商業銀行	楽山市	1997年2月	38.8	33.4	28	375
	瀘州市商業銀行	瀘州市	1997年9月	24.1	21.0	21	249
	攀枝花市商業銀行	攀枝花市	1997年11月	88.3	63.6	15	221
	徳陽市商業銀行	徳陽市	1998年10月	58.3	51.8	20	604
	綿陽市商業銀行	綿陽市	2000年9月	59.7	40.0	53	644
	自貢市商業銀行	自貢市	2001年12月	17.8	16.5	27	209
	南充市商業銀行	南充市	2001年12月	58.3	43.8	27	329
	宜賓市商業銀行[1]	宜賓市	2006年12月	28.6	26.0	n.a.	386

注：1）宜賓市商業銀行については2007年末の情報を用いて代替した。
出所：各銀行年報より筆者作成。

市は3行の都市商業銀行が密集する地域となっている。もうひとつの浙江稠州商業銀行は金華市が管轄する義烏市に位置するため、金華市にも2行の都市商業銀行が存在することになる。これらの都市商業銀行のなかで比較的注目されているのが、2007年に中国株式市場（A株）に上場した寧波市商業銀行である。寧波市商業銀行は上場に伴って浙江省だけでなく省外にも積極的に出店し、中堅商業銀行へと成長しつつある[2]。温州市商業銀行も寧波市商業銀行のように、他の都市に出店する積極的な経営方針で営業規模を拡大している[3]。

中部地域の湖北省では、荊州市、武漢市、黄石市、宜昌市、孝感市の5都市

に都市商業銀行が設立されている[4]。そのうち1997年に設立されたのは、荊州市、武漢市、黄石市の都市商業銀行であり、宜昌市、孝感市も1998年、1999年に都市商業銀行を創設した。2007年には、比較的規模が大きい武漢市商業銀行が、業務拡大に伴い名称を「漢口銀行」に変更した。

　西部地域に位置する四川省では、成都市、楽山市、瀘州市、攀枝花市、徳陽市、綿陽市、自貢市、南充市、宜賓市の9都市に都市商業銀行が設立されている[5]。設立年月からみれば、ほとんどが1996年後半から2000年までに設立されたもので、そのなかでもとくに1997年に設立された都市商業銀行が多く、楽山市商業銀行、瀘州市商業銀行、攀枝花市商業銀行の3行がある。2000年以後新設された都市商業銀行は、綿陽市商業銀行、自貢市商業銀行、南充市商業銀行、宜賓市商業銀行の4行である。また表5-1から、杭州市、成都市、武漢市のような省都（中心都市）においては、比較的はやい時期に都市商業銀行が創設されたことがみてとれる。

　都市商業銀行の規模と支店数からも、杭州市、成都市、武漢市のような省都に設立された都市商業銀行が群を抜いた存在であることがわかる。浙江省では、上場した寧波市商業銀行を除けば、比較的資産規模が大きい温州市商業銀行と紹興市商業銀行でも200億元程度の規模にとどまっている。そのほか、100億元を超える規模を持つ都市商業銀行は金華市商業銀行と台州市商業銀行であり、湖北省、四川省と比べると浙江省には資産規模50億元以下の都市商業銀行がなく、70〜80億元の規模を有するものが多い。

　これに対して、湖北省と四川省の都市商業銀行は比較的規模が小さく、湖北省では、武漢市商業銀行が318.9億元の資産規模を有するのを除き、100億元を超えるものがなく、比較的大きい宜昌市商業銀行でも66億元の資産しか持たないのである。そのほかは20億元前後の資産規模の都市商業銀行がほとんどであり、最も少ないのは17.5億元の孝感市商業銀行で、これは3省の都市商業銀行のなかで最も規模が小さい。四川省では、成都市の成都市商業銀行以外に100億元を超える規模を持つ都市商業銀行はなく、大きいものでも攀枝花市商業銀行の88億元である。ほかには、50億元を超える規模を持つ徳陽市商業銀行、綿

陽市商業銀行、南充市商業銀行があるが、自貢市商業銀行は湖北省の孝感市商業銀行に次ぐ小規模の銀行で、17.8億元の資産しかない。

　各銀行の預金量は大体銀行の資産規模に比例している。四川省の一部都市商業銀行では、資産と預金量の開きが比較的大きく、総資産に対する預金量の比率が低い。例えば、綿陽市商業銀行、攀枝花市商業銀行、南充市商業銀行がある。

　しかし、各都市商業銀行の支店数や職員数は必ずしも資産規模に比例していない。浙江省では、資産規模が最大の杭州市商業銀行を抑えて最も多くの支店を保有しているのは寧波市商業銀行である。寧波市商業銀行は75の支店を持ち1,393人の職員を雇用している。これに対して、杭州市商業銀行は支店数が70、職員数が1,401人である。温州市商業銀行は58支店と1,100人の職員を有する。全体的にみて、2006年に新設された3つの都市商業銀行以外、浙江省の都市商業銀行は比較的多くの支店を持っている。

　湖北省では、省都に設立された武漢市商業銀行が94の支店と1,789人の職員を有している。そのほかの都市商業銀行では、荊州市商業銀行が44の支店を持つ以外、10数店舗もしくは10以下の店舗しか営業のネットワークを持っていない。

　四川省には、3省のなかで最も多い支店と職員を有する成都市商業銀行がある。成都市商業銀行は115の支店と2,055人の職員を持つ銀行である。ほかには、20数店舗を持つ銀行が多いが、比較的大きな資産を持つ攀枝花市商業銀行はわずか15店舗しか持っていない。綿陽市商業銀行は比較的支店数が多く、53店舗を持っている。

　なお、以下では、2006年以前に設立された都市商業銀行を中心に分析を行うため、2006年に設立された浙江省の都市商業銀行3行と四川省の宜賓市商業銀行を対象外とする。

2．都市商業銀行の所在地

　浙江省、湖北省、四川省の都市商業銀行は、省都（杭州市、武漢市、成都市）

のみならず、地方都市（地区級市）にも多く設立されている。周知のように、中国の地域間には大きな格差が存在する。また同じ省であっても、中心都市や地方都市の違いによって、経済発展水準は異なる。多くの地方都市に設立された都市商業銀行の立地状況を把握するためには、各都市の経済規模と経済発展水準を反映する図5-1を見てみよう。

図5-1は、各都市の経済規模を表す指標として、省の国内総生産（GDP、2006年）に占める当該都市の割合を用いた。これをみれば、省内における経済活動の集中がみてとれる。省都のGDPシェアは地方都市より大きい。とりわけ武漢市と成都市はGDPシェアが高く、数字では湖北省と四川省のGDPの3分の1程度を占めている。一方、湖北省と四川省の地方都市では、各都市のGDPシェアはわずか数％であるところが多い。ここから湖北省と四川省における経済と産業の中心都市への集中がみてとれる。これに対して、浙江省については、杭州市の国内総生産は他の都市より大きいが、湖北省と四川省ほどの格差はみられない。寧波市は杭州市に近いGDPシェアを持っている。

また経済発展水準の指標として各都市の1人あたりGDP（2006年）を用いた。これをみれば、東部地域と中西部地域における経済格差が存在することがみてとれる。浙江省の杭州市と寧波市では、1人あたりGDPが5万元を超えている。他方、中西部地域の湖北省と四川省には、年間1万元未満の孝感市、荊州市、瀘州市、南充市が存在する。その一方、経済規模の格差が大きい四川省では、1人あたりGDPで表す経済発展水準においては省都の絶対的優位がみられない。攀枝花市の1人あたりGDPは、省都の成都市のそれを上回った。各都市の基本状況を確認した結果、湖北省と四川省における省都への集中という経済構造がみえてくる。これに対して浙江省における集中度は、湖北省と四川省ほど高くない。湖北省と四川省における省都への集中は、各都市商業銀行の経営に影響するだろうか。以下では、図5-2を用いてこれを検証しよう。

図5-2は、横軸に各都市の経済発展水準を示す1人あたりGDP（2006年）の数値、縦軸に当該都市の金融機関資産総額に占める都市商業銀行のシェアを用いている。図5-2からわかるように、攀枝花市のように金融機関資産総額

図5-1　各都市の経済規模と経済発展水準（2006年）

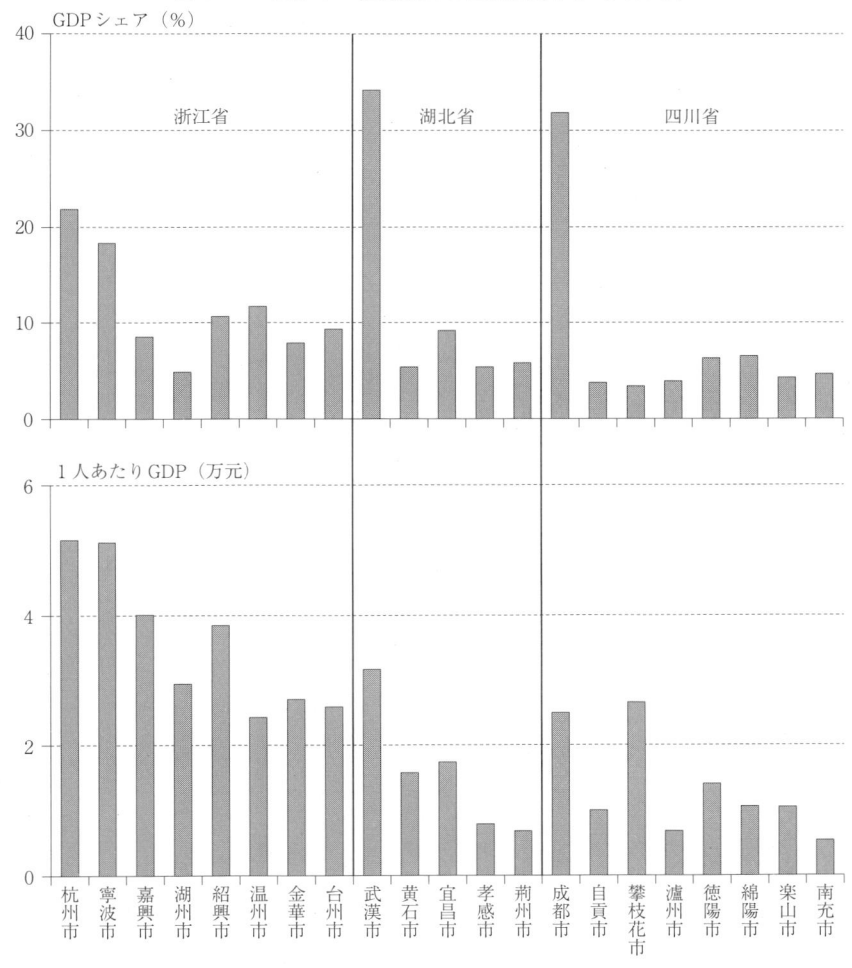

GDPシェア（%）

浙江省　　　湖北省　　　四川省

1人あたりGDP（万元）

杭州市　寧波市　嘉興市　湖州市　紹興市　温州市　金華市　台州市　武漢市　黄石市　宜昌市　孝感市　荊州市　成都市　自貢市　攀枝花市　瀘州市　徳陽市　綿陽市　楽山市　南充市

注：経済規模の指標として省全体に占める当該都市のGDPシェア、経済発展水準指標として1人あたりGDPを用いた。
出所：各省統計年鑑2007年版より筆者算出作成。

に占める都市商業銀行のシェアの高い都市がある一方、ほとんどの都市は5～15%の間にある。湖北省と四川省における中心都市への集中という構造とは逆

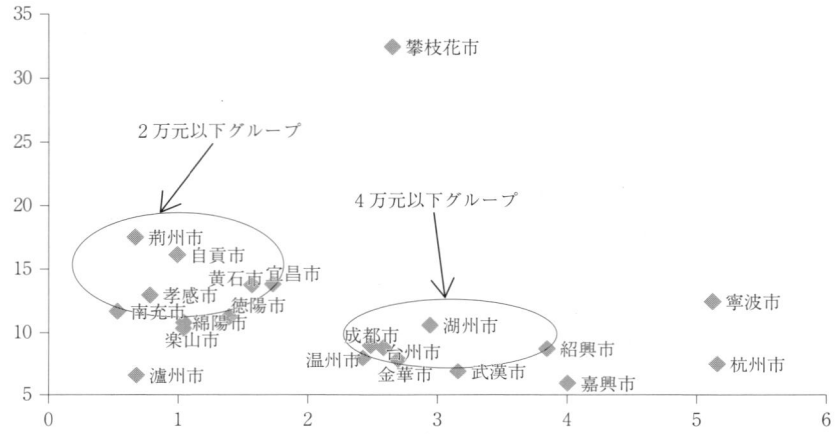

図5-2 経済発展水準と都市商業銀行の規模（2006年）

注：横軸には経済発展水準の指標として1人あたりGDP（万元）を使い、縦軸には当該都市金融機関総資産に占める都市商業銀行のシェア（％）を用いた。
出所：各省統計年鑑2007年版および各都市商業銀行の年報より筆者作成。

に、中心都市の杭州市、武漢市、成都市は都市商業銀行の資産シェアが比較的低い。また1人あたりGDPが2万元以下のグループにおける都市商業銀行の資産シェアは、4万元以下のグループより高い。2万元以下のグループに属するのはほとんど四川省と湖北省の地方都市である。ここからみてとれるように、中西部においては、中心都市の都市商業銀行の資産規模は地方都市の都市商業銀行の数倍にものぼるが、当該都市における資産シェアは地方都市よりも低い。

ここからわかるのは、都市商業銀行に対するグループ分けは東部・中部・西部のような分け方のみでは有効ではなく、中心（中心都市）－周辺（地方都市）構造が存在する地域経済においては、中心都市、東部の地方都市、そして中西部の地方都市といったグループ分けも必要だと思われる。以下では、都市を単位として地域の預金・貸出市場における地方都市の都市商業銀行の状況を詳述する。

III 地域金融市場の特徴比較

1．各省概況

　本節で検討される地域の金融市場とは、銀行業を中心とする預金と貸出市場である。以下では銀行業（預金金融機関）を中心に各省の金融状況を概観する。まず浙江省、湖北省、四川省の経済規模を見てみよう（表5-2）。

　2006年末における3省の国内総生産は、それぞれ1兆5,649億元、7,497億元、8,638億元で、浙江省が最も多く、およそ湖北省と四川省の2倍である。3省の金融機関（銀行）の資産総額も浙江省が最も多く2兆8,357億元に達している。これは湖北省（1兆2,307億元）と四川省（1兆3,042億元）の2倍以上である。さらに、金融資産／国内総生産で算出した各省の金融深化指数は浙江省が最も高く181.3％で、湖北省と四川省はそれぞれ164.2％と151％である。金融深化指数では予想ほど東部と中西部の開きがみられない。

　次に、各省の預金総額、貸出総額の統計を見てみよう（表5-2を参照）。金融機関の預金額と貸出総額においても、浙江省が圧倒的な規模を誇ることがわかる。その額は預金額と貸出総額のいずれにおいても、湖北省と四川省の2倍以上にのぼる数字である。とくに貸出総額においては、浙江省は湖北省の3倍以上、四川省の2.5倍に達しており、このため浙江省の預貸率（82.6％）は湖北省

表5-2　各省金融市場の概況（2006年末時点）

		浙江省	湖北省	四川省
国内総生産	G（億元）	15,649	7,497	8,638
金融機関資産総額	A（億元）	28,367	12,307	13,042
預金総額	B（億元）	24,414	9,570	11,944
貸付総額	C（億元）	20,154	6,430	8,003
金融機関店舗数	D	9,889	7,191	13,352
金融機関従業員数	E	150,388	102,417	128,448
金融深化指数	A/G（％）	181.3	164.2	151.0
預貸率	C/B（％）	82.6	67.2	67.0
店舗あたり資産額	A/D（億元）	2.9	1.7	1.0
職員あたり資産額	A/E（万元）	1,886	1,202	1,015

注：計算便宜上、金融深化指数（FIR）を金融機関資産総額対国内総生産
　　の比率とした。
出所：『中国貨幣政策執行報告』（各省金融運行報告）2006年版。

(67.2％) と四川省 (67％) を大きくリードしている。金融機関の店舗数や従業員数をみると、店舗数では四川省の1万3,352店舗が最も多く、浙江省と湖北省はそれぞれ9,889店舗、7,191店舗で四川省に及ばない。従業員数では浙江省が約15万 (15万398) 人と圧倒的に多く、湖北省と四川省はそれぞれ10万人 (10万2,417)、13万人 (12万8,448) 前後である。浙江省は四川省より3,500店舗少ないものの、職員数が2万人も多い。店舗あたりの資産額は浙江省が最も多く2.9億元で、湖北省と四川省はそれぞれ1.7億元と1億元である。従業員あたりの資産額は浙江省が1,886万元に達しているが、湖北省と四川省はそれぞれ1,202万元と1,015万元である。

　以下では、各省の金融市場における時系列的な変動について、2000-06年における預金・貸出金の増加率と預貸率の推移からみることにする。まず図5-3で各省における預金・貸出金の増加率を見てみよう。ここからみてとれるのは、湖北省と四川省の金融市場における預金と貸出金の増加率の変動が、ほとんど同じ動きをしていることである。預金では、湖北省と四川省は平均して20％前半の増加率で、しかも動きが穏やかである。貸出金では、湖北省と四川省は平均して10％前後の増加率となっており、2005-06年にはわずかだが、増加率が増している。最も注目に値するのは浙江省で、預金ではほぼ湖北省と四川省と同じ動き (2002-03年以外) をしているが、貸出金では、増加の比率が他省を大きく上回り、平均して25％前後の増加を続けている。これによって、浙江省の預貸率は2000年の70％前半から徐々に上昇し、2006年には80％半ばにまで達した。一方、湖北省と四川省では、2000年の90％以上というオーバーローンに近い状態から徐々に低下し、2006年になると70％を割り込んだ。

　以上の3省の比較から、東部地域に位置する浙江省は経済が発達した地域であり、金融活動も他の2省より活発であることがうかがえる。一方、中部の湖北省と西部の四川省については、店舗あたりの資産額以外に明確な違いが見当たらないことがわかる。

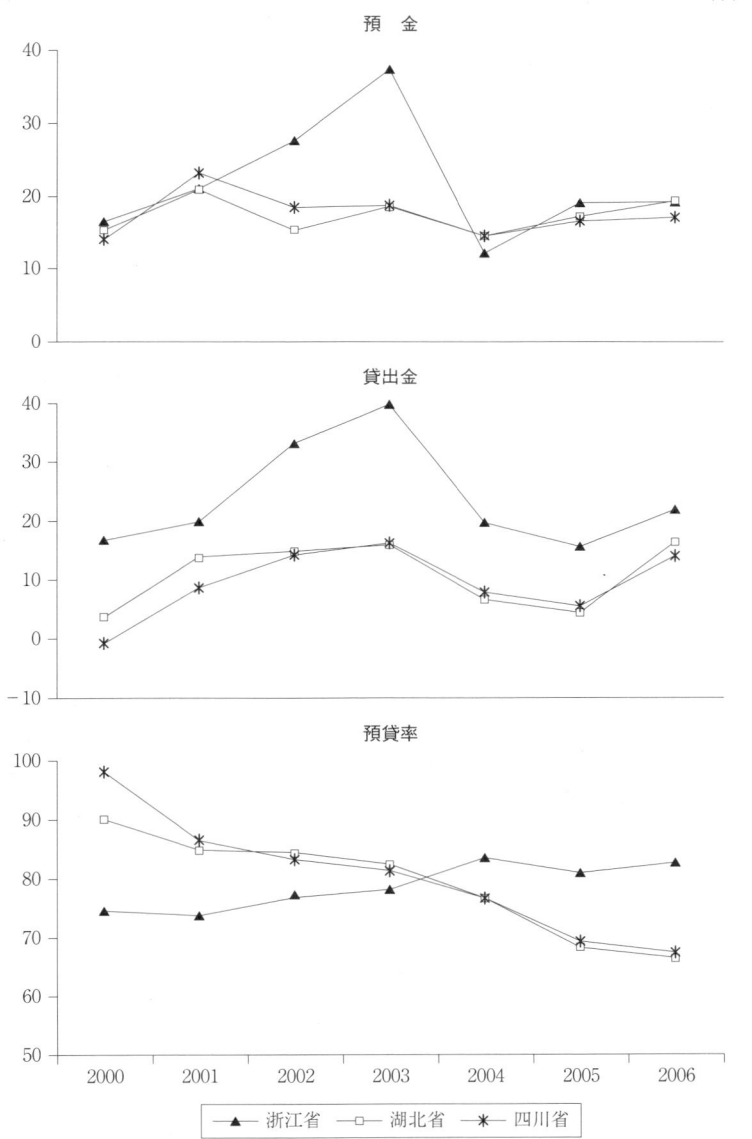

図5-3 各省の預金・貸出金増加率と預貸率の推移

(単位:%)

預　金

貸出金

預貸率

―▲― 浙江省　―□― 湖北省　―*― 四川省

出所:『中国金融年鑑』各年版より筆者作成。

2. 市場構造と貸出金利

ここまで地域金融市場の概況を比較してきたが、浙江省と他の2省との差異は各省金融市場の構造と関係があるのであろうか。以下では各省の金融機関の構成（表5-3）をみることにする。まず商業銀行を見てみよう。国有商業銀行は各省において最も大きな資産シェアを持っている。浙江省と湖北省はそれぞれ48.39％、43.86％で、四川省が最も高く57.73％である。株式商業銀行は一般に東部地域に業務が集中しているため、浙江省でのシェア（21.53％）が一番大きく、東から西に進むにつれて徐々にシェアが減り、湖北省は16.76％、四川省は10.89％である。都市商業銀行のシェアは各省とも大きくはなく、比較的大きい浙江省が7.8％、湖北省は3.72％、四川省は5.41％である。各商業銀行の資産シェアをみる限り、四川省において国有商業銀行のシェアが高く、浙江省において株式商業銀行と都市商業銀行のシェアが高いことが特徴的であると言える。

公的金融機関である政策金融機関や郵政貯蓄銀行の資産シェアをみると、各省の特徴がはっきりみえる。浙江省の政策金融機関のシェアがわずか3.53％であるのに対して、湖北省は11.38％、四川省は9.85％と数倍大きい。郵政貯蓄銀行のシェアでも、浙江省の2.44％に対して湖北省は6.3％である。信用組合である都市信用社と農村信用社のシェアは各省とも同じ水準にあり、都市信用社については近年ほとんどなくなったため、各省はごくわずかのシェアしかなく、比較的多い四川省でも1％未満である。農村信用社のシェアは各省で12～16％の間にある。フィナンシャルカンパニーの資産シェアは、浙江省、四川省ともに1％未満であり、湖北省では大きく4.78％に達している。外資銀行のシェアは各省とも大きくなく、0.2％未満の水準にある。

このように、浙江省においては株式商業銀行と都市商業銀行のシェアが比較的大きい一方、四川省では国有商業銀行のシェアが大きく、湖北省や浙江省より政策金融機関の資産シェアが大きい。それでは、こうした市場構造は貸出市場の貸出金利に影響するであろうか。これを表5-4の貸出金利倍率分布を用

いて検討することにする。表5-4は、法定貸出金利を基準に設けられている貸出金利の変動幅（下限0.9倍〜上限2倍以上）を6つの区間 ｛(0.9≦〜＜1.0)、1.0、(1.0＜〜≦1.3)、(1.3＜〜≦1.5)、(1.5＜〜≦2.0)、2.0以上｝に分け、それぞれの区間内の貸出金利で行われた貸出金の割合を示している[6]。

表5-3 金融機関別の資産割合（2006年末時点）

（単位：％、億元）

	浙江省	湖北省	四川省
国有商業銀行	48.39	43.86	57.73
株式商業銀行	21.53	16.76	10.89
都市商業銀行	7.80	3.72	5.41
政策金融機関	3.53	11.38	9.85
郵政貯蓄銀行	2.44	6.30	n. a.
都市信用社	0.04	0.16	0.89
農村信用社	15.26	12.92	14.54
フィナンシャルカンパニー	0.70	4.78	0.49
外資銀行	0.17	0.13	0.19
合　計	28,367	12,069	13,042

出所：『中国貨幣政策執行報告』（各省金融運行報告）2006年版。

表5-4に、各省の貸出がどのような金利水準で行われているのか、その一覧を示した。浙江省では、貸出の半分以上は法定貸出金利の（1.0＜〜≦1.3）倍の間で行われており、その割合は金融機関全体で50.8％、国有商業銀行で56.2％、株式商業銀行で61.5％、都市商業銀行で63.2％である。国有商業銀行と株式商業銀行の貸出が法定貸出金利倍率の1.0と（1.0＜〜≦1.3）の間に集中しているのに対して、都市商業銀行は（1.0＜〜≦1.3）と（1.3＜〜≦1.5）の間に集中しており、ここから都市商業銀行の貸出金利の平均倍率は国有商業銀行と株式商業銀行より高いことがわかる。

一方、湖北省では、貸出の多くは法定貸出金利のままで行われており、金融機関全体で43.48％、国有商業銀行で44.7％、株式商業銀行で52％が法定貸出金利のまま貸し出されている。都市商業銀行の貸出は（1.0＜〜≦1.3）の間が比較的多く54.1％に上るが、35.3％は法定貸出金利で貸し出されている。湖北省では株式商業銀行の金利が最も低く、わずか法定金利の1.01倍である。また四川省では、浙江省ほどではないが（1.0＜〜≦1.3）の間での貸出が最も多く、金融機関全体の32％、国有商業銀行の39.5％、都市商業銀行の41.9％を占めている。株式商業銀行の金利は比較的低く、法定金利での貸出が46.3％を占めている。

表5-4 金融機関貸出金利（倍率値）の分布（2006年）

(単位：%)

		金融機関全体	国有商業銀行	株式商業銀行	都市商業銀行
浙江省	平均倍率	1.18	1.01	1.01	1.21
	(0.9〜1.0)	7.5	10.9	9.3	3.8
	1.0	21.3	28.8	27.3	9.6
	(1.0〜1.3)	50.8	56.2	61.5	63.2
	(1.3〜1.5)	12.3	3.9	1.9	17.5
	(1.5〜2.0)	8.1	0.2	0.1	5.8
	2.0以上	0.1	0.1	0.0	0.2
湖北省	平均倍率	1.09	1.06	1.01	1.10
	(0.9〜1.0)	25.7	27.9	31.8	5.7
	1.0	43.4	44.7	52.0	35.3
	(1.0〜1.3)	18.8	17.9	15.9	54.1
	(1.3〜1.5)	5.9	6.3	0.2	3.8
	(1.5〜2.0)	5.4	2.3	0.1	1.1
	2.0以上	0.8	0.9	0.0	0.0
四川省	平均倍率	1.17	1.05	1.02	1.17
	(0.9〜1.0)	17.8	26.5	32.3	4.4
	1.0	26.9	32.1	46.3	29.6
	(1.0〜1.3)	32.0	39.5	21.2	41.9
	(1.3〜1.5)	12.2	1.7	0.2	19.2
	(1.5〜2.0)	10.8	0.2	0.0	4.9
	2.0以上	0.4	0.0	0.0	0.0

注：平均倍率は金利倍率の中間値かける当該シェアによる算出。
出所：表5-3に同じ。

　3省の貸出金利平均倍率をみれば、浙江省と四川省が比較的高く、それぞれ法定金利の1.18倍、1.17倍になっている一方、湖北省は低く1.09倍である。そのなかでも株式商業銀行の平均金利倍率はわずか1.01倍であり、浙江省と四川省でもそれぞれ1.1倍と1.02倍と高くない。都市商業銀行の平均金利倍率は比較的高く、浙江省、湖北省、四川省はそれぞれ1.21倍、1.1倍、1.17倍である。また、表5-4からわかるのは、国有商業銀行の貸出金利分布が各省の貸出金利の分布に大きく影響しているということである。資産シェアの4割以上を持つ国有商業銀行の貸出分布が省全体の貸出分布を左右するのは容易に想像がつくことであろう。また、都市商業銀行の貸出金利が比較的高いことは、各省の貸出金利の平均倍率水準を押し上げる効果を持っている。省全体の平均貸出金

利水準は都市商業銀行の平均金利倍率とほぼ同じ水準にある。株式商業銀行は、貸出金利が低く設定されているようである。このように、商業銀行間には貸出金利の違いが存在する。各商業銀行の地域金融市場における役割は、変化しつつあるのだろうか。以下、国有商業銀行と都市商業銀行の預金・貸出金シェアの推移からその実態を見てみよう。

3．国有商業銀行と都市商業銀行

図5-4は浙江省、湖北省、四川省の預金、貸出残高における都市商業銀行と国有商業銀行のシェアの推移を示したものである。比較のために、それぞれのシェア値（％）を対数にとって同じグラフにした。そこからすぐみてとれるのは、各省の金融市場における都市商業銀行のシェア拡大と国有商業銀行のシェア低落の傾向であり、それが顕著に現れるのは2003-04年以降のことである。ただし3省にはそれぞれ特徴がある。

浙江省では、預金、貸出金とも国有商業銀行のシェアが若干低下しているが、一貫して5割前後のシェア（対数値：1.7前後）を維持している。これに対して、都市商業銀行のシェアは拡大しており、とくに都市商業銀行の預金吸収は市場全体の4％台（対数値：0.66）であったのが2006年には7％台（対数値：0.86）まで成長した。都市商業銀行の貸出金については、預金吸収を下回るものの、4％（対数値：0.6）未満から6％台（0.77）まで拡大した。現時点では推測にすぎないが、浙江省全体でみれば預貸率は高くなったものの、都市商業銀行に関しては異なる動きをしている可能性がある。

湖北省では、国有商業銀行の預金シェアは60％半ば（対数値：1.81）から50％前半（対数値：1.72）まで減少し、貸出金シェアは50％半ば（対数値：1.74）から40％前半（対数値：1.63）まで低下した。都市商業銀行については、預金シェアは拡大したもののごく微小で4％弱から4％強（対数値：0.58→0.63）に増加したにすぎない。とくに増加したのは貸出金で、2％半ば（対数値：0.42）から4％半ば（0.66）まで急拡大した。湖北省全体の預貸率の低下を考えれば、都市商業銀行の貸出金の急拡大は、地域金融市場に与える影響力

図5-4 都市商業銀行と国有商業銀行の預金・貸出金シェア（対数値）の推移

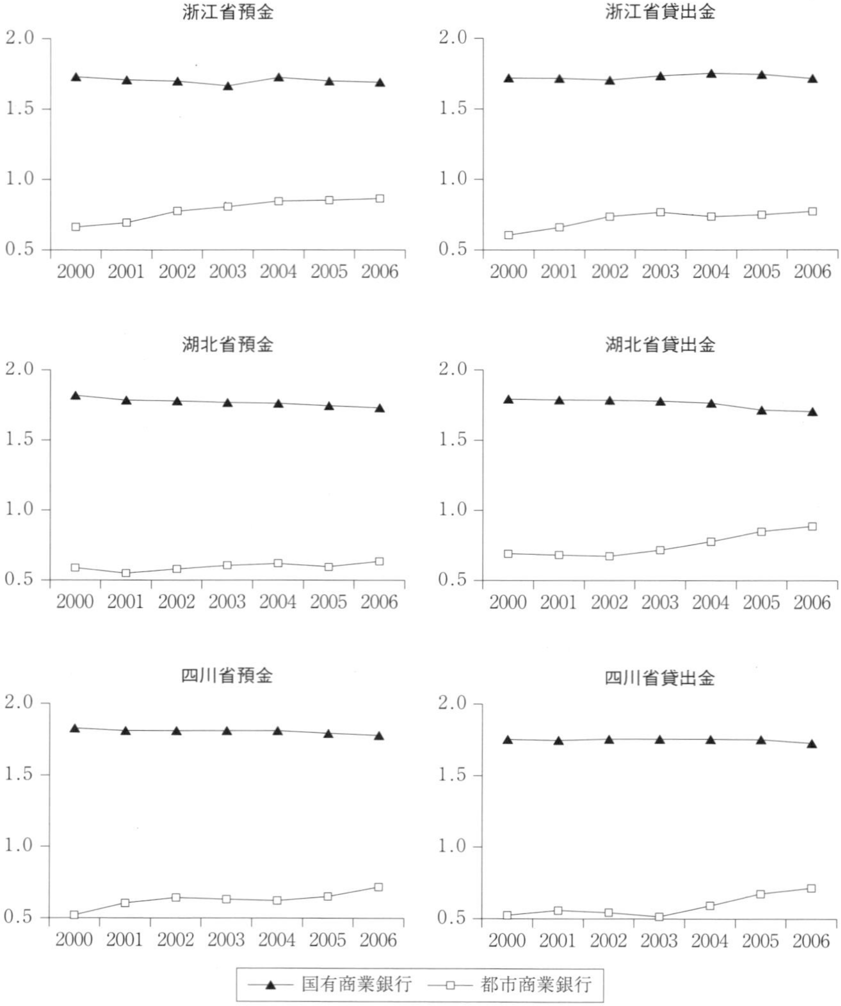

浙江省預金　　浙江省貸出金

湖北省預金　　湖北省貸出金

四川省預金　　四川省貸出金

──▲── 国有商業銀行　──□── 都市商業銀行

出所：各銀行年報および各省統計年鑑より筆者作成。

の増大を意味していると言える。

　四川省では、国有商業銀行の預金シェアは70％弱（対数値：1.82）から60％

（対数値：1.77）を割り込むところまで低下し、貸出金シェアも50％後半（対数値：1.74）から小幅ながら50％前半（対数値：1.72）まで減少した。これに対して、都市商業銀行の預金シェアは2000年の3％台から2006年の5％台（対数値：0.51→0.71）まで上昇した。貸出においても2000年の3％から2006年の5％（対数値：0.51→0.71）まで伸び、それまで一定水準にとどまっていた貸出金のシェアは2003年を境に急拡大した。これは、ある程度四川省における都市商業銀行の与信活動が活発になったことを示している。

図5-4からわかるように、各省の金融市場における都市商業銀行のシェアは、預金については各省とも拡大しており、浙江省の伸びがとくに大きい。逆に貸出金では湖北省と四川省の伸びが近年になって顕著になった。とくに注目すべきは、これが省全体の預貸率が低迷するなかでの貸出シェアの拡大であることである。この点について、以下では都市商業銀行を都市単位の金融市場レベルで考察し、地域金融市場における都市商業銀行の役割を詳しく分析する。

Ⅳ　地域金融市場における都市商業銀行の位置づけ

1．預金と貸出金の推移

これまで省を単位として都市商業銀行の預金・貸出金を検討したが、都市商業銀行の銀行業務はほとんど1都市内に限られるため、ローカルにおける都市商業銀行の預金・貸出金をより詳細にみる必要がある。しかもその営業活動は各都市の市街地を中心に展開しているため、都市に属する県や県級市に支店を展開する都市商業銀行はほとんど存在しない。このため、各都市の預金・貸出市場における都市商業銀行のシェアをみるには、県や県級市を含む一般の地区（都市とそれに属する県や県級市）の統計ではなく、都市のみの統計を利用するのが適当である。以下では、上述した各省金融市場の特徴と各都市商業銀行の立地条件を前提とし、各都市の統計年鑑などを用いて預金・貸出市場における都市商業銀行のシェアを個別に検討することにする。

(1) 預金の推移

　表 5-5 は各都市の預金市場における都市商業銀行のシェアを示したものである。ここからみてとれるのは、各都市の預金における都市商業銀行のシェアが次第に拡大していることである。以下で見るように、貸出金市場においても同様の現象が観察できる。まず省別に個別銀行シェアの推移を確認していく。

　個別の銀行をみていくと、杭州市商業銀行は預金シェアが2000年の9.13％から2001年には6.57％に落ち、2002年以降は7％程度で推移している。これに対して寧波市商業銀行と紹興市商業銀行は、預金シェアが10％台から20％台にまで拡大し、嘉興市商業銀行と温州市商業銀行はともに預金と貸出金シェアが10％以下から10％台まで拡大し、温州市商業銀行より嘉興市商業銀行のほうが預金のシェアが高く15％台に達している。湖州市商業銀行の預金と貸出金シェアについては、2003-05年の数字しかないが、平均して15％程度で推移している。金華市商業銀行は2006年に金華市（義烏市を含まない）の金融機関中の預金シェアが34.9％に達し、金華市最大の金融機関に成長した。台州市商業銀行については、第2章でも取り上げたため、本章では詳細な分析を省略する[7]。台州商業銀行の2003年と2004年の預金シェアは、5割を超えていた。台州市商業銀行（前身は銀座都市信用社）は台州市路橋区で営業活動を行っており、2006年に都市商業銀行になった浙江泰隆商業銀行（前身は泰隆都市信用社）と合わせて路橋区預金の8割を占めている。

　湖北省について表 5-5 でみると、武漢市商業銀行は預金で5％台のシェアを維持している。ほかの都市商業銀行は、2006年の預金シェアが10％を超えており、そのなかで、黄石市商業銀行、宜昌市商業銀行、孝感市商業銀行は、ともに預金シェアが低い状況から10％程度まで上昇してきた。荊州市商業銀行は預金で10％程度を維持している。とりわけ、黄石市商業銀行、宜昌市商業銀行、孝感市商業銀行は当該都市の金融市場におけるシェアが拡大し続けており、今後影響力も大きくなると考えられる。

　四川省の個別銀行をみていくと、成都市商業銀行の預金シェアは低く、10％以下程度で推移している。自貢市商業銀行の預金シェア（管轄県も含む）は

表5-5 各都市預金市場における都市商業銀行シェアの推移

(単位：％)

		2000	2001	2002	2003	2004	2005	2006
浙江省	杭州市商業銀行	9.13	6.57	6.87	7.05	6.97	7.04	7.43
	寧波市商業銀行	14.00	n.a.	22.01	21.70	22.09	22.44	n.a.
	嘉興市商業銀行	8.10	8.63	9.06	11.71	15.38	13.38	15.41
	湖州市商業銀行	n.a.	n.a.	n.a.	14.97	15.50	15.85	n.a.
	紹興市商業銀行	15.74	16.96	18.87	19.97	19.74	20.00	20.64
	温州市商業銀行	8.13	7.94	7.88	8.21	10.14	11.14	11.08
	金華市商業銀行	n.a.	22.47	23.10	25.51	26.80	n.a.	34.90
	台州市商業銀行	n.a.	n.a.	45.86	53.23	51.35	45.88	43.05
湖北省	武漢市商業銀行	5.07	5.09	5.52	5.70	5.65	5.14	5.90
	黄石市商業銀行	n.a.	n.a.	6.09	7.51	9.30	10.56	12.74
	宜昌市商業銀行	7.48	7.76	8.16	9.60	11.50	12.38	12.05
	孝感市商業銀行	4.89	5.01	6.40	7.30	9.50	9.85	11.26
	荊州市商業銀行	n.a.	12.85	13.49	13.86	14.06	14.03	13.94
四川省	成都市商業銀行	n.a.	7.13	7.18	n.a.	5.65	5.93	7.31
	自貢市商業銀行	n.a.	n.a.	3.13	2.90	3.75	4.56	5.53
	攀枝花市商業銀行	8.94	10.78	14.33	14.04	19.72	24.04	26.58
	瀘州市商業銀行	9.76	9.47	8.95	11.33	11.28	10.56	10.32
	徳陽市商業銀行	19.91	24.05	23.93	25.94	21.04	23.02	25.13
	綿陽市商業銀行	n.a.	20.05	13.78	13.93	12.94	12.90	13.41
	楽山市商業銀行	12.53	12.68	10.79	11.08	16.24	15.10	18.39
	南充市商業銀行	n.a.	5.01	9.05	11.87	13.73	17.01	18.77

注：各都市預金・貸出金額には都市周辺の県や県級市のものが含まれない（以下同）。
　　台州市商業銀行の場合は、立地する路橋区の預金・貸出金統計のみとする（以下同）。
　　自貢市の預金・貸出金統計には市部以外の栄県などの管轄県も含まれる（以下同）。
出所：『杭州統計年鑑』、『寧波金融年鑑』、『嘉興統計年鑑』、『湖州統計年鑑』、『紹興統計年鑑』、『温州統計年鑑』、『金華統計年鑑』、『路橋年鑑』各年版、『湖北統計年鑑 2006-07年版』、『武漢統計年鑑』、『黄石年鑑』、『宜昌統計年鑑』、『孝感年鑑』、『荊州統計年鑑』、『四川統計年鑑』、『成都統計年鑑』、『自貢年鑑』各年版、『攀枝花統計年鑑 2001-02年版』、および各銀行年報より算出作成。

2002年の3.13％から2006年には5.53％まで上昇した。攀枝花市商業銀行は預金シェアを2000年の8.94％から2006年の26.58％まで引き上げ、これにより攀枝花市商業銀行は攀枝花市最大の金融機関となり、ローカル金融市場における影響力も増大したと考えられる。瀘州市商業銀行は大きなシェア拡大をみせておらず、預金シェアが10％前後で推移している。徳陽市商業銀行の預金シェアは2000年の2割弱から、2006年になると25.13％に達した。綿陽市商業銀行は、

預金シェアが2001年の20％から急落し、その後12〜13％程度で推移している。楽山市商業銀行は2003年まで預金シェアが一定水準で安定していたが、2004年から拡大し、2006年には18.39％に達した。四川省において南充市商業銀行の預金シェアの伸びは最も顕著であり、預金シェアは2001年のわずか5.01％から2006年には18.77％まで上昇した。

(2) 貸出金の推移

表5-5と同様、表5-6は各都市の貸出金市場における都市商業銀行のシェアを示したものである。これを表5-5と合わせて省別に個別銀行の貸出金シェアの推移を確認していく。

まず浙江省では、杭州市商業銀行の貸出金のシェアは預金シェアより低く、2003年に6.88％に上がったこともあるが、平均して5％程度で推移している。ほかの銀行では、寧波市商業銀行が2003年の17％台から2005年の14％台に低下したのに対して、嘉興市商業銀行の貸出金シェアは年々上昇し、2001年の7.27％から2006年の12.93％までに上った。一方、湖州市商業銀行は一部データがないものの、2003-05年の間では15％の貸出金シェアを維持している。これに対して、紹興市商業銀行は10％台後半を維持している。金華市最大金融機関である金華市商業銀行は貸出金シェアが預金シェアと同様に、25％以上に達している。台州市商業銀行は路橋区の貸出市場において4割程度のシェアを堅持している。

湖北省では、武漢市商業銀行の貸出金シェアは2000-03年に4％前後であったのが、2006年には5.89％に上昇した。黄石市商業銀行の貸出金も預金と同様にシェアを伸ばし、5％弱から13％台となっている。ほかの銀行では、宜昌市商業銀行の貸出金シェアは拡大傾向にあり、2004年には11.84％に達したが、2005年と2006年にまた9％台に落ちてきた。孝感市商業銀行は貸出金シェアが低い状況（2.95％）から10％程度まで上昇してきた。荊州市商業銀行は預金で10％程度を維持している。

四川省の各銀行をみると、成都市商業銀行は貸出金シェアが2000年の8％台

表5-6　各都市貸出金市場における都市商業銀行シェアの推移

(単位：％)

		2000	2001	2002	2003	2004	2005	2006
浙江省	杭州市商業銀行	6.44	5.66	5.38	6.88	4.90	5.26	5.59
	寧波市商業銀行	9.04	n.a.	17.66	17.09	14.99	14.14	n.a.
	嘉興市商業銀行	7.27	7.54	8.39	10.95	11.30	11.28	12.93
	湖州市商業銀行	n.a.	n.a.	n.a.	15.15	15.15	15.92	n.a.
	紹興市商業銀行	14.94	16.04	18.38	18.11	16.79	17.62	19.28
	温州市商業銀行	9.85	8.41	8.84	8.52	9.08	10.21	10.33
	金華市商業銀行	n.a.	19.36	19.01	19.26	18.90	n.a.	26.82
	台州市商業銀行	n.a.	n.a.	40.08	43.21	43.98	44.78	38.78
湖北省	武漢市商業銀行	3.61	3.99	3.58	3.68	4.34	5.01	5.89
	黄石市商業銀行	n.a.	n.a.	5.04	7.46	7.24	11.24	13.60
	宜昌市商業銀行	7.61	5.89	5.54	8.19	11.84	9.92	9.55
	孝感市商業銀行	2.95	3.22	3.96	4.42	6.37	7.98	9.53
	荊州市商業銀行	n.a.	10.87	11.08	10.61	10.90	11.51	8.93
四川省	成都市商業銀行	8.07	6.98	5.76	n.a.	5.23	6.19	6.64
	自貢市商業銀行	n.a.	n.a.	2.95	2.91	4.03	5.64	6.91
	攀枝花市商業銀行	8.72	10.73	11.38	13.51	22.58	26.31	32.61
	瀘州市商業銀行	11.39	10.96	10.00	8.70	11.67	12.53	14.10
	徳陽市商業銀行	20.63	24.81	23.01	22.27	28.38	32.56	32.49
	綿陽市商業銀行	n.a.	20.81	12.10	9.87	9.98	9.93	12.18
	楽山市商業銀行	6.78	7.60	6.97	6.49	9.07	10.58	13.83
	南充市商業銀行	n.a.	4.17	8.27	7.88	10.19	14.39	16.73

出所：表5-5に同じ。

から低下し、2005年と2006年は6％台で推移していた。自貢市商業銀行の貸出金シェアは2002年の2.95％から2006年の6.91％まで拡大した。攀枝花市商業銀行は攀枝花市における最大の金融機関として、貸出金シェアを2000年の8.72％から2006年の32.61％まで拡大させた。瀘州市商業銀行の貸出金シェアは若干上昇したが、10％前後で推移する年が多く、2006年に14.1％に達した。徳陽市商業銀行は貸出金を2000年の20％台から2006年の32.49％に拡大させた。綿陽市商業銀行は預金の推移と同じく、シェアが20％台から2002年以降10％台に急落した。楽山市商業銀行は2003年まで貸出金シェアが6％台で推移していたが、2004年から拡大し、2006年に13.83％に達した。南充市商業銀行の成長は著しく、貸出金シェアは2001年の4.17％から2006年の16.73％まで上昇した。

預金シェアの推移と合わせて各都市の預金・貸出金市場の特徴をみると、多くの都市の預金・貸出金市場において都市商業銀行の預金シェアの増加は貸出金より顕著である。そして中心都市である杭州市や武漢市、成都市における都市商業銀行の預金・貸出金シェアはいずれも高くなく、5〜7％程度であることが多かった。ただし、省ごとの違いをみると、四川省の都市商業銀行全体の特徴として、浙江省とは対照的に貸出金のシェアが預金シェアより大きいことが挙げられる。

　預金シェアの増加は地域金融市場における都市商業銀行の預金吸収能力の成長を意味する。これは店舗や顧客の増加によるところが大きい。一方、貸出金シェアの増加は銀行与信活動の拡大を意味し、多くの場合は銀行の経営戦略に関係する。こうした各都市における都市商業銀行の預金・貸出金シェアの拡大から、地域金融市場における都市商業銀行の預金・貸出活動はどのように位置づけられるのだろうか。以下ではこの問題を検討する。

(3) 預金・貸出金からみた都市商業銀行の位置づけ

　地域金融の観点から、複雑な市場環境における都市商業銀行の金融活動を位置づけるため、対象とする各都市のグループ分けを行う。本章の第2節でみてきたように、中国では地域間・都市間にも大きな格差が存在するため、東部・中部・西部だけの分け方では不十分であり、中心都市（省都）と地方都市の格差にも留意すべきである。よって、地域金融市場における都市商業銀行の位置づけを明らかにするには、東部、中部、西部という地域のグループ分け以外に、杭州市、武漢市、成都市を中心として別のグループに分けることにする。そして各都市の地域金融市場の特徴を把握するため、当該都市の全銀行の金融資産を市場規模の指標として利用し[8]、金融活動の活発度を表す指標として当該都市の預貸率を用いる。

　まず、図5-5を用いて市場規模の指標から都市商業銀行の特徴をみることにする。図5-5の横軸は市場規模を示す金融資産の対数値であり、縦軸はそれぞれ都市商業銀行の預金シェアと貸出金シェアである。▲のマーカーは中心

都市の省都を表し、△、○、□のマーカーはそれぞれ東部、中部、西部の地方都市を示す。地域金融市場における都市商業銀行の預金・貸出金シェアが拡大しつつあるなか、2000-06年のデータを用いてその傾向を示す。

図5-5から、まず見てとれるのは、市場規模の大きな省都の金融市場に立地する都市商業銀行の預金シェアと貸出金シェアがいずれも低い水準にあり、散布図においては地方都市と異なる位置を占めている点である。地方都市の全体をみると、市場規模の小さな金融市場に立地する都市商業銀行の一部は高い預金・貸出金シェアを占めている。ただし、これは相関的に示されるものではなく、地方都市の多くも預金・貸出金シェアが低い水準にある。地域別の地方都市を具体的にみると、東部の地方都市では、市場規模の小さな都市に立地するいくつかの銀行においては比較的高い預金・貸出金シェアを占めており、市場規模が拡大するにつれてそれらのシェアが低下している。西部の地方都市でも同様のことが観察できるが、全体的に地方都市の分布はバラつきが激しく、相関関係は見出せない。

このなかで、中部の地方都市の分布は注目に値する。点線の楕円で囲まれた部分をみると、預金シェアと貸出金シェアのいずれもかなりの割合（90％以上）で市場規模の拡大に伴い、都市商業銀行のシェアも拡大している[9]。ただし、これをもって、都市商業銀行の預金・貸出金シェアが地方都市の市場規模と正の相関にあるとは断定できない。なぜなら、そもそも市場規模の大きな地方都市に立地する都市商業銀行のシェアが大きいのか、それとも市場規模の大きな地方都市に立地する都市商業銀行の成長が大きいのかは究明できないからである。もちろん全体からみると、中部地域に位置する湖北省各都市の市場規模は比較的小さい。

次に金融活動の活発度（預貸率）から各都市の金融市場における都市商業銀行の位置づけをみると、図5-6からは地域を問わず、各省都の金融市場の預貸率が比較的高く、省都のグループが散布図において預貸率80％のところに位置していることがわかる。地方都市の分布をみると、大きなバラつきがみられる。全体的に西部地域の地方都市は預貸率が低く、60％以下の預貸率を示すと

図5-5 地域金融市場の市場規模と都市商業銀行の預金・貸出金シェア

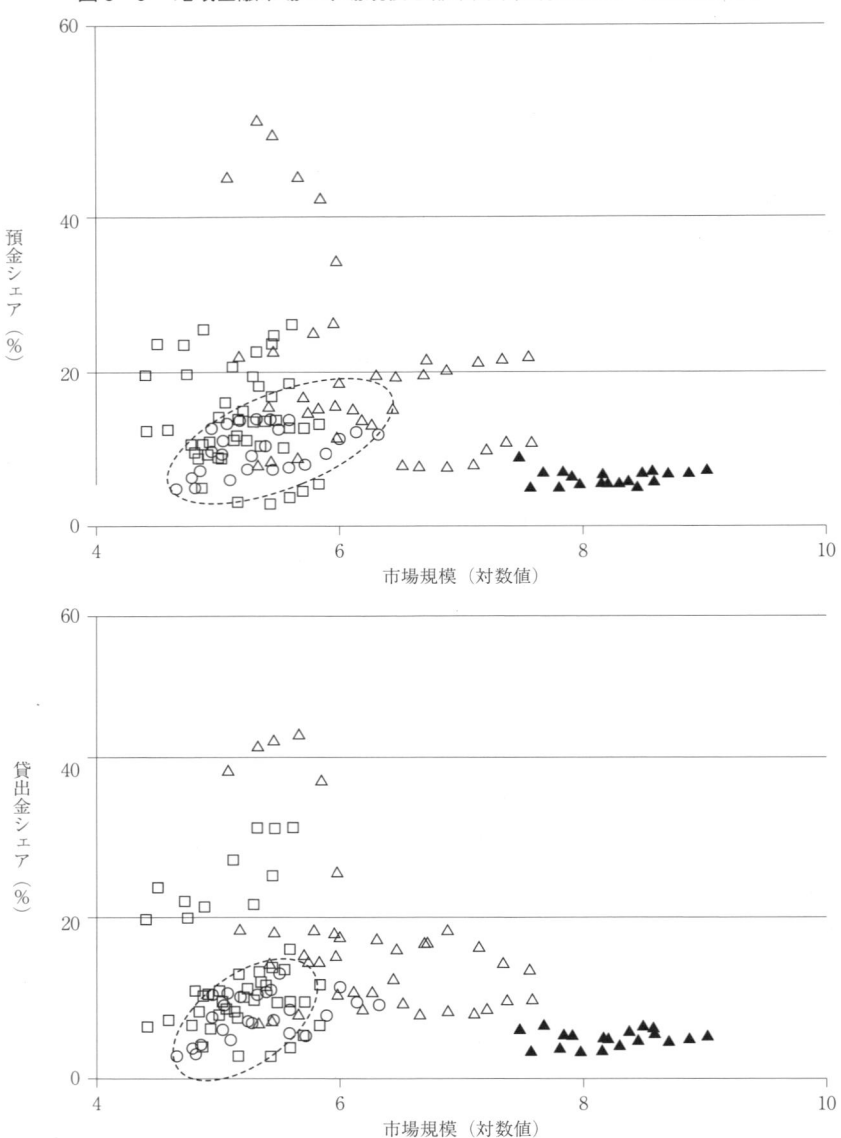

注：▲省都、△東部地方都市、○中部地方都市、□西部地方都市。
出所：表5-5に同じ。

図5-6　地域金融市場の預貸率と都市商業銀行の預金・貸出金シェア

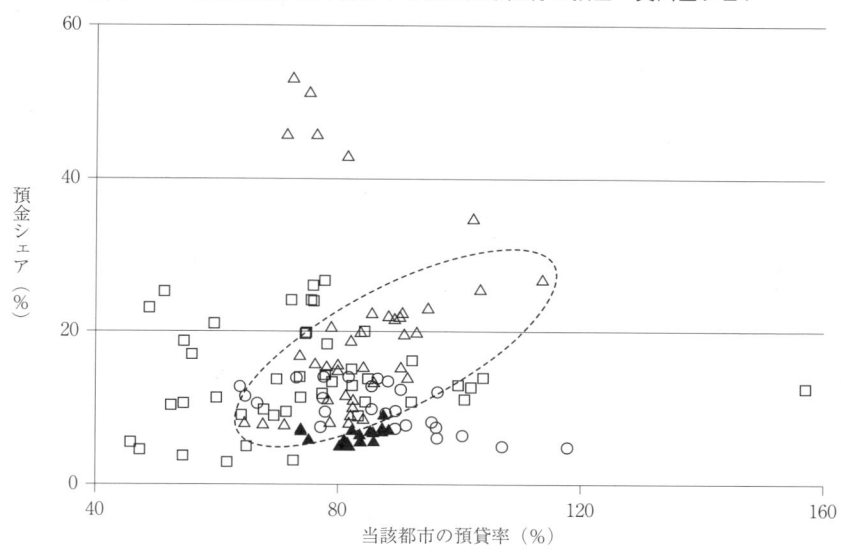

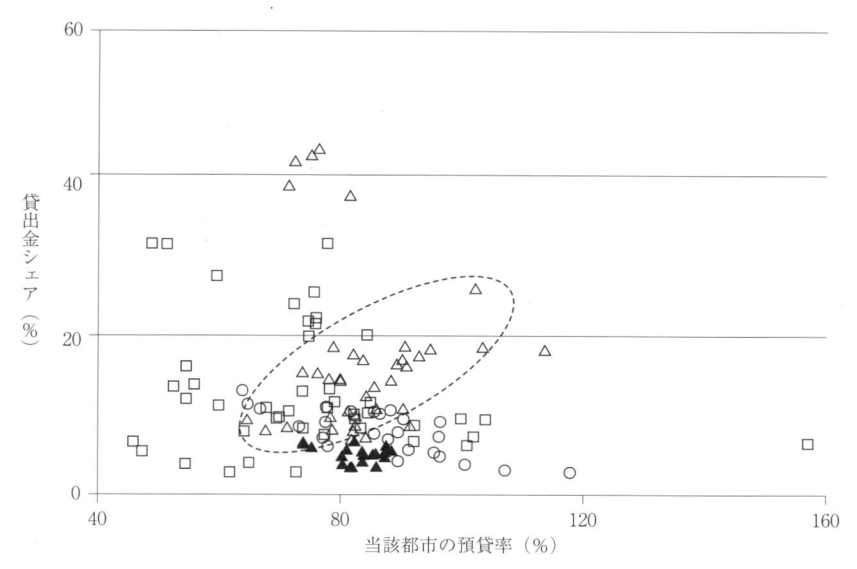

注：▲省都、△東部地方都市、○中部地方都市、□西部地方都市。
出所：表5-5に同じ。

ころはすべて西部の地方都市である。これは当該地域における金融活動の活発度が低い水準にあることを語っている。意外にもいくつかの中部の地方都市において預貸率が高く、預金を上回る貸出が行われていたようである。東部の地方都市をみると、その預貸率は60％から100％の間に集中し、点線の楕円に囲まれた部分をみると、いくつかの地方都市において、預貸率の増加に伴って都市商業銀行の預金シェアと貸出金シェアも拡大している。ただし、地方都市金融市場の預貸率と都市商業銀行のシェア拡大とはほとんど相関を持たず、地方都市の金融活動に寄与する都市商業銀行の成長は東部の都市商業銀行の一部に限られるとしか言えない。

　市場規模と金融市場の活発度からみた都市商業銀行の位置づけ（預金・貸出金シェア拡大）は異なる様相を呈している。図5-7は各銀行の貸出金のみに基づき、市場規模と預貸率から各銀行の相対的位置づけをみる。以下では図5-7を用いて各都市の詳細をみてみよう。

　図5-7からは、市場規模が相対的に小さい地方都市において高い貸出金シェアを占めた都市商業銀行は、台州市商業銀行、徳陽市商業銀行、攀枝花市商業銀行、金華市商業銀行である。徳陽市商業銀行を除けば、これらの銀行が立地する都市金融市場の預貸率も比較的高い。また中部地域の宜昌市商業銀行も預貸率の高い金融市場に立地している。そして黄石市商業銀行と南充市商業銀行も注目に値する。これら中西部の地方都市に位置する銀行は、市場規模が比較的小さく、預貸率もそれほど高くない金融市場においてシェアを拡大し続けている。こうした地方都市に位置する都市商業銀行と異なり、省都に立地する都市商業銀行は散布図のなかでほぼ同じ位置を示している。

　以上のように、地方都市を中心とする都市商業銀行は、地域金融市場においてシェアを拡大している。また地域によって、これらの地方都市に立地する都市商業銀行は異なる位置づけを示している。預金・貸出金からみた都市商業銀行の位置づけの変化は、銀行の収益性、さらに地域経済にどのような影響を及ぼしているのかについて、以下で検討する。

第5章　地域金融市場と都市商業銀行　189

図5-7　都市商業銀行の位置づけ（2006年）

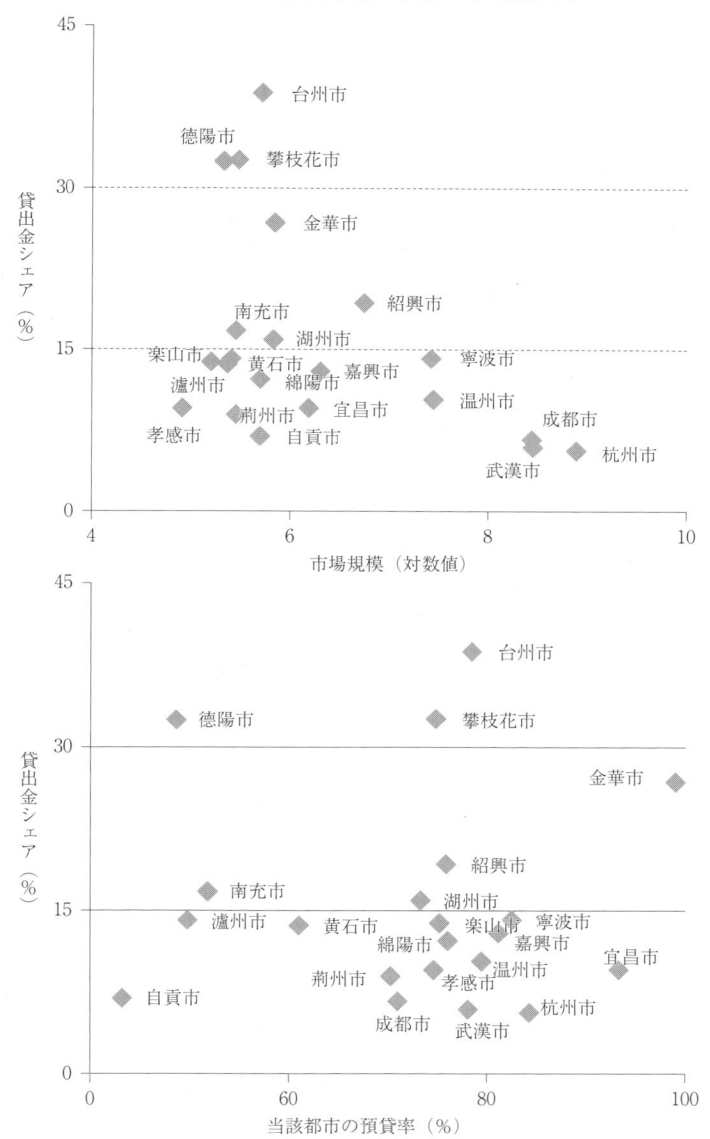

貸出金シェア（％）／市場規模（対数値）

貸出金シェア（％）／当該都市の預貸率（％）

注：寧波市と湖州市は2005年のデータ用いて代替した。
出所：表5-5に同じ。

2. 貸出金利と銀行の収益性

上述したように、各都市における都市商業銀行の預金・貸出金シェアは2000-06年の間に拡大している。以下では、各都市商業銀行の年報よりその貸出金利と総資産利益率（ROA）を算出し、地域金融市場における都市商業銀行のシェア拡大がその収益性に影響を及ぼしているかどうかを検討する。

表5-7は、各都市商業銀行の2000年、2003年、2006年各年の平均貸出金利と総資産利益率を示すものであり、各都市商業銀行の平均貸出金利は、「主営業務収入」（営業収益）を貸出額によって除すことで算出した。銀行の主な収入源は貸出による利息収入であるが、主な収入に関する各都市商業銀行の統計範囲が異なるため、表5-7に示す貸出金利は厳密なものではない。表5-7からは、浙江省における各都市商業銀行の金利水準が比較的高いことがうかがえる。また同省では、湖北省と四川省のように各都市商業銀行間における大きなバラつきがみられない。総資産利益率をみれば、浙江省の各都市商業銀行は収益性において全体的に湖北省と四川省の都市商業銀行より高いと言える。湖北省と四川省においては、赤字もしくは純利益ゼロの都市商業銀行も4行存在する。以下、各省の詳細について見てみよう。

2006年における浙江省の各都市商業銀行の貸出金利は、6～7％台が最も多い。杭州市商業銀行、嘉興市商業銀行、湖州市商業銀行、紹興市商業銀行、金華商業銀行は貸出金利が6％台後半から7％台である。寧波市商業銀行と温州市商業銀行の貸出金利は、浙江省の他の都市商業銀行より低くそれぞれ5.68％と5.42％である。最も貸出金利が高いのは台州市商業銀行である。2000年の貸出金利が2006年より低下した都市商業銀行としては、寧波市商業銀行と紹興市商業銀行が存在する。注目すべきは浙江省において、各都市商業銀行の総資産利益率とその貸出金利および当該都市の貸出市場に占めるシェアとが必ずしも関係していないということである。2006年における各都市商業銀行の資産利益率では、杭州市商業銀行、寧波市商業銀行、湖州市商業銀行、温州市商業銀行、台州市商業銀行が1％を超えている。これらの銀行のなかには貸出シェアも貸

表5-7 各都市商業銀行の貸出金利と総資産利益率

(単位:%)

		貸出金利			総資産利益率		
		2000	2003	2006	2000	2003	2006
浙江省	杭州市商業銀行	4.48	6.08	7.81	0.77	0.46	1.04
	寧波銀行	8.78	7.04	5.68	0.28	0.22	1.15
	嘉興市商業銀行	6.55	5.21	7.44	0.39	0.15	0.52
	湖州市商業銀行	5.43	4.37	7.57	0.75	0.46	1.04
	紹興市商業銀行	7.11	6.40	6.62	0.21	0.44	0.60
	温州銀行	4.40	4.89	5.42	0.24	0.45	1.15
	金華市商業銀行	9.24	8.02	6.81	0.34	0.28	0.29
	台州市商業銀行	n.a.	5.35	8.19	n.a.	0.39	1.59
湖北省	漢口銀行	10.37	8.44	5.18	0.03	0.35	0.21
	黄石市商業銀行	4.87	5.01	6.13	0.00	0.00	0.52
	宜昌市商業銀行	8.55	7.99	4.92	△1.38	0.00	n.a.
	孝感市商業銀行	3.43	4.64	9.77	△1.24	△0.54	0.51
	荊州市商業銀行	3.14	4.11	6.87	△2.09	0.20	0.12
四川省	成都銀行	3.41	4.88	2.99	0.46	0.21	0.17
	自貢市商業銀行	n.a.	4.86	6.88	n.a.	0.32	0.10
	攀枝花市商業銀行	5.79	5.77	3.20	1.08	0.67	0.75
	瀘州市商業銀行	5.15	5.77	4.14	0.56	0.31	0.26
	徳陽市商業銀行	6.58	6.20	8.94	0.37	0.05	0.22
	綿陽市商業銀行	n.a.	7.52	14.84	n.a.	0.12	0.31
	楽山市商業銀行	4.76	6.45	7.03	△2.00	0.00	0.45
	南充市商業銀行	n.a.	6.70	7.53	n.a.	0.56	1.46

注:貸出金利の算出=営業収益/貸出額。
出所:各都市商業銀行年報より筆者作成。

出金利も高くないものもあり、金融活動の活発な都市における都市商業銀行の収益性の高さがみてとれる。

　湖北省では、武漢市商業銀行と宜昌市商業銀行の貸出金利は2000年の10.37%と8.55%から2006年の5.18%と4.92%にまで低下した。その一方、黄石市商業銀行、孝感市商業銀行、荊州市商業銀行の貸出金利は、2000年の4.87%、3.43%、3.14%から2006年には6.13%、9.77%、6.87%まで上昇した。2006年における湖北省の各都市商業銀行の貸出金利は5～6%台に集中しており、孝感市商業銀行の貸出金利が高く9.77%に達している。湖北省の各都市商業銀行の総資産利益率をみると、武漢市商業銀行以外の都市商業銀行は2000年と2003

年には利益を上げておらず、2000年の宜昌市商業銀行、孝感市商業銀行、荊州市商業銀行は赤字経営となっている。ただし、2006年には黄石市商業銀行と孝感市商業銀行は0.52％と0.51％の総資産利益率を上げている。

　四川省についてみると、成都市商業銀行、攀枝花市商業銀行および瀘州市商業銀行の貸出金利は低下しており、それぞれ2000年の3.41％、5.79％、5.15％から2006年の2.99％、3.20％、4.14％に減少した。その一方で、自貢市商業銀行、徳陽市商業銀行、綿陽市商業銀行、楽山市商業銀行、南充市商業銀行の貸出金利は上昇している。これらの都市商業銀行の多くは貸出金利が6～8％で推移しているが、綿陽市商業銀行のそれは14.84％であった。四川省の都市商業銀行は、楽山市商業銀行を除きすべての銀行が黒字経営を堅持している。なかでも攀枝花市商業銀行と南充市商業銀行の利益率は高く、それぞれ2006年の0.75％と1.46％に達している。これに限ってみれば、四川省においては都市商業銀行の貸出シェアや融資構造が銀行の収益性にある程度影響していることが確認できよう。

　この点について、地域金融市場における都市商業銀行の市場シェア（貸出）が銀行の貸出水準や収益性に与える影響を散布図に示すことにする（図5-8）。それぞれ貸出金のシェアと貸出金利、総資産利益率（ROA）の相関を示している。ここでは、都市商業銀行の貸出金利と地域貸出市場に占める貸出シェアの間には、ほとんど相関関係が認められない（相関係数：0.05）。一方、貸出シェアと都市商業銀行の収益性指標（総資産利益率）の間には、貸出シェアが15％以下の範囲において一定の関連性がみられる（相関係数：0.48）。これは都市商業銀行の経営に対して、地域金融市場における市場シェアの拡大がある程度影響を与えることを示している。浙江省、湖北省、四川省における都市商業銀行に関する詳細な分析から、地域経済が発達した都市に立地する都市商業銀行は比較的良好なパフォーマンスを収めていることがわかる。

3．貸出金の構成と地域経済

　前節までは、預金・貸出金シェアの推移、貸出金利、収益性指標を通じて、

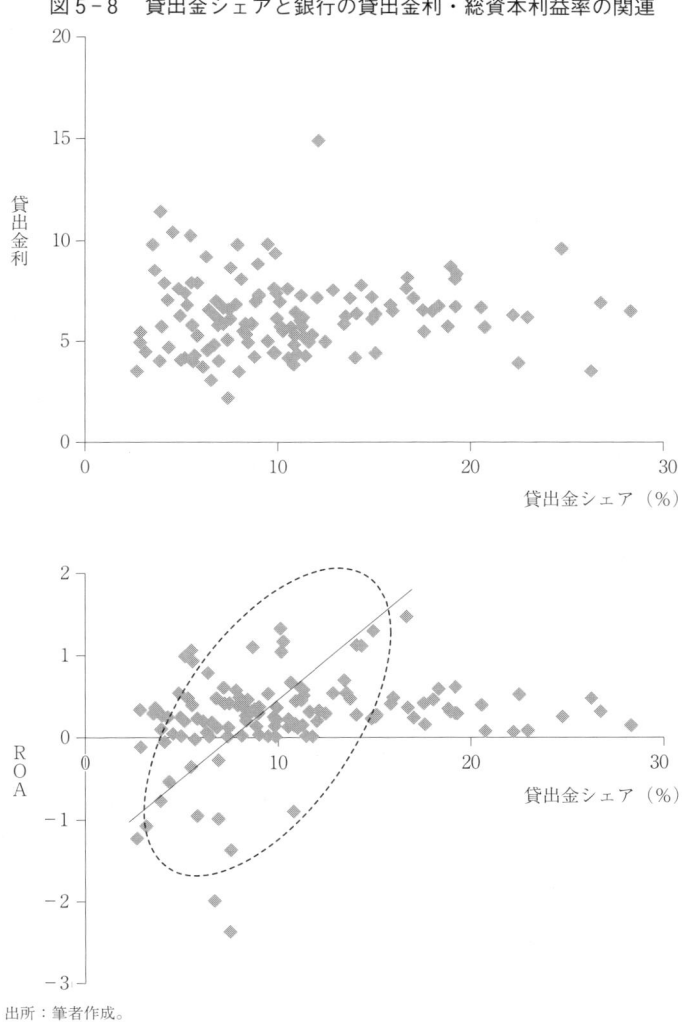

図5-8 貸出金シェアと銀行の貸出金利・総資本利益率の関連

出所:筆者作成。

地域金融市場における都市商業銀行の相対的位置づけを確認したが、各都市商業銀行の貸出にはそれぞれどのような特徴があるのだろうか。以下、年報などの資料(都市商業銀行の調査報告書も含む)を用いて融資先を企業形態別、産

業別に示し、各都市商業銀行（寧波市商業銀行を含めない）の貸出の特徴を検討する。さらに地域金融市場における都市商業銀行のシェア拡大に伴って、地域経済における都市商業銀行の役割が拡大しているのか否かを検討する。

(1) 貸出金の構成

表5-8は、2004年における各都市商業銀行の形態別貸出シェアを集計したものである。同表からわかるように、都市商業銀行は形態別に地方政府、国有企業、さらに民営企業などに融資を行っている。個人消費向けの融資もあるものの、それへの融資シェアは杭州市商業銀行の10％を除きほとんどが2％以下である。一方、明確に分類できない融資も多く、湖北省と四川省の多くの都市商業銀行においては、融資の半分以上が「その他」の項目に属する。地方政府向けの融資は、すべての銀行が当該地域の地方政府に株式を保有されているため、多くの都市商業銀行は地方政府向けの融資を行っている。そのシェアは10％前後のものが多く、四川省の瀘州市商業銀行と南充市商業銀行は15％を超えている。また、国有企業向けと地方政府向けの融資をみると、杭州市商業銀行が「当該統計なし」である以外、すべての都市商業銀行において国有企業向け融資が存在する。荊州市商業銀行と攀枝花市商業銀行ではそれぞれ貸出の60％と50％弱が国有企業に向けられている。他方、温州市商業銀行、台州市商業銀行、南充市商業銀行においては、国有企業への融資シェアは1％にも満たない。

　民営企業への貸出はほぼすべての都市商業銀行が行っており、温州市商業銀行では、貸出の90％近くが民営企業に向けられている。民営企業向けの融資においても地域性が反映されており、例えば、温州市商業銀行や嘉興市商業銀行では50％近くの融資が大型（大規模）民営企業に向けられている。これは当該地域では民営企業発展の歴史が長く、改革開放以後20数年間の発展を経てかなり大規模な民営企業が出現しているためと考えられる。当該地区内に大規模な民営企業を持たない四川省の徳陽市商業銀行と成都市商業銀行では、中型民営企業に50％近くの融資を行っている。湖北省では、荊州市商業銀行の大型民営企

表 5-8　融資先別の貸出構成（2004年）

（単位：％）

		地方政府	国有企業	民営企業			個人消費	その他	合計
				大型	中型	小型			
浙江省	杭州市商業銀行	10.0	—	—	—	—	10.1	—	20.1
	嘉興市商業銀行	—	15.8	11.5	15.2	31.1	0.2	26.2	100.0
	湖州市商業銀行	—	10.2	1.5	20.8	63.0	—	4.5	100.0
	紹興市商業銀行	3.3	2.9	43.6	19.1	16.8	2.6	11.8	100.0
	温州市商業銀行	0.8	0.7	45.6	24.3	17.2	2.2	9.2	100.0
	金華市商業銀行	11.1	3.6	18.8	32.6	22.6	1.3	9.9	99.9
	台州市商業銀行	10.2	0.3	4.2	28.5	17.2	—	39.6	100.0
湖北省	武漢市商業銀行	0.1	34.5	0.9	1.5	4.8	3.2	55.0	100.0
	黄石市商業銀行	10.0	10.0	10.0	20.0	30.0	1.0	19.0	100.0
	宜昌市商業銀行	2.0	20.0	2.0	2.0	1.0	0.0	73.0	100.0
	孝感市商業銀行	—	16.0	13.0	15.0	30.0	—	24.0	98.0
	荊州市商業銀行	0.5	67.6	26.3	4.2	0.7	0.2	—	99.5
四川省	成都市商業銀行	—	20.0	5.0	50.0	10.0	2.0	13.0	100.0
	自貢市商業銀行	—	33.2	—	9.3	11.0	0.5	45.9	100.0
	攀枝花市商業銀行	—	48.8	—	—	—	1.2	50.0	100.0
	瀘州市商業銀行	15.0	2.0	15.0	5.0	8.0	2.0	53.0	100.0
	徳陽市商業銀行	0.5	17.2	6.0	45.5	13.6	3.8	13.5	100.0
	綿陽市商業銀行	—	15.5	—	—	2.0	3.4	79.1	100.0
	楽山市商業銀行	9.5	4.8	—	10.1	9.4	0.5	65.8	100.0
	南充市商業銀行	15.4	0.7	—	12.4	32.4	2.8	10.8	74.4

注：大型・中型・小型の分類は一般的に売上高3億元以上を大型企業とし、売上高3,000万～3億元の間を中型企業とし、売上高3,000万以下を小型企業とする（国経貿中小企［2003］143号）。
出所：都市商業銀行調査報告書。

業向けの貸出が多く26.3％に達しており、一方で孝感市商業銀行と黄石市商業銀行の民営企業向け貸出では小型民営企業への融資が多く30％にのぼっている。

　各都市商業銀行における融資先形態別の貸出シェアをみる限り、全体的に当該地域の経済構造がある程度反映されているようにみえる。例えば、浙江省各都市商業銀行には民営企業融資が多くみられる。また地域金融市場において大きなシェアを持つ都市商業銀行は、当地に立地する有力企業と融資関係にある可能性が考えられる。例えば、湖北省の荊州市商業銀行と四川省の攀枝花市商業銀行はそれぞれ貸出の67.6％、48％が国有企業向けであり、また荊州市商業銀行貸出の26.3％は大型民営企業向けとなっている。

表5-9　産業別の貸出構成（2004年）

（単位：％）

		農業	製造業	サービス業	不動産	その他	合計
浙江省	杭州市商業銀行	—	24.5	7.3	31.7	36.5	99.9
	嘉興市商業銀行	0.3	44.8	19.6	24.3	11.0	100.0
	湖州市商業銀行	2.1	37.3	25.4	13.1	22.2	100.0
	温州市商業銀行	0.5	14.9	8.3	11.2	65.1	99.9
	紹興市商業銀行	1.0	57.0	2.0	12.0	28.0	100.0
	金華市商業銀行	2.9	36.2	13.1	10.6	37.0	99.8
	台州市商業銀行	0.1	23.5	0.7	8.1	67.5	100.0
湖北省	武漢市商業銀行	0.6	39.7	51.9	4.3	—	96.5
	黄石市商業銀行	—	20.0	30.0	10.0	40.0	100.0
	宜昌市商業銀行	1.0	36.0	4.0	23.0	36.0	100.0
	孝感市商業銀行	0.3	37.4	13.1	25.3	24.0	100.0
	荊州市商業銀行	11.3	22.6	28.3	26.8	11.0	100.0
四川省	成都市商業銀行	1.0	—	1.0	31.0	66.6	99.6
	自貢市商業銀行	5.8	37.1	3.4	4.1	49.7	100.0
	攀枝花市商業銀行	0.1	86.1	9.7	2.9	—	98.8
	瀘州市商業銀行	3.0	10.0	35.0	7.0	45.0	100.0
	徳陽市商業銀行	5.5	24.5	11.8	16.7	41.5	99.9
	綿陽市商業銀行	2.1	11.7	26.5	40.2	19.6	100.0
	楽山市商業銀行	0.1	26.7	0.6	5.0	67.7	100.0
	南充市商業銀行	—	5.1	1.4	13.1	62.0	100.0

出所：表5-8に同じ。

　ここまで、都市商業銀行の融資構造を形態別に分析したが、以下では融資構造を産業部門別に見てみよう。表5-9をみれば、ひとつの顕著な特徴がわかる。荊州市商業銀行を除いて農業セクターに対する貸出がごくわずかであり、ほとんど貸出を行っていない都市商業銀行も数行ある。また、すべての銀行は不動産業に貸出を行っているが、貸出総額に占める割合は、平均して20％弱程度にすぎない。これに対して、貸出総額の多くを占めているのは、製造業への融資である。平均して30％を超える融資が製造業に向けられている。とくに浙江省では嘉興市商業銀行と紹興市商業銀行において製造業のシェアが大きい。湖北省でも、武漢市商業銀行をはじめとする3行で製造業向け貸出が30％を超えている。四川省においては、攀枝花市商業銀行の製造業向けの融資が86.13％に達している。ほかにも楽山市商業銀行、徳陽市商業銀行、自貢市商業銀行が

20％を超えている。表5-8と合わせてみれば、国有企業への貸出を多く行っている攀枝花市では、国有製造業企業への融資がかなりの規模になっていることがわかる。一方、サービス業向けの貸出については、浙江省の都市商業銀行では比較的少ないのに対して、湖北省では大きなシェアを占める都市商業銀行が多い。とくに大きいのは武漢市商業銀行の51.91％である。四川省では瀘州市商業銀行と綿陽市商業銀行が20％を超えている。

(2) 地域経済との関連

　ここまでみてきたように、都市商業銀行は地域経済を支える民営企業や地方中堅企業を中心に貸出を行っている。また地方都市を中心に地域金融市場における都市商業銀行の預金・貸出金シェアが拡大している。このことは、地域経済における都市商業銀行の影響力が大きくなったことを意味すると言える。本章の課題は、地域金融市場における都市商業銀行の相対的位置を明らかにすることである。このため、どの都市において、都市商業銀行の相対的地位が上昇しているか、そして都市商業銀行との相対的地位と当該都市の経済成長との間には関連性があるのか否かを確認する必要がある。以下では、2000-06年における各都市経済の平均成長率（実質GDPの前年比増加率）、当該都市の金融市場における都市商業銀行の貸出金シェアを指標に、都市商業銀行の相対的地位の向上と地域経済の成長にはどのような関連と特徴があるのかを確認しよう。

　図5-9によって、中心都市である杭州市、武漢市、成都市および浙江省の温州市、嘉興市、寧波市、金華市、台州市、さらに四川省の徳陽市、攀枝花市を除けば、湖北省、四川省、浙江省の地方都市において都市商業銀行の貸出金シェアと経済成長の増加率には関連性が存在することが確認された。全体としては2つのグループが存在し、ひとつは湖北省の荊州市、孝感市、黄石市、四川省の綿陽市、瀘州市、南充市のグループ、もうひとつは湖北省の宜昌市、四川省の自貢市、楽山市、浙江省の湖州市、紹興市のグループである。これらの2つのグループにおいて、都市商業銀行の貸出シェア拡大と、地域経済の成長の間には一定の関連性があることが確認できる。

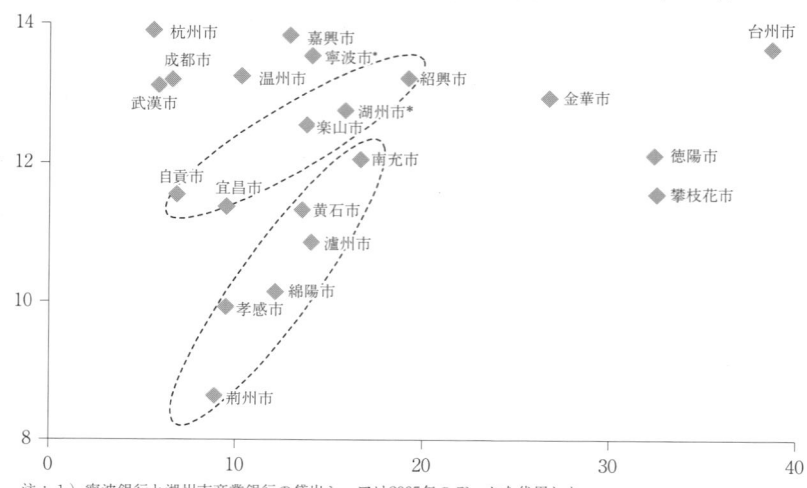

図5-9　地域経済の成長と都市商業銀行の貸出金シェア（2006年）

　縦軸にデータ点：杭州市、成都市、武漢市、嘉興市、寧波市、温州市、紹興市、台州市、湖州市*、楽山市、金華市、自貢市、宜昌市、南充市、徳陽市、黄石市、攀枝花市、瀘州市、綿陽市、孝感市、荊州市

注：1）寧波銀行と湖州市商業銀行の貸出シェアは2005年のデータを代用した。
　　2）横軸には貸出金シェア、縦軸には2000-06年におけるGDP平均成長率。
出所：『杭州市統計年鑑』、『寧波市統計年鑑』、『嘉興市統計年鑑』、『温州市統計年鑑』、『金華市統計年鑑』、『台州市商業銀行』2007年版および『湖北統計年鑑』、『四川統計年鑑』2000-06年版、各都市商業銀行年報より筆者作成。

V　おわりに

　本章は、計量分析で明らかにできない地域金融市場の構造や都市商業銀行の位置づけを検討した。その際、浙江省、湖北省、四川省の都市商業銀行について、その地域金融市場のなかでの経営基盤をみてきた。中国金融市場において、都市商業銀行は金融機関総資産の8％を占めるのみの小規模な存在である。しかし、その営業基盤は国有商業銀行や株式商業銀行と異なり、立地している都市など限られた地域で営業活動を行っている。そのため、分断された地域金融市場における都市商業銀行の預金・貸出金シェアを分析してみると、域内の国有商業銀行の平均値より高いシェアを持つ都市商業銀行の存在も確認された。これらの都市商業銀行はほとんど地方都市に立地しており、地域経済を支える

存在になりうると考えられる。

　もっとも、湖北省や四川省のような中西部の省においては、同じ省であっても中心都市と地方都市の間に大きな経済格差が存在する。地方都市に立地する都市商業銀行は、当該都市の金融市場に大きなシェアを持つとしても、資産規模では中心都市である武漢市と成都市の都市商業銀行の数分の1にも満たない。しかし、こうした規模の小さい都市商業銀行が地域の金融市場において預金の吸収と貸出の拡大を通じて地域経済に影響力を強めていることを見逃してはならない。もちろん、地方都市に存在する都市商業銀行であっても、それらの多くは預金と貸出金の規模では依然として国有商業銀行4行に劣るが、地域の金融市場において都市商業銀行が積極的に融資を行えるように、地域企業、とりわけ民営企業とのリンケージを強めている。またこうした預金と貸出シェアの拡大によって、都市商業銀行の経営基盤は安定化し、その収益性にも好影響を与えている。さらに、各省の地方都市を中心とした都市商業銀行の貸出シェアの拡大は、当該都市の経済に一定の影響を与えているようである。

　本章の分析を通じて、いくつか注目すべき地方都市に立地する都市商業銀行があらわになった。例えば、浙江省の台州市商業銀行と金華市商業銀行、湖北省の黄石市商業銀行、四川省の徳陽市商業銀行、攀枝花市商業銀行、南充市商業銀行があげられる。これらの銀行は地域金融市場において異なる位置を占めているが、市場シェアの拡大などを通じて地域経済に与えるインパクトを強めている。これらの銀行ではいかなる経営構造を構築しているかという点は、興味深い検討課題であろう。

注

1）　本章より、独自に構築したデータベースのうち、浙江省、湖北省、四川省の部分を使う。
2）　寧波市商業銀行は2007年から2008年にかけて上海市、杭州市、南京市、深圳市に次々と出店した。北京市と蘇州市にも出店申請を出している（http://www.cs.com.cn/yh/03/200811/t20081120_1660797.htm、2008年1月10日参照）。
3）　温州市商業銀行は浙江省内で2008年から衢州市と寧波市に出店するようになっ

た（http://wb.66wz.com/system/2008/12/31/101063437.shtml、2009年1月10日参照）。
4） 2007年に、8年ぶりに新設された湖北省の都市商業銀行は、襄樊市の都市信用社（単体）を前身とする襄樊市商業銀行である。2011年には、襄樊市商業銀行は荊州市商業銀行、黄石市商業銀行、宜昌市商業銀行、孝感市商業銀行と合併し、湖北銀行に統合された。
5） 2008年から2010年まで四川省においては、涼山州（2008年）、雅安市（2008年）、遂寧市（2009年）と達州市（2010年）にも都市商業銀行が設立された。
6） 金利政策の市場化については第1章を参照。
7） 第2章を参照。
8） 比較しやすいため、金融資産規模について自然対数をとった数値を利用した。
9） 預金、貸出金シェアと市場規模の相関係数はそれぞれ0.35[**]と0.41[**]である。

第6章

都市商業銀行の経営——経営者へのアンケート調査

I　はじめに

　本章では、金融体制改革に伴い大きく変容した中国の銀行組織を解明する一端として、銀行経営者を対象とする経歴調査やアンケート回答を通じて都市商業銀行の経営実態を明らかにする。これまで、中国の銀行は金融当局による厳しい統制を受けていたため、経営は形式上のものとされ、その経営実態を対象に分析を行う研究は存在しなかった[1]。それゆえ本章では、浙江省、湖北省、四川省の都市商業銀行経営者へのアンケート調査に基づいて、これまで検討されてこなかった経営者分析の視角から銀行経営の実態を明らかにする。

　筆者は、経営者に注目して都市商業銀行の経営実態を分析することによって、以下の2つの点を明らかにすることができると考えている。ひとつは都市商業銀行における銀行経営者の役割と機能である。中国の銀行経営は、いわゆる「金融幹部」が担当してきた。この点は、都市商業銀行についても例外ではない。中国人民銀行を頂点とする金融幹部は、それぞれの専門性と階層性に応じて組織されている。この点は計画経済期における金融幹部の育成システムをみればその特徴がわかる。

　例えば、中国人民銀行（本店）は中央級「単位」[2]であるため、中央省庁直属の「中央財経学院」や「西南財経学院」、「上海財経学院」から優秀な卒業生を採用していた。これに対して、地方人民銀行（支店や営業所）などにはそれぞれ省属の財経学院や銀行学校が存在しており、省や地方都市の地方人民銀行や金融機関はこうした「専門教育機関」から人材を確保する。地方政府の出資

を受けて設立された都市商業銀行の経営者が金融幹部のなかでどのように位置づけられているか、そして都市商業銀行の統治機構において経営者自身がどのような役割と機能を果たしているか、これらについては具体的な事例で示す必要がある。本章では、都市商業銀行経営者の経歴や交替の類型を行ったうえで経営者の役割と機能を明らかにする。

　もうひとつは、都市商業銀行経営者自身の認識である。都市商業銀行の経営においては、地方政府の影響が大きいと考えられ、その経営が完全に地方政府から独立して行われるとは想定しにくい。こうした経営状況のもと、都市商業銀行の経営者は、経営における地方政府の影響や経営者自身の裁量権などについてどのような認識を持っているのであろうか。経営者の認識を理解すれば、都市商業銀行の経営状況を再確認することができ、都市商業銀行における経営インセンティブのメカニズムを解明することができよう。このような理由から、本章では都市商業銀行経営者へのアンケート調査結果に基づいて、経営者の認識と都市商業銀行の経営実態を明らかにする。

　本章は以下のように構成される。Ⅱでは、浙江省、湖北省、四川省の都市商業銀行について、その所有構造や統治機構である取締役会の構成を示したうえで、とくに都市商業銀行の経営者交替を取り上げ、都市商業銀行における経営者の役割と機能を分析する。そしてⅢでは、浙江省、湖北省、四川省の都市商業銀行の経営者に対して実施したアンケートを集計し、それに基づいて経営者の視点から見た都市商業銀行経営の問題点や可能性を分析する。おわりには、本研究を通じて得られる知見を述べることにする。

Ⅱ　都市商業銀行の経営者

1．所有構造と統治機構

(1) 所有構造

　都市商業銀行の設立については、かつての都市信用社を合併・統合したもの

表6-1 各省都市商業銀行の所有構造（2004年）

(単位：%)

		政府保有	法人所有			個人所有	集団所有	合計
			国内機関投資家	国有企業	民営企業			
浙江省	杭州市商業銀行	31.8	58.0	—	—	10.2	—	100
	嘉興市商業銀行	30.0	65.6	—	—	4.4	—	100
	湖州市商業銀行	30.0	37.5	—	—	2.4	30.1	100
	紹興市商業銀行	22.1	—	22.4	45.3	10.1	—	100
	温州市商業銀行	8.6	—	0.5	72.4	18.5	—	100
	金華市商業銀行	36.5	—	—	39.9	23.6	—	100
	台州市商業銀行	5.0	90.8	—	—	4.2	—	100
湖北省	武漢市商業銀行	17.6	—	48.6	14.2	19.6	—	100
	黄石市商業銀行	19.8	73.3	—	—	7.0	—	100
	宜昌市商業銀行	50.0	—	48.9	—	1.1	—	100
	孝感市商業銀行	30.0	70.0	—	—	—	—	100
	荊州市商業銀行	27.4	—	65.9	—	6.7	—	100
四川省	成都市商業銀行	15.1	65.8	13.2	—	5.9	—	100
	自貢市商業銀行	30.0	—	62.9	4.1	3.0	—	100
	攀枝花市商業銀行	29.8	53.3	—	—	16.9	—	100
	瀘州市商業銀行	17.0	71.4	8.2	—	3.4	—	100
	徳陽市商業銀行	26.1	60.1	—	—	13.8	—	100
	綿陽市商業銀行	14.9	—	53.2	27.7	4.2	—	100
	楽山市商業銀行	20.3	34.8	31.0	—	13.9	—	100
	南充市商業銀行	22.1	—	—	74.6	3.2	—	100

出所：各銀行年報等資料より。

が多いことを第2章で明らかにした。そして第3章では、中国人民銀行の要求に従って出資した地方政府が株主として都市商業銀行の経営に影響を与えていることを実証した[3]。地方政府の株式所有については、表6-1においても確認できる。浙江省の温州市商業銀行（8.6%）、台州市商業銀行（5%）といった例外を除けば、すべての都市商業銀行において15%程度、あるいはこれを大きく上回る比率の地方政府出資金が存在している。他方、温州市商業銀行については、当該地域では民営企業が発達していたことから、現地の都市商業銀行は民営企業と個人投資家からの出資を中心として、中国人民銀行の特別許可を受けて設立されたものである。台州市の都市商業銀行については、その前身は

第2章で紹介した銀座都市信用社である。同都市信用社は1998年から同地域の都市信用社を合併し、2002年に地方政府から5％の出資を受けて台州都市商業銀行となった（陳玉雄［2004］）。

　前章までの検討では、資料の制約によって都市商業銀行における法人所有の詳細を明らかにできなかった。表6-1は各銀行の年報と関連調査資料を利用し、法人所有を国内機関投資家（投資会社等）、国有企業、民営企業に分け、2004年時点における都市商業銀行の法人所有の詳細を示したものである。所有者のうち研究対象とされてこなかったのが国内機関投資家である。政府系の投資会社が中心となっているが、銀行の持ち株会社（例えば、台州市商業銀行）の場合もあれば、他の金融機関などを含めている場合もあり、実に多種多様である。国内機関投資家による株式所有割合は大きく、国内機関投資家を株主に持つ銀行のうち、30％程度の湖州市商業銀行と楽山市商業銀行以外はすべて50％を超えている。

　国有企業の株式所有割合をみると、浙江省では紹興市商業銀行と温州市商業銀行がそれぞれ22.4％と0.5％であるのに対して、湖北省では5行中3行で50％程度の株式が国有企業によって所有されている。四川省においても国有企業と都市商業銀行との関係は強く、自貢市商業銀行と綿陽市商業銀行の株式の半数以上は国有企業によって所有されている。民営企業の株式所有に関しては、浙江省のみならず、四川省においても数多くの都市商業銀行が民営企業からの出資を受けていることを確認できる。四川省の南充市商業銀行は、温州市商業銀行（72.4％）と同様、民営企業から70％を超える出資で設立された都市商業銀行である。

　こうして法人所有の詳細をみてきたように、都市商業銀行の株式は特定のタイプの法人株主に集中している。タイプ別にみれば、国内機関投資家、国有企業、民営企業による株式の支配的所有が存在する。国内機関投資家による株式の支配的所有が顕著である銀行には、杭州市商業銀行、嘉興市商業銀行、台州市商業銀行、成都市商業銀行、黄石市商業銀行、孝感市商業銀行、攀枝花市商業銀行、瀘州市商業銀行、徳陽市商業銀行の9行がある。国有企業による支配

表6-2　各省都市商業銀行取締役会の構成（2004年）

		地方政府	国内機関投資家	国有企業	民営企業	その他	取締役数
浙江省	杭州市商業銀行	1	6	—	—	—	13
	嘉興市商業銀行	1	3	—	—	—	9
	湖州市商業銀行	1	10[1]	—	—	—	11
	紹興市商業銀行	1	—	6	2	—	11
	温州市商業銀行	1	—	1	6	4	12
	金華市商業銀行	1	—	—	1	—	5
	台州市商業銀行	1	4	—	—	—	5
湖北省	武漢市商業銀行	1	—	10	—	—	17
	黄石市商業銀行	2	—	—	—	—	11
	宜昌市商業銀行	3	—	6	—	—	16
	孝感市商業銀行	1	3	—	—	—	9
	荊州市商業銀行	1	—	4	—	—	11
四川省	成都市商業銀行	2	—	3	—	—	10
	自貢市商業銀行	1	—	5	2	—	8
	攀枝花市商業銀行	4	—	4	1	—	9
	瀘州市商業銀行	1	10	—	—	—	11
	徳陽市商業銀行	1	8	—	—	5	14
	綿陽市商業銀行	1	8	—	—	1	5
	楽山市商業銀行	3	4	5	—	—	14
	南充市商業銀行	2	—	—	—	—	13

注：1）湖州市商業銀行の機関投資家取締役のうち、4名が金融機関より派遣されている。
出所：各銀行年報等資料より。

的株式所有には、武漢市商業銀行、荊州市商業銀行、自貢市商業銀行、綿陽市商業銀行の4行がある。なお宜昌市商業銀行の株式は地方政府と国有企業によってほぼ100％所有されている。楽山市商業銀行の株式は、国内機関投資家と国有企業がそれぞれ30％以上を所有している。民営企業による株式の支配的所有が顕著であるのは、紹興市商業銀行、温州市商業銀行、金華市商業銀行、南充市商業銀行の4行である。

個人所有では、必ずしも3省の地域的特徴が表われているわけではなく、すべての省（唯一個人株主がないのは孝感市である）において個人による出資金が存在する。これも都市商業銀行の前身が都市信用社であることと関連があり、都市信用社元職員と銀行職員が銀行の株式を所有することが多い。最後に、集

団所有については、浙江省湖州市都市商業銀行にしか存在しない。これは銀行職員の株式所有が集団的になされることによるものである[4]。

(2) 取締役会の構成

都市商業銀行の統治機構は、取締役会と監査役会による2層型の構造である。そのなかでも、直接的に銀行の経営に関わる中心的な存在は、取締役会である。表6-2は、2004年時点における浙江省、湖北省、四川省の都市商業銀行の取締役構成を示している。都市商業銀行の株式構造を反映して、すべての銀行に地方政府から派遣された取締役が存在する。ただし、その人数は地方政府の株式所有比率に比例しているわけではない。浙江省においては、株式所有比率にかかわらず、どの都市商業銀行でも地方政府が派遣した取締役は1名である。湖北省と四川省においても同様で、地方政府派遣の取締役が1名の銀行が半数以上で、多くても2、3名程度である。最も多い攀枝花市で4名であった。

一方、法人派遣の取締役の人数はほぼ株式所有比率に比例している。国内機関投資家の取締役について、湖州市商業銀行と瀘州市商業銀行では10名にも達している。ほかにも杭州市商業銀行、徳陽市商業銀行、綿陽市商業銀行の国内機関投資家の取締役人数は5名以上になっている。国有企業の取締役について、武漢市商業銀行では10名に達している。5名以上の国有企業取締役を有するのは、紹興市商業銀行、宜昌市商業銀行、自貢市商業銀行、楽山市商業銀行である。民営企業の取締役数はほぼその株式所有比率と一致する。また温州市商業銀行のそれは4名、徳陽市商業銀行のそれは5名であり、当該銀行の取締役総数の3分の1を占める。南充市都市商業銀行の取締役会の人数については、実際には13名の取締役がいるにもかかわらず地方政府派遣の2名しか報告されていない。

取締役の構成を通じてわかるのは、地方政府は都市商業銀行の20％以上の株式を所有しているにもかかわらず、それに比例する取締役を派遣して銀行に対する統治強化を図ろうとはしていないことである。実際には、取締役会の会長や頭取人事は地方政府によって決められており、地方政府が派遣した取締役は、

表6-3 都市商業銀行の経営者交替 (2003-08年)

		頭取交替	会長交替	頭取前歴	会長前歴
浙江省	杭州市商業銀行	×	×	国有商業銀行	地方政府
	嘉興市商業銀行	×	外部	不明	不明
	湖州市商業銀行	外部	内部	不明	不明
	紹興市商業銀行	内部	外部	不明	不明
	温州市商業銀行	×	×	国有商業銀行	地方政府
	金華市商業銀行	内部	内部／外部	国有商業銀行	不明
	台州市商業銀行	×	×	都市信用社	都市信用社
湖北省	武漢市商業銀行	外部	内部	国有商業銀行	地方人民銀行
	黄石市商業銀行	×	×	地方人民銀行	不明
	宜昌市商業銀行	外部	外部	不明	地方政府
	孝感市商業銀行	×	×	不明	不明
	荊州市商業銀行	×	×	不明	不明
四川省	成都市商業銀行	外部	外部	国有商業銀行	地方政府
	自貢市商業銀行	×	×	不明	不明
	攀枝花市商業銀行	×	×	不明	不明
	瀘州市商業銀行	×	×	不明	不明
	徳陽市商業銀行	×	内部	不明	不明
	綿陽市商業銀行	内部	内部	不明	地方人民銀行
	楽山市商業銀行	外部	×	都市商業銀行	地方政府
	南充市商業銀行	×	×	不明	地方人民銀行

注:内部は内部昇進(頭取→会長、副頭取→頭取)、外部は外部登用である。
なお各銀行会長・頭取の名簿は附表6-1を参照されたい。
出所:各銀行年報等資料より筆者作成。

取締役会において主に監査の機能を果たすと考えられる。国内機関投資家や国有企業といった法人株主については、そのほとんどが株式所有比率に比例する取締役を派遣し、銀行の経営に積極的に関与している。ところが、個人株主の場合は銀行経営に関与することより、株式所有に専念しているようである。

2. 経営者の交替と影響力

一般に、銀行の経営者といえば頭取が想定されるが、都市商業銀行の場合は、一概に頭取が経営決定を行うとは限らない。頭取責任制(CEO)を制度として取り入れる都市商業銀行は多く存在するが、ほとんどの場合会長と頭取が共同で銀行経営の最終的決定権を行使する。ただし、銀行に在任する期間や実際

の業務に精通しているかどうかなど、それぞれの都市商業銀行の経営における影響力が異なることも考えられる。ここでは、浙江省、湖北省、四川省における都市商業銀行の取締役会長と頭取の交替パターンを示し、会長と頭取の出身機関を表6-3にリストアップした。

表6-3より、都市商業銀行20行のうち、2003-08年の間に10行が頭取と会長のいずれかの交替を行ったことがわかる。交替のパターンには、内部昇進と外部登用の2つがある。内部昇進は頭取から会長に、副頭取から頭取に昇進するパターンである。外部登用は、地方政府と金融機関の幹部を登用するパターンである。頭取の交替を行った9行のうち、湖州市商業銀行、武漢市商業銀行、宜昌市商業銀行、成都市商業銀行、徳陽市商業銀行、楽山市商業銀行の6行が外部登用を行っており、紹興市商業銀行、金華市商業銀行、綿陽市商業銀行の3行が内部昇進を行っている。会長の交替を行った9行のうち、嘉興市商業銀行、紹興市商業銀行、宜昌市商業銀行、成都市商業銀行の4行が外部登用を行っており、湖州市商業銀行、金華市商業銀行、武漢市商業銀行、徳陽市商業銀行、綿陽市商業銀行の5行が内部昇進を行っている。また判明しているものに限って頭取と会長の出身機関を見れば、頭取は国有商業銀行の出身が多い。これに対して会長の出身機関は、地方政府および地方人民銀行が主なものとなっている。このような交替パターンと出身の違いによって、銀行経営における取締役会会長と頭取との影響力および役割が異なると考えられる。

一般的に、頭取を経て取締役会長に就任した会長の場合は、銀行経営に大きな影響力を持つと考えられる。このようなケースとしては、浙江省の湖州市商業銀行、金華市商業銀行、湖北省の武漢市商業銀行、四川省の綿陽市商業銀行、徳陽市商業銀行がある。とくに湖州市商業銀行、武漢市商業銀行、徳陽市商業銀行では、頭取から会長への内部昇進が行われたが、頭取は外部登用を行った。外部登用の頭取に比して、内部昇進の会長の影響力が大きいと思われる。一方、内部昇進の頭取は銀行業務に精通することなどから、外部登用の取締役会会長に比して銀行経営における影響力が大きいと思われる。浙江省の紹興市商業銀行はそのケースである。宜昌市商業銀行と成都市商業銀行のような頭取と取締

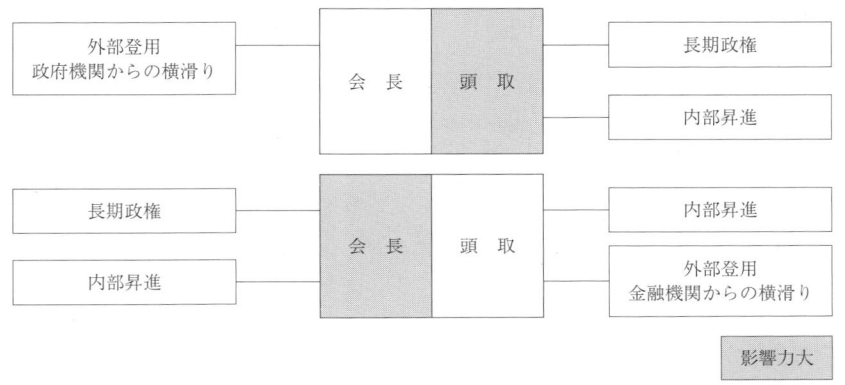

図6-1　都市商業銀行経営者の交替と影響力

|外部登用 政府機関からの横滑り| → |会　長｜頭　取| → |長期政権|
| | | |内部昇進|

|長期政権| → |会　長｜頭　取| → |内部昇進|
|内部昇進| | |外部登用 金融機関からの横滑り|

影響力大

出所：筆者作成。

役会会長がともに外部から登用された場合は、両者の銀行経営における影響力の大小については一概に判断できない。一般的に取締役会会長は地方政府の代表として地方政府の高官から選出され、頭取は金融のエキスパートとして国有商業銀行の地方支店などから登用される。

なお、南充市商業銀行のように、会長である黄光偉が銀行設立の請負人として設立当時から経営に関与してきたケースも存在する。都市商業銀行20行のなかで、唯一会長が頭取を兼任しているのは浙江省の台州市商業銀行である。台州市商業銀行の場合は、もともと民間金融機関の台州市銀座都市信用社を前身とし、政府の資本参加も５％にとどまっており、銀行株式の10％以上を所有する銀座信用社の創業者陳小軍が会長兼頭取として経営を支配している。以上の分析から、都市商業銀行に対する実態調査を踏まえて、会長と頭取の交替からみた経営者の影響力を図6-1にまとめた。

灰色の部分は影響力が大きいことを意味するが、都市商業銀行においては頭取の影響力が強ければ会長が頻繁に入れ替わることがある。そのほとんどは政府部門からの横滑りである。これも地方政府による都市商業銀行のコントロールを意味すると言えよう。頭取の経歴をみると、設立時からの長期在任が多く

みられる。金融機関からの横滑りである場合は、金融のエキスパートであることがほとんどである。これとは逆に、会長が経営に影響力を持つ場合は会長の長期在任がみられる。とくに設立期から頭取を兼任していたケースもある。その場合は、一定の期間を経て銀行の経営が軌道に乗りはじめると、会長が年齢や健康状況などを理由に頭取の座を退き、副頭取に禅譲するケースが多い。ただし、銀行経営に対して会長は依然として影響力を持ち続ける。もちろん、金融機関から金融エキスパートが都市商業銀行に横滑りした場合、人事などにおいては会長に比べて影響力を確立するまでに時間を要する。

Ⅲ 経営者へのアンケート調査

一部の都市商業銀行調査では、浙江省、湖北省、四川省の都市商業銀行20行の頭取（行長）に対して、銀行の財務状況や意思決定、リスク管理、中小企業融資など多方面にわたるアンケートが実施された[5]。以下では、都市商業銀行調査報告書のアンケート調査結果をまとめ、都市商業銀行の経営実態、とりわけ銀行融資に際していかなる要因が考慮されているかを明らかにする。

1．銀行経営における意思決定および地方政府の影響

(1) 意思決定のパターン

都市商業銀行は、取締役会などの統治機構を通じてどのような経営を行っているのか。その意思決定の実態について、調査研究機関が貸出、投資、金利政策、支店新設、M＆Aの項目を含むアンケートを行い、銀行の担当者（主に頭取、会長）からの回答を整理したのが表6-4である。

表6-4から見て取れるひとつの特徴は、浙江省では頭取もしくは頭取と会長の両者による裁量権が大きい点である。例えば融資決定に関して、7行中4行の都市商業銀行では頭取が意思決定を行っている。また貸出金利政策も湖州市商業銀行以外のすべての銀行では頭取もしくは頭取と会長が決めることができる。重大な投資や支店増設、あるいはM＆Aに関しては、取締役会か株主

表6-4 都市商業銀行の経営意思決定および地方政府の影響(2004年調査)

		貸出	投資	金利政策	支店新設	M&A	地方政府の影響	
							関連融資	融資の不良債権化
浙江省	杭州市商業銀行	専門委員会	取締役会過半数	頭取	頭取	取締役会過半数	<10%	<5%
	嘉興市商業銀行	頭取+会長	取締役会過半数	頭取+会長	頭取+会長	―	<10%	<5%
	湖州市商業銀行	―	取締役会過半数	―	取締役会過半数	株主会議	<10%	10〜20%
	紹興市商業銀行	頭取	頭取	頭取	頭取+会長	株主会議	<10%	<5%
	温州市商業銀行	頭取	株主会議	頭取	取締役会討論	取締役会過半数	<10%	<5%
	金華市商業銀行	頭取	取締役会過半数	頭取	取締役会討論	取締役会討論	<10%	<5%
	台州市商業銀行	取締役会過半数	取締役会過半数	―	取締役会過半数	株主会議	10〜20%	<5%
湖北省	武漢市商業銀行	専門委員会	株主会議	専門委員会	専門委員会	株主会議	<10%	<40%
	黄石市商業銀行	頭取+会長	取締役会過半数	会長	取締役会過半数	株主会議	無回答	無回答
	宜昌市商業銀行	専門委員会	株主会議	取締役会過半数	会長	―	<10%	5〜10%
	孝感市商業銀行	取締役会過半数	株主会議	頭取	取締役会過半数	取締役会過半数	30〜40%	無回答
	荊州市商業銀行	専門委員会	取締役会過半数	―	頭取	取締役会過半数	<10%	<40%
四川省	成都市商業銀行	取締役会討論	株主会議	頭取	頭取	株主会議	<10%	<5%
	自貢市商業銀行	頭取+会長	頭取+会長	頭取	頭取+会長	―	10〜20%	<5%
	攀枝花市商業銀行	頭取+会長	取締役会過半数	―	―	専門委員会	無回答	無回答
	瀘州市商業銀行	頭取+会長	株主会議	頭取+会長	株主会議	取締役会	10〜20%	<5%
	徳陽市商業銀行	取締役会討論	取締役会	取締役会過半数	取締役会	取締役会	<10%	5〜10%
	綿陽市商業銀行	取締役会	株主会議	取締役会過半数	取締役会過半数	取締役会	10〜20%	<5%
	楽山市商業銀行	取締役会過半数	取締役会過半数	―	取締役会過半数	株主会議	<10%	<5%
	南充市商業銀行	管理層過半数	管理層過半数	―	取締役会過半数	株主会議	<10%	<5%

出所:都市商業銀行アンケート調査資料。

会議で決定する。また多くの銀行ではM&Aを除く投資や支店増設等について、取締役会の過半数の同意により決定される。浙江省と比較すると、湖北省と四川省では経営上の意思決定に対して慎重な姿勢を採っている。両省において、いくつかの都市商業銀行では頭取もしくは頭取と会長の両者の決定で融資や貸出金利を決めることができるが、半分以上の都市商業銀行では取締役会の討論、過半数の同意、あるいは専門委員会の審議を通過しなければ決定に至らない。銀行の行方に関わるM&Aについても、四川省ではほとんどの都市商業銀行が株主会議で審議して意思決定を行う。

(2) 地方政府の影響

第5章における各都市商業銀行の融資先からわかるように、各都市商業銀行とも地方政府への融資を行っているものの、そのシェアは大きくない。都市商業銀行の経営に対する地方政府の関与はどの程度のものなのか。地方政府の関与を量的に示すデータとして、各銀行の担当者のアンケート回答結果を引用する。なお、関与度合をパーセンテージで尋ねている。その結果は表6-4で示したとおりである。浙江省では、台州市商業銀行を除き地方政府の関与を受けて行う関連融資は10％以下である。また地方政府関連の融資の不良債権率は思ったほど高くなく、湖州市商業銀行以外はほとんどが5％以下である。一方、湖北省と四川省の状況は浙江省とはやや異なる点もあるが、荊州市商業銀行の30～40％以外はほぼ10％以内であり、高くても瀘州市商業銀行、自貢市商業銀行、綿陽市商業銀行の10～20％程度である。例外的に、湖北省の武漢市商業銀行と荊州市商業銀行では40％程度である。とはいえ、多くの場合は、地方政府融資の不良債権率は高くなく5％以下である。ここからは、地方政府による銀行経営への関与は限定的なものであることがわかる。

2．リスク管理と融資の決定

銀行経営において、最も重要な局面は融資の決定である。都市商業銀行の経営者の融資決定はいかなる要素に基づいて行われているのであろうか。以下で

表6-5 企業信用記録の取得と取得ルートの重要度

		企業信用記録の取得						信用記録の重要度	
		他の金融機関の信用記録			都市商業銀行内部の蓄積				
		本店	支店	業務部門	本店	支店	業務部門	外部	内部蓄積
浙江省	杭州市商業銀行	○	—	○	○	—	○	3	5
	嘉興市商業銀行	○	—	○	○	—	○	4	4
	湖州市商業銀行	—	—	○	○	—	○	3	3
	紹興市商業銀行	○	○	○	○	○	○	3	5
	温州市商業銀行	○	—	○	○	—	○	4	4
	金華市商業銀行	—	—	—	○	—	○	3	5
	台州市商業銀行	—	—	—	—	—	○	—	5
湖北省	武漢市商業銀行	—	—	—	—	—	—	—	5
	黄石市商業銀行	—	—	—	—	—	—	—	5
	宜昌市商業銀行	—	—	—	—	—	—	—	5
	孝感市商業銀行	—	—	—	—	—	—	—	5
	荊州市商業銀行	—	—	—	—	—	—	—	3
四川省	成都市商業銀行	○	—	○	○	—	○	5	5
	自貢市商業銀行	—	—	—	○	○	○	5	5
	攀枝花市商業銀行	—	—	—	○	—	—	—	5
	瀘州市商業銀行	○	—	—	—	—	—	4	5
	徳陽市商業銀行	○	—	○	—	—	○	4	5
	綿陽市商業銀行	○	—	—	○	—	—	—	5
	楽山市商業銀行	○	—	—	—	—	—	—	5
	南充市商業銀行	○	—	—	○	○	○	4	4

注:ポイント5は決定要因、4は重要、3は状況判断による、2はある程度重要、1は非重要、以下同じ。
出所:表6-4に同じ。

は経営者へのアンケートを通じてそれを明らかにしたい。

(1) 信用記録の利用

　都市商業銀行では、融資を行う際に融資先企業の信用記録を重要視しているのだろうか。また重視する場合、融資先企業の信用記録をいかなる方法で入手するのか。問題となるのは銀行のリスク管理の手法である。表6-5は、信用記録の取得と重要度について、他の金融機関から入手するものと都市商業銀行内部で蓄積するもののどちらを重視するかを尋ねたものである。全体的に見て他の金融機関から入手する信用記録より都市商業銀行内部での蓄積を重視する

銀行が多かった。アンケートでは、重要度の判断に、1～5のポイントを用いている。5ポイントは最重要（決定要因）、4ポイントは重要、3ポイントは状況により重要度を判断、2ポイントはある程度重要、1ポイントは重要ではない、である（以下同様）。

　企業の信用記録を入手するルートについては、湖北省では回答がなかった。浙江省では、金華市商業銀行と台州市商業銀行のみが他の金融機関の信用記録を利用しておらず、それ以外の都市商業銀行はみな他の金融機関の融資部の融資記録を利用している。また湖州市商業銀行以外は他の金融機関の本店の記録も利用しており、紹興市商業銀行のみ支店の記録も利用している。銀行内部の蓄積について言えば、すべての都市商業銀行は自行内の融資部に蓄積された信用記録を利用しており、また台州市商業銀行以外はみな本店の蓄積を利用している。支店の融資記録も利用しているのは紹興市商業銀行のみである。四川省では、多くの都市商業銀行が他の金融機関本店の信用記録を利用しているようである。ただし攀枝花商業銀行と自貢市商業銀行は、他の金融機関本店だけではなく支店や融資部門の記録も利用していない。融資部門の信用記録を利用するのは徳陽市商業銀行と成都市商業銀行のみである。

　信用記録の重要度については、浙江省では、多くの銀行が当該銀行内部で企業信用記録を蓄積することに最も高い5ポイントをつけており、杭州市商業銀行、金華市商業銀行、紹興市商業銀行、台州市商業銀行などがそれにあたる。これに対して他の金融機関の信用記録を重視する銀行は多くなく、3ポイント（状況判断による）をつけた銀行が多い。嘉興市商業銀行と温州市商業銀行はある程度重要視していると言えるが、台州市商業銀行は重要としていない。湖北省では、他の金融機関の信用記録を利用することがなく、当然重要と認識していない。その反面、銀行内部の信用記録をかなり重要視しており、荊州市商業銀行を除けば残りの都市商業銀行は一律5ポイントをつけている。四川省では、同様に銀行内部に蓄積された信用記録が重視されている。同項目について、南充市商業銀行が4ポイントをつけたのを除けば、残りの銀行は一律に5ポイントをつけた。他の金融機関にある企業信用記録を利用することについては、

表6-6　都市商業銀行の融資決定部門

(単位：％)

		本店	融資委員会	業務部長	支店長
浙江省	杭州市商業銀行	60	—	40	—
	嘉興市商業銀行	76	—	24	—
	湖州市商業銀行	100	100	—	—
	紹興市商業銀行	76	—	24	—
	温州市商業銀行	54	—	46	—
	金華市商業銀行	70	—	30	—
	台州市商業銀行	52	—	48	—
湖北省	武漢市商業銀行	95	—	5	—
	黄石市商業銀行	100	—	—	—
	宜昌市商業銀行	98	—	—	2
	孝感市商業銀行	67	33	—	—
	荊州市商業銀行	98	2	—	—
四川省	成都市商業銀行	50	50	—	—
	自貢市商業銀行	100	—	—	—
	攀枝花市商業銀行	100	—	—	—
	濾州市商業銀行	100	—	—	—
	徳陽市商業銀行	100	—	—	—
	綿陽市商業銀行	100	—	—	—
	楽山市商業銀行	90	10	—	—
	南充市商業銀行	63	25	12	—

出所：表6-4に同じ。

楽山市商業銀行、攀枝花市商業銀行、綿陽市商業銀行が点数をつけていないが、自貢市商業銀行と成都市商業銀行が5ポイント、濾州市商業銀行、徳陽市商業銀行、南充市商業銀行が4ポイントをつけている。

(2) 融資の決定部門

　表6-6は都市商業銀行内において融資を決定する部門の比率を示したものであるが、まず融資を決定する機関として、本店、融資委員会、また業務部長と支店長が挙げられる。実際に融資を決定しているのはほとんどが本店で、すなわち銀行の経営陣によって融資が決定されることが多い。浙江省では、湖州市商業銀行が取締役会に設置する融資委員会で融資を決定しているのを除き、他の都市商業銀行では本店と業務部長の両方が決定を行っている。もちろん本

部の経営陣による融資決定の割合が多いが、業務部長決定の割合が4割を超える都市商業銀行も3行あり、それぞれ杭州市商業銀行が40％、温州市商業銀行が45.7％、台州市商業銀行が48.3％である。他の3行はいずれも2割を超えており、嘉興市商業銀行は23.8％、紹興市商業銀行は24.3％、金華市商業銀行は30％である。湖北省では、業務部長が決定する融資は武漢市商業銀行のわずか5％のみである。取締役会に設置された融資委員会を活用する銀行は2行あり、それぞれ荊州市商業銀行の1.5％と孝感市商業銀行の33％である。四川省では、融資委員会が融資を決定するのは成都市商業銀行、楽山市商業銀行と南充市商業銀行の3行である。融資委員会による決定割合は、それぞれ、成都市商業銀行が50％、楽山市商業銀行が10％、南充市商業銀行が25％である。また南充市商業銀行では、業務部長が融資を決定する融資の割合が12％になっている。支店長が融資を決定するのは湖北省の宜昌市商業銀行のみで、しかもその割合はわずか2％しかなく、残り98％は本部の決定で融資を行っている。

(3) 融資企業の選定

　都市商業銀行の経営者たちは融資を決定する際に何を基準として判断するのであろうか。ここでは、融資企業の決定における5つのファクター（信用記録、企業財務の流動性、収益性、連帯保証の有無、企業経営者の人柄）に対する経営者のアンケート回答を用いる。表6-5と同様にそれぞれの重要度について、ポイントをつけた表6-7を示す。融資企業決定のファクターを見ると、都市商業銀行は企業財務の流動性、収益性、そして連帯保証の有無を比較的重要視している。総じて経営者の人柄については、融資企業の選別において重要度が高くない。

　浙江省では、杭州市商業銀行と嘉興市商業銀行は信用記録を重要視している。湖州市商業銀行は信用記録と連帯保証の有無を中心に融資企業を選別している。紹興市商業銀行は信用記録と企業の保有する流動性を重要視している。温州市商業銀行はすべてのファクターを重要としている。金華市商業銀行は信用記録と企業財務の流動性、収益性を重要視している。湖北省では、武漢市商業銀行

表6-7 融資決定時における企業側要因の重要度

		信用記録	流動性	収益性	連帯保証の有無	企業経営者の人柄
浙江省	杭州市商業銀行	5	4	4	4	3
	嘉興市商業銀行	5	4	3	4	3
	湖州市商業銀行	3	—	—	3	—
	紹興市商業銀行	5	5	4	5	4
	温州市商業銀行	4	4	4	4	4
	金華市商業銀行	5	5	5	4	4
	台州市商業銀行	4	4	4	4	1
湖北省	漢口市商業銀行	4	5	5	4	3
	黄石市商業銀行	4	4	4	4	4
	宜昌市商業銀行	4	4	5	4	3
	孝感市商業銀行	5	5	5	5	4
	荊州市商業銀行	5	4	4	5	5
四川省	成都市商業銀行	5	5	5	5	3
	自貢市商業銀行	5	5	5	5	3
	攀枝花市商業銀行	3	5	4	4	4
	瀘州市商業銀行	4	5	5	4	4
	徳陽市商業銀行	5	5	5	5	3
	綿陽市商業銀行	4	3	3	5	3
	楽山市商業銀行	5	—	—	5	5
	南充市商業銀行	4	4	4	3	5

出所：表6-4に同じ。

が企業財務の流動性と収益性に5ポイントをつけている。黄石市商業銀行はすべてを重視しているが、かえって中心となる指標がないとも言える。宜昌市商業銀行は比較的収益性（5ポイント）を重視しており、孝感市商業銀行は経営者の人柄以外のファクターに5ポイントをつけている。荊州市商業銀行は信用記録、連帯保証の有無、経営者の人柄（5ポイント）を重視している。四川省では、成都市商業銀行、自貢市商業銀行、徳陽市商業銀行は企業経営者の人柄以外にすべて5ポイントをつけている。攀枝花市商業銀行が最も重視するのは企業財務の流動性である。瀘州市商業銀行は企業財務の流動性と収益性（5ポイント）を重視している。一方、綿陽市商業銀行は連帯保証の有無を重視しているようで、流動性と収益性については3ポイントをつけている。楽山市商業銀行は経営者の人柄、信用記録、連帯保証の有無（5ポイント）を重視し、南

充市商業銀行は経営者の人柄を重要視している。

3．人事・賃金・人材マネジメント

(1) 人事管理と賃金政策

　銀行の内部マネジメントでは人事管理が重要なポイントである。これも銀行に独自の経営権があるかどうかと関係する。まず職員の採用権があるかどうかについて（表 6 - 8）、都市商業銀行の頭取（黄石市商業銀行、無回答）は銀行自身が行う専決事項であることを強調している。また職員賃金の決定プロセスについて、多くの銀行は管理層が決定権を持つと回答している。いくつかの銀行は取締役会も決定権を持っていることを強調したが、おそらくこれらの銀行では取締役会の下に設置委員会として賃金委員会を設け、銀行職員の賃金体系を管轄しているのだろう。

　浙江省では、杭州市商業銀行、嘉興市商業銀行、温州市商業銀行が取締役会を通じて銀行職員の賃金報酬を決めている。とくに杭州市商業銀行と嘉興市商業銀行は取締役会と管理層が両方とも職員賃金に関する決定権を持つ。おそらく、取締役会の賃金委員会では管理層の賃金を決定し、一般職員の賃金報酬などについては管理層にも決定権があるのだろう。湖北省では、武漢市商業銀行、宜昌市商業銀行、孝感市商業銀行が取締役会に賃金委員会を設け、銀行職員の賃金体系をつくり、賃金報酬のあり方を決めている。四川省では南充市商業銀行を除いたすべての都市商業銀行において管理層に銀行職員の賃金を決める権限がある。ただし、成都市商業銀行では、管理層のほかに株主会議も賃金を決められるとされている。これは管理層の賃金に関するものであろう。

(2) 融資担当者のリクルートと業績評価

　銀行のリスク管理は資産運用の管理が中心となるが、融資を担当する銀行職員に対して、各銀行はどのような育成を行っているだろうか。都市商業銀行の頭取に対して、融資担当者のリクルートと業績評価を尋ねた結果が表 6 - 9 である。

表6-8 都市商業銀行の人事・賃金マネジメント

		職員採用（銀行）	賃金政策の決定			
			株主総会	取締役会	頭取	管理層
浙江省	杭州市商業銀行	○		○		○
	嘉興市商業銀行	○		○		○
	湖州市商業銀行	○				○
	紹興市商業銀行	○				○
	温州市商業銀行	○		○		
	金華市商業銀行	○				○
	台州市商業銀行	○				○
湖北省	武漢市商業銀行	○		○		
	宜昌市商業銀行	○		○		
	孝感市商業銀行	○		○		
	荊州市商業銀行	○				○
四川省	成都市商業銀行	○	○			○
	自貢市商業銀行	○				○
	攀枝花市商業銀行	○				○
	瀘州市商業銀行	○				○
	徳陽市商業銀行	○				○
	綿陽市商業銀行	○				
	楽山市商業銀行	○				○
	南充市商業銀行	○		○		

注：湖北省の黄石市商業銀行からは回答なし、以下の表も同様。
出所：表6-4に同じ。

　まず融資担当者のリクルートをみてみよう。湖北省の黄石市商業銀行が無回答である以外、すべての都市商業銀行において、融資担当者を内部で育成していることがわかる。また労働市場から融資担当者をリクルートするケースは浙江省が最も多く、湖州市商業銀行以外のすべての銀行が労働市場を利用している。ただし、その割合はそれほど高くなく、数値の判明している都市商業銀行3行の状況を見ると、嘉興市商業銀行では内部・外部の比率が7対3で外部登用が3割、温州市商業銀行は5対1で2割弱、台州市商業銀行は10対1で1割未満と、外部の比率はいずれも低い。これに対して、湖北省では武漢市商業銀行が、四川省では、攀枝花市商業銀行、徳陽市商業銀行、綿陽市商業銀行、楽山市商業銀行が外部の労働市場を利用している。とくに注目すべきは、徳陽市商業銀行では3分の2の融資担当者を外部から受け入れており、内部育成より

表6-9　融資担当者のリクルートと業績評価

		リクルート			業績評価			
		内部育成(1)	労働市場(2)	(1)/(2)	融資額	安全性	利息支払	その他
浙江省	杭州市商業銀行	○	○	未統計	×	○	○	―
	嘉興市商業銀行	○	○	7：3	○	○	○	預金吸収
	湖州市商業銀行	○	×	―	×	○	○	―
	紹興市商業銀行	○	○	未統計	×	○	○	―
	温州市商業銀行	○	○	5：1	×	○	○	―
	金華市商業銀行	○	○	未統計	×	○	○	―
	台州市商業銀行	○	○	10：1	×	○	×	預金吸収
湖北省	武漢市商業銀行	○	○	未統計	○	○	×	預金吸収
	宜昌市商業銀行	○	×	―	×	○	○	―
	孝感市商業銀行	○	×	―	×	○	○	―
	荊州市商業銀行	○	○	―	○	○	○	―
四川省	成都市商業銀行	○	×	―	×	○	―	―
	自貢市商業銀行	○	×	―	×	○	―	○
	攀枝花市商業銀行	○	○	未統計	×	×	×	基準なし
	瀘州市商業銀行	○	×	―	×	○	○	―
	徳陽市商業銀行	○	○	1：2	×	○	○	―
	綿陽市商業銀行	○	○	未統計	×	○	○	―
	楽山市商業銀行	○	○	未統計	×	○	○	―
	南充市商業銀行	○	×	―	×	○	×	―

出所：表6-4に同じ。

労働市場を多く利用している点である。

　融資担当者の業績評価基準については、融資額、融資の安全性、利息支払状況、銀行に自由に記入してもらうその他の4項目に対するアンケートへの回答がある。融資額を業績の評価基準として採用しているのは、浙江省の嘉興市商業銀行および湖北省の武漢市商業銀行と荊州商業銀行のわずか3行しか存在しない。これに対して、攀枝花市商業銀行以外のすべての都市商業銀行は融資の安全性を融資担当者の業績評価の基準に使っている。利息をきちんと支払っているかどうかは多くの都市商業銀行が基準にして取り入れており、浙江省では、台州市商業銀行を除いた都市商業銀行で利息支払を業績評価の基準に使っている。湖北省でも、武漢市商業銀行以外の都市商業銀行で利息支払を重視している。四川省も利息支払を重視する都市商業銀行が多いが、成都市商業銀行、攀

枝花市商業銀行、南充市商業銀行はこれを基準としていない。とくに攀枝花市商業銀行では、融資担当者の業績を評価する基準が具体的に定まっていない。いくつかの銀行は、これらの項目以外にも独自の基準を設けている。また、浙江省の嘉興市商業銀行、台州市商業銀行、湖北省の武漢市商業銀行では、顧客の預金額に応じて融資を行っていたため、預金吸収の増加もひとつの業績評価の判断基準として採用している。

IV　おわりに

本章では、都市商業銀行の経営問題を解明するため、経営者の交替や経歴などを通じて都市商業銀行の経営における金融幹部の役割を分析した。ここで明らかになったのは、取締役会などの統治構造を取り入れた都市商業銀行では、「人」という要素が依然として大きく作用しているということである。銀行経営の安定化に欠かせない経営者の権威の維持は、政府の官僚システムに金融幹部の専門性を加えた形で実現した。

こうした経営システムのもと、都市商業銀行の経営がどのような形で展開されているのかという点を、経営者に対するアンケート調査を通じて明らかにした。その結果、東部の経済発達地域に立地する都市商業銀行以外では、集団的な意思決定が多くみられ、中小銀行ならではの頭取や会長による集約的な意思決定は見られない。これは経営における意思決定パターンの地域的特性に影響を受けている。また銀行融資における地方政府の関与は限定的なものとなっている。

都市商業銀行の融資におけるリスク管理では、企業の信用状況を確認する手段の多くは銀行内部の情報に頼っている。他の銀行の信用記録を積極的に利用することは一部の銀行に限って行われているが、都市商業銀行全体にとって、企業の信用状況に関する情報の内部蓄積には限界があり、新たな客層を獲得するためには他の金融機関と連携する必要性が生じてくる。また都市商業銀行の規模が小さいためか、融資の決定は依然として経営陣などの銀行重役に委ねら

れる状況にあるが、融資の際には、企業の信用記録、財務の流動性、収益性などを重視する慎重な姿勢が示されている。

　銀行のリクルートや人事管理については、多くの都市商業銀行は内部の人材育成に頼っているのが現状である。全体的に見て、都市商業銀行の人事に関しては、いろいろな制約条件のもと、地方政府と金融機関の幹部によって慎重に行われているとみられる。経営者の影響力が大きい都市商業銀行は、地方政府から受ける影響が比較的少なく、容易に銀行ビジネスを展開できるという側面がある。これについて、以下の第7章では、都市商業銀行の経営における外資の役割を検討しながら、引き続き経営者の影響力を論じていく。

注
1）　国有企業の経営者を対象とする研究は少なくない（劉徳強［2002］、鄭江淮［2004］）。
2）　単位（unit）とは市場経済の企業組織に相当するもので、計画経済の「社会的大生産」を構成する基本要素である。
3）　寧波市商業銀行の所有構造などについては、第7章の分析で詳細に検討されるため、本章では対象としない。
4）　『湖州市商業銀行2006年年度報告』p. 46。
5）　都市商業銀行に対するアンケート調査は中国国内における複数の研究機関などによって、数回にわたって行われていた。その集計結果は『金融時報』や『銀行家』などの新聞雑誌でも公表されている。筆者が利用したのは研究者や研究機関向けに発行される調査報告書である。

第6章　都市商業銀行の経営　223

附表6-1　各省都市商業銀行の会長・頭取名簿（2006年）

省	銀行	会長	年齢	前歴	持株の有無	頭取	年齢	前歴	金融業従業年数	持株の有無
浙江省	杭州市商業銀行	馬時雍	61歳	杭州市副市長	無	呉太普	53歳	建設銀行杭州市支店長	15年	有
	寧波市商業銀行	陸裕華	43歳	寧波市財政局副局長	有	兪鳳英	49歳	中国銀行鄞県支店支店長		有
	嘉興市商業銀行	盛明強	58歳		有	楼崇民	44歳		27年	無
	湖州市商業銀行	王三星	58歳		無	路国民	49歳		30年	有
	紹興市商業銀行	陳君銓				陳方暁	45歳	紹興市商業銀行副頭取	29年	有
	温州市商業銀行	夏瑞洲	60歳	温州市文成県県長	有	刑増福	43歳	工商銀行温州副支店長	25年	有
	金華市商業銀行	毛剣玲	53歳		有	徐雅清	45歳	工商銀行金華市支店部長	27年	有
	台州市商業銀行	陳小軍	44歳		有	陳小軍	44歳	銀座都市信用社主任	26年	有
	浙江泰隆商業銀行	王鈞	42歳	銀座都市信用社主任	有	王官明	53歳	泰隆都市信用社		有
	浙江民泰商業銀行	江建法	46歳	泰隆都市信用社主任	有	郭伯成	39歳		22年	有
	浙江稠州商業銀行	金子軍	36歳	稠州都市信用社主任	有	陳希林			16年	有
湖北省	武漢市商業銀行	王春漢	55歳	人民銀行武漢支店副支店長	有	張朝	52歳	中国銀行湖北支店副支店長	23年	有
	黄石市商業銀行	胡世耘	49歳		無	周端福	50歳	人民銀行黄石市支店	14年	有
	宜昌市商業銀行	陳士新	55歳	宜昌市財政局	有	文躍清	41歳		22年	有
	孝感市商業銀行	李少平	49歳		無	晏運祥	46歳		27年	有
	荊州市商業銀行	呉栄城	49歳		無	王登明	51歳			
四川省	成都市商業銀行	毛志剛	52歳	成都市人民政府副秘書長	有	王暉	39歳	建設銀行成都第一支店支店長		有
	自貢市商業銀行	張志強	51歳		無	曽昭霞	42歳		9年	有
	攀枝花市商業銀行	鄧崇定			有	楊宗林				有
	瀘州市商業銀行	張矗	49歳		有	王毅	47歳			有
	徳陽市商業銀行	李筠	45歳		無	萬小兵	40歳			有
	綿陽市商業銀行	周一平	50歳	人民銀行綿陽市支店部長	無	何苗	40歳			無
	楽山市商業銀行	章壮図	56歳	楽山市地方税務局長	無	楊志敏	36歳			無
	南充市商業銀行	黄光偉	42歳	人民銀行南充市支店支店長	有	刑敏	44歳			有
	宜賓市商業銀行	周蘭林	53歳		無	趙永華	43歳	自貢市商業銀行副頭取		有

出所：各銀行年報等資料より筆者作成。

第7章

都市商業銀行における外資導入と経営システム
―― 寧波市商業銀行と南充市商業銀行の事例研究

I　はじめに

　中国のWTO加盟（2001年）に伴い、国内市場の開放や各産業における参入規制の撤廃が、中国政府の喫緊の課題となっている。中国金融業も2006年から市場の全面開放や参入規制の大幅な緩和を余儀なくされた。これに対して中国の各商業銀行は外資導入に積極的な姿勢を示し、2006年までに計21行の商業銀行が外資株主を受け入れた。そのうち都市商業銀行は8行である。2003年以前に外資を導入した中国の商業銀行はわずか5行（導入資金総額2.6億ドル）であったのに対して、2004年、2005年、2006年にそれぞれ6行、7行、6行の商業銀行が外資を導入し、金額ベースで187.6億ドルにも達した[1]。

　多くの商業銀行が外資を導入した一方で、銀行の経営は外資の導入によってどのように変化したのか、そしてこれらの銀行にはどのような特徴があって外資導入に成功したのかという点についてはいまだ詳細に検討されていない。本章では中小銀行として位置づけられる都市商業銀行について、その外資導入のプロセスと経営システムの変化を中心に銀行経営における外資導入の影響を明らかにする。なお本章では事例として、浙江省の寧波市商業銀行（2007年7月以降、寧波銀行）と四川省の南充市商業銀行を取り上げる。

　この両行を選んだ理由は、両行ともに省都に位置していないことによる。寧波市は「計画単列市」であるが[2]、南充市は中国の西部地域に位置する経済の未発達地域である。2006年末までに浙江省、湖北省、四川省に外資を導入した都市商業銀行には、杭州市商業銀行、寧波市商業銀行、南充市商業銀行がある。

全国の都市商業銀行のなかで、地方都市に立地する都市商業銀行として外資導入をしたのは南充市商業銀行のみである。

中国の経済成長における外資、とりわけ直接投資（FDI）の役割については、すでに数多くの研究がある（Chen et al. [1995]、Cheung and Lin [2004]）。そのなかでも、中国の銀行業における外資の役割についても、高く評価する意見が多い（Lin and Zhang [2009]）。その理由として、ひとつは外資の参加によって銀行のコーポレート・ガバナンスが改善され、経営効率の改善が期待できること、もうひとつは先進国におけるリスク管理の経験や方法を導入することにより、資産運用の効率性および安全性の向上を期待できることが指摘されてきた。しかし、外資の役割は大いに議論される一方、外資導入の過程を詳細に検討する研究はほとんど存在しない。それゆえ、中国の銀行はどのような経営状況の下で外資を導入しようとするのか、そして外資導入によって銀行の経営に変化が生じているのか否かが明らかではない。

外資を導入した商業銀行の詳細を見ると、そのほとんどは中国銀行業において競争力がある銀行である。都市商業銀行についても、中心都市に立地する比較的経営業績のよい銀行ばかりであり、外資導入が良好な業績をもたらしたのかどうかは不明である。この点について既存の研究は厳密な検討をしてこなかった。そもそも、中国金融市場の開放は2001年の中国WTO加盟を背景として承諾されたものであり、商業銀行が外資の導入を通じて国際競争で生き残れるように市場経済に適応する銀行経営体制を確立する狙いがあった。一方、外国の金融機関も中国金融市場の成長を見込んで商業銀行への資本参加を行うという側面がある。

銀行経営の観点から外資の役割を分析するには、外資導入による銀行の経営業績への影響のみならず、外資系金融機関がどのような目的を持って中国金融市場に参入するのか、また中国の銀行はどのような経営戦略の下で外資系金融機関と提携しようとするのかという点が重要である。寧波市商業銀行と南充市商業銀行の外資導入を見ると、前者は2006年にシンガポールの華僑銀行を外資株主として受け入れ、翌年に都市商業銀行として初の資本市場上場を果たし

た[3]。後者は中国の西部地域に位置しながら、ドイツの金融機関（開発金融機関）2社から資金を導入し、西部地域においてトップクラスの経営業績を維持している。計画単列都市の寧波市と比べ南充市はいわゆる「二線都市」であるが[4]、このような都市がどのようにして外資の導入に成功したのだろうか。この事例は、経済発達地域に位置する北京銀行や上海銀行の事例と比べて、都市商業銀行の経営に影響を与える諸要因を銀行経営の側面からより詳しく明らかにすることができよう。

本章の構成は以下のとおりである。まずIIでは外資導入を行った都市商業銀行両行を概観し、両行の発展過程と外資導入のプロセスを紹介する。次にIIIでは銀行の財務諸表を通じて両行の収益構造や資金運用について分析し、銀行経営における外資導入の効果を検証する。続いてIVでは外資導入前後における銀行経営システムの変化について、両行の経営特徴を分析し評価を行う。VではIIIとIVで行った両行の経営状況と経営システムの比較を踏まえて都市商業銀行の経営における外資導入の特徴と役割を論じる。

II 都市商業銀行における外資導入

1. 外資導入の特徴

これまで中国銀行業における外資導入の役割を実証的に分析した論文では、個別銀行のミクロデータを用いて各銀行の資本構造における外資の有無とシェアなどを説明変数として、それらと銀行の経営業績指標との間に相関があるか否かを検証するものがほとんどであった。しかし、外資を導入した都市商業銀行を見ると（表7-1）、南充市商業銀行と西安市商業銀行を除いて、寧波市商業銀行を含むすべての都市商業銀行は東部の経済発達地域に位置しており、しかも北京や上海など大都市に集中している。西安市商業銀行は西部に位置するとはいえ、西安市は人口800万人を超える大都市であり[5]、その生産活動を支える金融市場も当然発達していると考えられる。

表7-1　外資株主を受け入れた都市商業銀行の一覧（2006年末時点）

	時　期	外資金融機関	株式保有比率（％）
上海銀行	1999年9月	世銀IFC	5.00
	2001年12月	香港上海銀行（イギリス）	8.00
	2001年12月	上海商業銀行（香港）	3.00
	2001年12月	世銀IFC	7.00
南京市商業銀行	2001年11月	世銀IFC	15.00
西安市商業銀行	2004年6月	世銀IFC	2.50
	2004年6月	Scotiabank（カナダ）	2.50
済南市商業銀行	2004年11月	オーストラリア・コモンウェルス銀行	11.00
北京銀行	2005年3月	INGグループ（オランダ）	19.90
杭州市商業銀行	2005年4月	オーストラリア・コモンウェルス銀行	19.90
南充市商業銀行	2005年7月	ドイツ復興開発公庫DEG	10.00
	2005年7月	ドイツ貯蓄銀行グループSIDT	3.33
寧波市商業銀行	2006年1月	華僑銀行（シンガポール）	12.20

出所：各都市商業銀行年報および『中国銀行業監督管理委員会2006年報』より筆者作成。

　都市商業銀行に資本参加している外国金融機関の詳細を見ると、世銀グループの国際金融公社（IFC）が最も多く、3行の都市商業銀行に資金を提供している。世銀グループは一般の商業金融機関ではなく、発展途上国の貧困削減を目標とする開発援助機関である。それゆえ、従来の分析で強調されてきた外資導入による効果、すなわちコーポレート・ガバナンスの改善とリスク管理ノウハウの吸収は、純粋な商業銀行が外資を導入する場合とは異なるものになると考えられる。都市商業銀行に資本参加をしている商業金融機関（銀行）には、金融大手の香港上海銀行とINGグループが存在する一方、カナダのScotiabankやオーストラリアのコモンウェルス銀行など中堅商業銀行も存在する。これに対して南充市商業銀行は、ドイツの準開発金融機関から外資を導入した。寧波市商業銀行は、華僑資本のシンガポール華僑銀行を外資株主として受け入れた。
　これらの都市商業銀行では、上海銀行と南京市商業銀行を除き、外資の導入は2004年以降であった。前述のようにこれらの都市商業銀行の多くは大都市に位置し、6つに分類された都市商業銀行の「1類行」に属している[6]。これらの経営業績は外資導入を行っていない都市商業銀行の平均と比べると、一貫してより高い水準にあることが図7-1から確認できる。

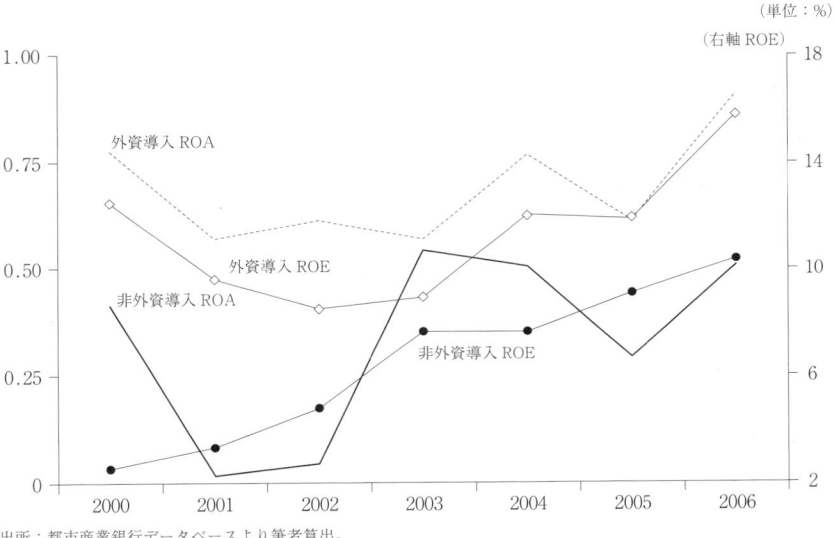

第7章 都市商業銀行における外資導入と経営システム　229

図7-1　外資導入・非外資導入別都市商業銀行の収益性比較

(単位：%)
(右軸 ROE)

出所：都市商業銀行データベースより筆者算出。

　2000-06年の間に外資導入を行った都市商業銀行の総資産利益率(ROA)は、2000年の0.5％を超える高い水準から2001-03年に0.5％を割ったところで推移し、2004年から0.5％を超え、2006年になると0.75％を超えた。これに対して、外資導入を行っていない都市商業銀行の平均は、2000年0.1％未満から2006年の0.5％を超えたところまで上昇した。2002年以降、外資導入を行った都市商業銀行と行っていない都市商業銀行の平均収益（ROAの平均）の差は、2000-01年ほど大きくない。

　2000-06年に外資導入を行った都市商業銀行とそれを行っていない都市商業銀行の自己資本利益率(ROE)は、2001年と2005年に低下していた。これは主に銀行の資本増強によると考えられる。ROEもROAと同様に、外資導入都市商業銀行と全都市商業銀行の差が縮まっているように見える。

　2006年末までに外資を導入した都市商業銀行の基本財務指標を見ると（表7-2）、都市商業銀行の平均資産229.5億元に対して、上海銀行と北京銀行はそれぞれ2,700.4億元と2,729.7億元の資産を持つ。これは全国展開する株式商

表7-2 外資導入都市商業銀行の財務指標比較（2006年）

(単位：億元、％)

	資産総額	預金総額	貸出金総額	純利益	不良債権比率	自己資本比率
上海銀行	2,700.4	2,067.0	1,278.6	16.8	3.6	12.0
南京市商業銀行	579.9	438.6	255.0	5.9	2.5	11.7
西安市商業銀行	383.4	323.8	238.5	1.1	14.6	6.0
済南市商業銀行	324.1	268.9	217.4	1.4	1.6	10.4
北京銀行	2,729.7	2,330.9	1,295.8	23.8	3.6	10.8
杭州市商業銀行	568.5	537.1	341.8	6.0	1.4	9.5
南充市商業銀行	58.3	43.8	20.3	0.9	4.0	21.0
寧波市商業銀行	565.5	461.9	281.3	6.3	0.3	11.5
都市商業銀行平均[1]	229.5			1.6	4.8	4.7

注：1）都市商業銀行の平均は『中国銀行業監督管理委員会年報』2006年版の統計に依拠した。
出所：各都市商業銀行年報2006年版より筆者作成。

業銀行にも匹敵する規模である。比較的資産規模の大きい南京市商業銀行、杭州市商業銀行と寧波市商業銀行の資産は500億元を超えており、それぞれ579.9億元、568.5億元、565.5億元である。西安市商業銀行と済南市商業銀行の資産は、都市商業銀行平均の資産規模より大きく383.4億元と324.1億元である。地方都市に位置する南充市商業銀行の資産はわずか58.3億元である。

各都市商業銀行の純利益は、ほぼ資産総額に比例している。上海銀行と北京銀行の純利益は、16.8億元と23.8億元に達している。南京市商業銀行、杭州市商業銀行、寧波市商業銀行のそれは、それぞれ5.9億元、6億元、6.3億元である。西安市商業銀行と済南市商業銀行は、外資を導入した都市商業銀行のなかでは収益性が比較的低く1.1億元と1.4億元の純利益である。これに対して南充市商業銀行は、わずか58.3億元の資産総額に対して0.9億元の純利益となっている。各都市商業銀行の不良債権比率は1％から4％の間であることが多いが、西安市商業銀行は2006年でも14.6％の高い比率となっている。これに対して、寧波市商業銀行の不良債権比率はわずか0.3％である。

自己資本比率では、唯一BIS規制の8％を超えないのは西安市商業銀行である。規模の小さい南充市商業銀行は外資導入によって自己資本が増えた結果、自己資本比率が21％を超えた。経営指標をこのように比較してみると、比較的

大きな資産規模をもち、都市商業銀行の中堅代表である寧波市商業銀行と地方の代表的な小規模商業銀行である南充市商業銀行がとりわけ良好な経営業績となっていることがわかる。以下では両行の外資導入過程を分析し、外資導入が銀行経営に与えた影響などを詳細に検討する。

2. 寧波市商業銀行と南充市商業銀行の事例

(1) 寧波市商業銀行

　1995年以降、都市商業銀行の設立を推進する政策を受け[7]、各省の中心都市（省都）のみならず、地方都市からも都市商業銀行の設立案が計画され、中国人民銀行に都市商業銀行設立の申し込みが提出された。寧波市ははやくも1996年に銀行の設立申請を中国人民銀行に提出し、同年に設立許可を受けてから[8]、1997年4月10日に「寧波市城市合作銀行」が開業した[9]。翌年の6月2日に中国人民銀行浙江省支店の同意を得て[10]、銀行の名称を寧波都市合作銀行から寧波市商業銀行（2007年以降、寧波銀行）に改名した[11]。寧波市商業銀行の経営は中国商業銀行のなかで比較的良好であり、外国資本を含めた資本増強を受けて中国資本市場への上場を果たした。現在、寧波市のみならず、南京や上海、杭州、深圳にも支店を持つ中堅商業銀行へと成長し続けている。

　寧波市商業銀行は設立当初には積極的に外資を導入しようとしていなかった。寧波市商業銀行の資本構成においては、銀行職員（職工株）による株式保有割合が大きく、経営においても内部職員の影響が大きいと思われる。とくに増資時においては内部職員の株式保有割合が増加した（他方、上海銀行などではこうした傾向は見られなかった）。寧波市商業銀行での内部職員の株式保有割合の増加は、当銀行の良好な経営を示唆していると言えよう。そして、2002年から不良債権比率は10％以下に減少し始め、2006年にはわずか0.3％までに低下した。都市商業銀行のなかでは不良債権比率のみならず他指標でもトップクラスの経営水準を誇っている。

　寧波市商業銀行にとって外資を導入することが課題として浮上したのは、2004年以降のことである。1997年の設立から2001年の増資を経て、2004年にな

ると寧波市商業銀行は浙江省都市商業銀行のなかで最も高い収益率に達し、他の地域に店舗を拡大するようになった。このように経営規模を拡大する場合、自己資本比率を維持するためには内部留保のみならず資本増強も行う必要があった。こうして銀行業監督管理委員会は資本増強を条件に寧波市商業銀行に他地域への出店を認めさせた。こうして2004年半ばから寧波市商業銀行は外資金融機関に資本参加を呼びかけ始めた[12]。

　ただしどのような経路で寧波市商業銀行がシンガポールの華僑銀行（OCBC）に提携を呼びかけたのかは不明である。おそらくこれはシンガポール系資本が「江浙」（江蘇省、浙江省）で活発な活動を展開していることに関係があろう。

　2005年から寧波市商業銀行の会長（陸華裕）は、自ら華僑銀行を訪問し資本参加を要請した。同年の華僑銀行による現地調査は、寧波市商業銀行の各支店や融資先まで詳細に行われた[13]。そして双方で資本参加の具体案について合意に達し、2006年1月に「戦略的投資家」（機関投資家）の契約を結び、寧波市商業銀行は華僑銀行に対して新規株式を発行した。その額は発行済み株式の12.2％にあたる。これによってシンガポールの華僑銀行は、寧波市商業銀行の第2位の株主となり、寧波市商業銀行は華僑銀行から商業銀行の技術支援と人材育成支援を受けるようになった。

(2) 南充市商業銀行

　南充市商業銀行は2001年12月27日に開業し、四川省では比較的遅い時期に設立された都市商業銀行である。設立後、積極的に資本増強を図り、3年の交渉を経て2005年7月8日に北京でドイツの復興開発公庫（KfW Bankengruppe）のDEG（Deutsche Investitions-und Entwicklungsgesellschaft）とドイツの貯蓄銀行グループ（Deutsche Sparkassen Finanzgruppe）のSBFIC（Savings Banks Foundation for International Cooperation）のSIDT（Sparkassen International Development Trust）と契約を結び両者を「戦略的投資家」として南充市商業銀行の株主に受け入れ、SBFICから銀行業務など技術の面で支援

を受けるようになった。南充市商業銀行は貯蓄銀行のノウハウを吸収し、2007年3月1日に南充市商業銀行を中心にマイクロファイナンスの性質を持つ「四川儀隴恵民村鎮銀行」と「儀隴恵民貸款公司」を創立した。また他の地域に出店する試みも行い、省都の成都市（2007年10月28日）出店をはじめ、南充市以外の地域にも営業拠点を展開し始めている。

　南充市商業銀行の外資導入は、容易に進展しなかった。中国人民銀行南充市支店副支店長から南充市商業銀行の会長兼頭取に赴任した黄光偉は、2002年初頭から外資の導入に意欲を示した。しかし、地方都市に位置する南充市商業銀行にとって、外資の参加を呼び込むことは容易なことではない。2002年から外資の「戦略的投資家」を受け入れることをはじめ、欧米や東南アジアの金融機関と広範にわたる接触を行った。しかし、それに応じる外国金融機関はなかった。外資導入が行き詰まったなか、2003年夏に南充市商業銀行は途上国の開発金融事業を支援するドイツ復興開発公庫DEGに接触できた。2003年8月19日にDEG北京事務所のMarkus氏は南充市商業銀行を訪れ、同銀行の経営状況を視察した。それからDEGとの間で100回にも及ぶ交渉を行った（黄冬・渡生［2007］）。

　DEGとの交渉後に、南充市商業銀行は天華通宝投資顧問公司（投資コンサルタント会社）をコンサルタントとして起用し[14]、開発金融機関としてのDEGの理念に沿った形で、民営企業とのつながりやマイクロファイナンスの展開可能性を積極的にアピールするようになった。結果として、2005年7月8日に北京で南充市商業銀行はDEGおよびドイツ貯蓄銀行グループSIDTと契約を結び、両者を「戦略的投資家」として株主に受け入れた。SIDTはドイツ貯蓄銀行グループの国際援助基金であることから、銀行業務にかかわるノウハウや技術はドイツ貯蓄銀行から提供されるようになった（黄光偉［2005］）。

　外資導入を成功させた南充市商業銀行のケースでは、2つの要素を成功要因として指摘できる。ひとつは外資導入が行き詰まるなか、南充市商業銀行は天華通宝投資顧問公司を外資招致のアドバイザーとして起用したことである。結果としてDEGはSIDTと手を組んで南充市商業銀行に資金を注入した[15]。も

うひとつは DEG 北京事務所の首席代表 Markus 氏に対する雑誌(張明莉[2005])のインタビューからうかがえる南充市商業銀行の経営者である黄光偉氏の存在である。「交渉のなかで DEG と SIDT は、南充市商業銀行の財務状況と資本構造の改善について厳しい要求を行った。その多くは南充市商業銀行にとって容易に達成できるものではなかった。黄光偉は地方人民銀行の支店長であることを背景に、地方での影響力を活かしながら経営改善に努めたことが大きい」とされる。

Ⅲ 経営状況の比較

1. 主要財務指標の比較

まず表7-3より両行の経常収益と当期純利益を見てみよう。寧波市商業銀行は、経常収益では2001年の4.6億元から2009年の41.8億元まで約9倍増加した。これに対して当期純利益では2001年の0.2億元から2009年の14.6億元まで70倍以上も増加した。この期間、ROAとROEはそれぞれ0.2%から0.9%までと4.1%から15%まで増加した。南充市商業銀行は、経常収益では2001年の0.2億元から2009年の6.5億元まで増加した。当期純利益は、設立当初のマイナス0.01億元から2009年の1.3億元まで拡大した。寧波市商業銀行と同様に、銀行の収益性を示すROAとROEの指標は大きく改善され、2001年のマイナス(−0.1%、−2%)から2009年の1.3%と31.6%まで上昇した。収益性において両行の経営業績はいずれも改善し続けている。外資を導入した2005年を境に、両行とも経常収益の伸びは顕著である。

1997年4月に成立した寧波市商業銀行は10数年の発展を経て、資産規模が設立当初の45億元から2009年の1,633.5億元まで約36倍に拡大し、預金と貸出金は1997年から2009年までの間に、それぞれ32.5億元から1,107.5億元、22億元から818.3億元に増加した。預金は34倍以上増加し、貸出金は37倍ほど増加した[16]。表7-3に示す寧波市商業銀行2001-09年の預金・貸出金状況を見ると、

表7-3 銀行主要財務指標の推移

(単位:億元、%)

		2001	2003	2005	2007	2009
寧波市商業銀行	経常収益	4.6	11.6	12.3	22.4	41.8
	当期純利益	0.2	0.7	4.7	9.5	14.6
	総資産額	113.2	307.4	424.3	755.1	1,633.5
	預金残高	101.6	240.1	375.2	555.1	1,107.5
	貸出金残高	62.9	163.9	196.1	365.0	818.6
	不良資産額	7.3	3.4	1.2	1.3	6.5
	所有者持分	4.6	8.2	21.9	80.2	97.4
	総資産利益率	0.2	0.2	1.1	1.3	0.9
	自己資本利益率	4.1	8.4	21.5	11.9	15.0
	預貸率	61.9	68.3	52.3	65.8	73.9
	不良債権比率	11.7	2.1	0.6	0.4	0.8
	自己資本比率	n.a.	5.0	10.8	21.0	10.8
南充市商業銀行	経常収益	0.2	0.6	1.2	2.1	6.5
	当期純利益	△0.01	0.1	0.4	0.9	3.0
	総資産額	7.0	21.3	46.4	107.4	241.6
	預金残高	5.7	18.0	34.3	67.2	201.6
	貸出金残高	3.0	9.0	15.5	35.3	100.5
	不良資産額	0.4	0.5	0.5	0.7	0.7
	所有者持分	1.0	1.2	3.6	4.7	9.6
	総資産利益率	△0.1	0.6	0.8	0.9	1.3
	自己資本利益率	△2.0	18.7	10.7	19.7	31.6
	預貸率	52.0	49.6	45.1	52.5	49.8
	不良債権比率	12.6	5.7	3.3	2.1	0.7
	自己資本比率	n.a.	n.a.	8.0	13.7	11.2

出所:『寧波市商業銀行年報』、『南充市商業銀行年報』各年版。

　外資を導入した2005年以降、預金は2007年の555.1億元から2009年の1,107.5億元まで、貸出金は2007年の365億元から2009年の818.6億元まで、ともに2倍程度拡大した。預貸率は、2001年の61.9%と2009年の73.9%がともに高い水準であるが、2005年には52.3%まで低下した時期もあった。このように高い預貸率が長期にわたって維持されていることは寧波市商業銀行の資金運用比率も高い水準にあることを意味している。

　南充市商業銀行では総資産額が、2001年の7億元から2009年の241.3億元まで34倍以上に拡大し、預金と貸出金の規模はそれぞれ設立当初の5.7億元と3

億元から2009年の201.6億元と100.5億元に33～35倍ほど拡大した。預金の増大に対して貸出金の増大は比較的小さい。これによって南充市商業銀行の預貸率は設立時より若干低下している。2001年の預貸率は52％であり、2009年になると49.8％まで低下した。その比率は寧波市商業銀行の預貸率より10％以上低い。上記の変化は、銀行の資産運用が貸出金に依存する構造を脱却し、多様な資金運用を手掛けるようになったことを意味するのか、それともリスク回避のため貸し渋りが生じていることを意味するか明らかではない。以下ではその詳細を銀行資産運用の分析によって明らかにする。

　両行の不良資産額と不良債権比率を見ると、寧波市商業銀行の不良債権比率は2001年の11.7％から2009年の0.8％まで減少した。不良資産額は2001年の7.3億元から年々減少し、2005年になるとわずか1.2億元まで急減した。その後、不良債権の規模は少し拡大し、2009年末には6.5億元になった。一方、南充市商業銀行の不良債権比率も設立当初の12.6％から2009年の0.7％まで改善した。不良資産の額を見ると、2001年の0.4億元から2009年の0.7億元まで増えた。不良債権に限ってみれば、外資を導入したのちに、不良債権比率が下がっている一方、その額は導入以前よりも少し増えている。

　両行の所有者持分と自己資本比率を見ると、両行ともに2003年から所有者持分が大幅に増大した。寧波市商業銀行は2003年の8.2億元から2009年の97.4億元、南充市商業銀行は2003年の1.2億元から2009年の9.6億元まで増大した。したがって寧波市商業銀行はおよそ12倍、南充市商業銀行は8倍に増大したことになる。外資導入後に、銀行の自己資本比率が大きく上昇し、寧波市商業銀行は2007年に21％を記録した。寧波市商業銀行の2009年の比率は10.8％、南充市商業銀行の比率は5％である。自己資本比率がBIS規制（tier 2）に達したのは両行とも2005年である。ただしここで示したのは所有者持分をリスク資産ではなく総資産で割った比率である。これは、表7-2に示した自己資本比率より低い[17]。

2. 収益構造の比較

寧波市商業銀行と南充市商業銀行の収益構造について、まず両行の経常利益と純利益の詳細を見てみよう。ここで経常利益の算出は、資料の制約上、一般の損益計算書を参照しつつ、経常収益から経常費用を差し引くのではなく、銀行の業務粗利益から業務費用を差し引くことで求めた。寧波市商業銀行の経営利益は、2001年から一貫して黒字である。2001年の75.7百万元から2009年の1,738百万元に急拡大した。その最大の理由は利子収入の大幅な増加によるものである。2001年の純利子収益は240.8百万元、2009年になると3,553.9百万元に上った。一方、経常経費は2001年の176百万元から、2009年の2,001百万元まで増加し、利子収益の4分の3程度で推移している。2003年には貸倒引当金繰入額が大幅に計上され、2005年と2007年の繰入額より大きかった。これにより、経常利益は2005年と2007年は2003年より大きく上昇し、それぞれ658.8百万元と1,212百万元であった。

対照的に、南充市商業銀行の経常利益は、設立した2001年から2007年まで連続で赤字であった。その額は2001年のマイナス1.5百万元から2007年になるとマイナス29百万元になった。2009年になると、利子収入の大幅な増加によって、経常利益はプラスの268.2百万元に転じた。南充市商業銀行の経常利益が一貫して赤字であった要因としては、経常経費の増大を指摘できる。銀行の利子収入に比例して経常経費が増大し、2001年と2007年では、経常経費は純利息収益よりも大きくなっている。これに加えて不良債権処理にあたって多額の貸倒引当金繰入額を計上したため、経常利益は一貫して赤字であった。上記の寧波市商業銀行と南充市商業銀行の収益構造の比較から、都市商業銀行の銀行業務には一定の規模経済性が存在するため、小規模の銀行では業務コストが高く通常の銀行業務では高い収益性を見込めないという事実が浮かび上がる。2005年に外資を導入して規模の拡大を図ったが、すぐには銀行の収益構造を変えることができなかった。

銀行の純利益を見ると、南充市商業銀行の2001年を除けば両行とも黒字であ

表7-4 銀行経常利益と純利益の推移

(単位：百万元)

		2001	2003	2005	2007	2009
寧波市商業銀行	＋純利子収益	240.8	657.4	1,165.1	2,061.8	3,553.9
	＋その他経常収益	10.9	43.4	70.8	199.8	606.8
	△経常経費	176.0	342.8	541.3	950.6	2001.0
	△貸倒引当金繰入		164.0	35.9	99.0	421.8
	経常利益	75.7	194.0	658.8	1,212.0	1,738.0
	＋その他純収益	△33.9	△70.3	△4.2	△27.2	14.8
	△法人所得税	22.8	41.5	182.7	233.7	292.3
	純利益	19.0	82.2	471.9	951.1	1460.5
南充市商業銀行	＋純利子収益	12.0	38.0	67.0	70.6	538.7
	＋その他経常収益	0.5	1.0	1.9	2.5	20.7
	△経常経費	13.0	37.0	65.7	86.8	226.1
	△貸倒引当金繰入	1.0	9.0	36.3	15.2	65.1
	経常利益	△1.5	△7.0	△33.1	△29.0	268.2
	＋その他純収益	2.0	22.0	71.2	144.8	87.1
	△法人所得税	1.0	3.0	0.2	23.8	51.0
	純利益	△0.5	12.0	37.9	92.0	304.3

注：株式等の投資収益はその他純収益に計上している。
出所：『寧波市商業銀行年報』、『南充市商業銀行年報』各年版より筆者再計算作成。

る。とくに南充市商業銀行は経常利益が赤字であり、一般の銀行業務以外のところから収益を上げている。これは主に「投資収益」に含まれる投資や特別収益などからの収益である。この額は2001年のわずか2百万元から2009年の87.1百万元まで増加した。2007年には144.8百万元を記録した。南充市商業銀行と対照的に、寧波市商業銀行のその他純収益（投資収益と特別収益等）は2009年以外はずっと赤字であった。2003年には最大70.3百万元も損失を出している。つまり、寧波市商業銀行は一般の銀行業務で収益源を確保している一方、株式債券などの投資では損失を計上している。他方、南充市商業銀行は規模が小さいため通常の銀行業務では収益源を確保することができず、投資収益によって銀行経営を黒字にしている。安全性の観点から言えば、明らかに寧波市商業銀行は南充市商業銀行より堅実な資産運用を行っているといえよう。

3. 資産運用の比較

こうしたなか、銀行の収益構造に直接に影響する資産運用はどうなっているのか。以下では両行の資金運用の特徴を見ることにする。表7-5は、銀行の資金運用における貸出や預け金および投資の比率を示している。

まず銀行の貸出金を見てみよう。表7-5は総資産に占める短期貸出金（手形割引を含む）と中長期貸出金の割合を示している。これを見れば、寧波市商業銀行の貸出金は常に一定の割合を維持している。短期貸出は総資産の4割前後を占め、2001年に39.0％、2005年には37.2％に減少したが、2009年には依然44.3％の割合を維持している。中長期貸出は5～8％を推移している。比較的割合が高い2007年は7.2％に伸びた。短期貸出と中長期貸出を合わせると、銀行総資産のおよそ半分（45～50％）を占めている。これに対して南充市商業銀行の貸出金構成は安定しなかった。短期貸出は2001年に資産の38.4％、つまり4割弱を占めたが、2003年からは低下し、2005年は21.1％、2007年は18.1％まで減少した。2009になると、少し回復して23.2％になった。中長期貸出では2001年の7.7％から上昇し、2009年には17.5％に達した。南充市商業銀行の貸出は長期化する傾向にある。ここから少なくとも貸出金においては、寧波市商業銀行は南充市商業銀行より安定的な銀行業務を行っていると言えよう。

銀行資産の多くを占める同業預け金と中央銀行預け金では、両行は類似した形で推移している。同業預け金は寧波市商業銀行と南充市商業銀行ともに大きくなく、10％以下を推移しているが、一定していない。南充市商業銀行は比率の変動が大きく、8.9％のときもあれば、2％のときもある。寧波市商業銀行は相対的に低い水準で推移している。中央銀行預け金では、寧波市商業銀行は10％程度の時期が多く、比率が高い2007年は16％であった。一方、南充市商業銀行の中央銀行預け金は23.2％（2001年）、20.6％（2007年）、20.3％（2009年）のように、比率は寧波市商業銀行より比較的高い。

銀行資産の大きな割合を占めている投資は、両行ともに2001-03年にはほとんど短期投資がない割に、中長期投資が少しずつ拡大し、寧波市商業銀行は

表7-5　銀行資金運用内訳の推移

(単位：%)

		2001	2003	2005	2007	2009
寧波市商業銀行	短期貸出	39.0	41.6	37.2	42.1	44.3
	長期貸出	5.9	5.6	5.9	7.2	5.8
	同業預け金	5.6	2.9	3.6	3.2	5.4
	中央銀行預け金	10.2	10.8	10.6	16.0	12.0
	短期投資	0.0	1.6	31.7	22.0	24.0
	長期投資	19.3	25.3	4.7	2.7	0.3
	合　計	80.1	87.8	93.6	93.3	91.8
南充市商業銀行	短期貸出	38.4	29.9	21.1	18.1	23.2
	長期貸出	7.7	15.0	11.3	14.8	17.5
	同業預け金	2.1	8.9	5.2	2.0	2.4
	中央銀行預け金	23.2	9.5	16.6	20.6	20.3
	短期投資	0.0	0.0	41.5	25.8	28.3
	長期投資	3.8	30.6	0.8	15.0	0.1
	合　計	75.2	93.9	96.6	96.2	91.7

出所：『寧波市商業銀行年報』、『南充市商業銀行年報』各年版。

19.3%から25.3%、南充市商業銀行は3.8%から30.6%にまで増加した。2005年から、両行は短期投資が急増し、これに対して長期投資は激減した。短期投資の急増は3～5年単位で保有していた中長期投資の投資期限が残り1年となったことが原因と思われる。寧波市商業銀行と比べ、南充市商業銀行の長期投資は安定せず、2007年には再び15%に急増した。銀行の長期投資は一般的に債券や株式を購入することが多いが、寧波市商業銀行の場合は中長期投資の内訳について、株式保有のみを公表しており、その詳細を公表していない。一方、南充市商業銀行は、中長期投資について、年報上では株式保有比率のみならず株式を保有する商業企業の情報に至るまで積極的な情報公開を行っている[18]。

　寧波市商業銀行と南充市商業銀行の貸出先などの詳細について、各分野・産業別の貸出割合と上位貸出先10社の割合（表7-6）を用いて確認する。両行の貸出金は上位5位までの融資先が製造業、個人消費融資、小売業、不動産業、公益関連である。そのなかで、産業別の融資割合では両行ともに製造業の割合が最大である[19]。寧波市商業銀行の製造業向け融資の割合は、2005-08年に4割近くの高い比率に達していた。2009年は26.6%に低下した。南充市商業銀行のそれは、2006年と2007年には21.5%と27.3%であったが、他の年度では9～14%と10%台が多かった。

　個人消費融資に関しては、両行の割合ともに20%程度の高い比率を示してい

表7-6 分野・産業別貸出と上位貸出先の割合推移

(単位:％)

		2004	2005	2006	2007	2008	2009
寧波市商業銀行	製造業	26.7	38.0	39.9	37.3	37.1	26.6
	小売業	10.2	10.9	11.9	13.1	15.2	13.1
	不動産	10.9	8.7	6.4	6.5	8.6	8.9
	公益関連*	10.4	3.5	3.0	4.2	6.4	12.3
	個人融資	19.2	19.9	28.9	33.6	26.5	25.3
	上位10社	10.3	9.4	6.3	4.9	4.7	4.2
南充市商業銀行	製造業	9.0	8.7	21.5	27.3	13.7	14.0
	小売業	18.4	17.6	13.9	22.3	21.9	14.9
	不動産	12.5	15.4	6.4	n.a.	n.a.	5.5
	公益関連*	7.3	15.8	14.0	12.0	7.9	6.4
	個人融資	23.6	19.0	18.5	28.1	23.2	24.4
	上位10社	19.6	20.5	16.2	7.0	6.3	4.6

注:公益関連は主に公共の教育・衛生関連である。
出所:『寧波市商業銀行年報』、『南充市商業銀行年報』各年版。

る。寧波市商業銀行は2004年の19.2％から2009年の25.3％まで増加した。南充市商業銀行は2004年の23.6％から2009年の24.4％まで20％台で推移している。小売業向け融資(一部商業も含む)では、寧波市商業銀行は10％台で推移しているが、南充市商業銀行は2007年の22.3％と2008年の21.9％のように20％台の年度もあった。南充市商業銀行の小売業向け融資の割合は寧波市商業銀行より比較的高い。

不動産開発ブームのなか、両行ともに2004年より不動産向けの融資割合が減少している。寧波市商業銀行は2004年の10.9％から2006年の6.4％まで減少し、2009年になると不動産融資が増え8.9％に上昇した。南充市商業銀行は2004年の12.34％から2009年の6.4％まで低下した。公益関連向け融資とは大学や病院、水道事業などへの融資を指す。両銀行はその割合が一定せず、寧波市商業銀行は2009年の12.3％が最大で、南充市商業銀行は2005年の15.8％が最大である。

上位10社に対する融資の融資総額に占めるシェアは、両行とも減少しているが、寧波市商業銀行は2004年の10.3％から2009年の4.2％まで減少し、南充市商業銀行は2004年の20％から2009年の4.6％まで縮小した。とりわけ外資導入

表7-7　上位貸出先10社の変化

		2006年末時点		2009年末時点	
	企　業　名		割合(%)	企業名（業種）	割合(%)
寧波市商業銀行	寧波市城中村改造弁公室		0.71	不動産業	0.61
	寧海経済開発区新興工業園有限公司		0.71	公共施設管理	0.48
	寧波市交通不動産有限公司		0.69	物流関連	0.43
	寧波市鎮海区城市建設投資開発有限公司		0.64	物流関連	0.43
	寧波市江北投資創海開発有限公司		0.64	公共施設管理	0.43
	寧波亜徳客自動化工業有限公司		0.62	電力業	0.41
	寧波遠望華夏置業発展有限公司		0.60	小売業	0.40
	康シン集団有限公司		0.56	公共施設管理	0.35
	寧波市鎮海投資有限公司		0.56	不動産業	0.35
	寧波市金俑興胶乳有限公司		0.54	リース業	0.34
	合　計		6.27	合　計	4.23
南充市商業銀行	南充市高坪区土地備蓄中心		2.91	成都西南農機市場有限公司	0.55
	南充市土地備蓄交易中心		2.59	成都空港物流投資有限公司	0.50
	南充市大進車業有限公司		1.97	成都興錦現代農業投資有限公司	0.50
	南充市土地開発整治中心		1.94	南充市松林開発有限公司	0.50
	西華師範大学		1.94	四川蓬安馬電不動産開発有限公司	0.50
	南充金南実業有限公司		1.93	南充大進車業有限公司	0.44
	川北医学院		1.91	四川川音不動産開発有限公司	0.43
	南充泰合不動産開発有限公司		1.84	南充市公共交通有限公司	0.41
	東方花園酒店有限公司		1.81	成都七中実験学校	0.40
	南充市順慶区財政局		1.66	四川南部紅岩子電力有限公司	0.40

出所：『寧波市商業銀行年報』、『南充市商業銀行年報』各年版。

後における南充市商業銀行の上位10社割合の低下は顕著である。

　融資額の上位10社の詳細（表7-7）を見ると、2006年においては、寧波市商業銀行も南充市商業銀行も同様に地域企業を中心に貸出を行っている。寧波市商業銀行の場合、それらの多くは地方政府の投資開発公社である。南充市商業銀行の場合、地方政府の土地備蓄企業、および公益関連の企業や法人に集中している。しかし、2009年になると、規模拡大や成都市への支店開設など、南充市商業銀行の上位10社融資先のうち7社が南充市以外に立地する企業となり、そのうち4社が成都市の企業であることを確認できよう。すなわち、外資導入によって南充市商業銀行の営業地盤は南充市内から、成都市を中心とする四川

省全体に拡大している。これに対して寧波市商業銀行は2008年から上位10社の貸出先を業種で報告し、企業名を公表しなくなった。ただし、寧波市商業銀行の年報によれば、その貸出の7割弱は寧波市に集中し、しかも大株主は地元の有力企業が占めている。このように、地域企業とつながりが強いことから、寧波市商業銀行の上位貸出先10社は依然地域の企業を中心としていることが推測できよう。

Ⅳ 経営システムの比較

　以上、銀行の経営状況の比較から、寧波市商業銀行と南充市商業銀行は異なる特徴があることを確認した。寧波市商業銀行は経済発達地域に位置し、比較的規模が大きいため、銀行経営は安定している。一方、南充市商業銀行は西部地域の地方都市に立地し、規模が小さいため、安定的な経営を実現しておらず、資産運用においては投資などを通じて収益を上げる構造となっている。上記の分析からは、外資の導入が直ちに寧波市商業銀行の経営に影響を与えたとは考えられない。その一方、南充市商業銀行は外資導入によって規模を拡大し、他都市の金融市場にも参入し、商業銀行としての経営基盤を確立しようとしているようにみえる。その効果については2009年の財務指標などからその変化が見られるが、持続性のあるものかどうかは長期的に考察する必要がある。

　さて両行は、それぞれどのような経営システムを構築しているのか。以下では、経営システムの構成、銀行株主の構成、外資導入前後における取締役会構成の変化と経営システムの評価を通じて考察していく。まず両行の経営システムを比較してみよう。

1．経営システムの比較

　1990年代以降の「国有企業改革」の一環として、政治活動と生産活動を兼ねた企業の統治システムを変え、「現代企業制度」の確立が目指された[20]。中国政府はコーポレート・ガバナンス関連の法律や制度の整備を積極的に推進した。

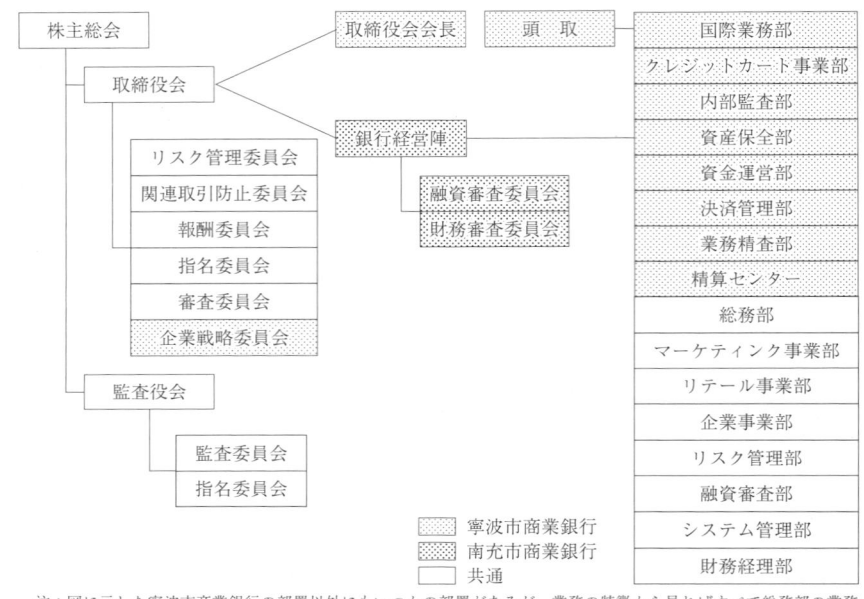

図7-2　銀行経営組織の比較図（2006年）

```
株主総会
  └─取締役会─┬─取締役会会長
              │              頭取─┬─国際業務部
              │                    ├─クレジットカード事業部
              │                    ├─内部監査部
              ├─銀行経営陣         ├─資産保全部
              │    ├─融資審査委員会├─資金運営部
              │    └─財務審査委員会├─決済管理部
              │                    ├─業務精査部
   リスク管理委員会                ├─精算センター
   関連取引防止委員会              ├─総務部
   報酬委員会                      ├─マーケティング事業部
   指名委員会                      ├─リテール事業部
   審査委員会                      ├─企業事業部
   企業戦略委員会                  ├─リスク管理部
  └─監査役会                      ├─融資審査部
         監査委員会                ├─システム管理部
         指名委員会                └─財務経理部
```

▨ 寧波市商業銀行
▨ 南充市商業銀行
□ 共通

注：図に示した寧波市商業銀行の部署以外にもいくつかの部署があるが、業務の特徴から見ればすべて総務部の業務内容に属するため、逐一図に示さなかった。
出所：各銀行2006年年報。

1994年から次々と「中国公司（会社）法」、「中国人民銀行法」、「中国証券法」などを成立させ、商業銀行のコーポレート・ガバナンスについては、「中国商業銀行法」、「株式商業銀行公司治理（コーポレート・ガバナンス）指引（ガイドライン）」などを確立させた。2003年以降は、中国銀行業監督管理委員会の成立に伴って、商業銀行のコーポレート・ガバナンスに対する厳格なルールが定められた[21]。寧波市商業銀行と南充市商業銀行は設立当初からいわゆる「2会1層」の統治システムを取り入れ、銀行の内部統治を確立していた。設立当初から確立された両行の経営システムは外資を導入してからも大きな変化がなくそれぞれの特徴を有している。以下、図7-2を用いて両行の特徴と相違を明らかにしたい。

まず図7-2から銀行の統治機構を確認しよう。両行とも株主総会の下に取

締役会と監査役会を設ける2層型のガバナンス構造を取り入れた。また取締役会と監査役会の下にさまざまな機能を持つ専門委員会を設け、それらの委員会が銀行経営の具体的な戦略を立てている。ただし、一般の委員会設置会社のように取締役と別に役員を設けることはほとんどない。取締役会の下には両銀行ともに資産運用を管理するリスク管理委員会、関連取引防止委員会、また報酬委員会、指名委員会と審査委員会が設けられており、監査役会の下に監査機能を果たす監査委員会と指名委員会を設置している。そして寧波市商業銀行は、南充市商業銀行と異なる点として、経営の方針を定める企業戦略委員会を設けている。

　2層型の統治機構を確立した具体的な経営組織構造を見ると、両行に相違が存在することがわかる。寧波市商業銀行では、取締役会の会長と頭取が経営の先頭に立ち、最高経営責任者（CEO）の経営方式を取っている。南充市商業銀行では、取締役会の経営方針を実行するのは銀行経営陣のグループであり、また銀行経営陣の下にも銀行経営に直接に携わる融資審査委員会と財務審査委員会が設けられている。

　このことは両行の事業部門の設置に影響している。というのは、両行共通の8つの部署である総務部、マーケティング事業部、リテール事業部、企業事業部、リスク管理部、融資審査部、システム管理部、財務経理部以外に、寧波市商業銀行は南充市商業銀行よりも部署がさらに8つあるからである。もちろん寧波市商業銀行の規模は南充市商業銀行の8倍に相当するため、業務の細分化が効率的であると考えられるが、具体的に各部署の詳細を見ると、国際業務部とクレジットカード事業部は寧波市商業銀行の特徴が現れている部署である。残り6つは精算センター以外にすべて資産運用に関わる部署である。それぞれは内部監査部、資産保全部、資金運用部、決済管理部、業務精査部である。ここからわかるのは、寧波市商業銀行が取締役会を中心に会長と頭取で最高経営責任のシステムを取り入れ、資産運用やリスク管理業務の多くは事業部を通じて銀行経営の安定化を図っているということである。これに対して南充市商業銀行は取締役会以下の経営陣および設置委員会が経営の中心となっており、資

産運用やリスク管理などが経営陣に集中しているようである。この点は、取締役会と経営陣の構成にも影響することが後述の検討から明らかとなる。

2. 資本構成と上位株主

寧波市商業銀行の外資導入は2006年、南充市商業銀行の外資導入は2005年のことである。これは表7-8からも確認できる。2007年における寧波市商業銀行の外資株式保有は12.2％で、2005年における南充市商業銀行の外資株式保有は13.3％である。これに対して、地方政府の株式保有は2003年時点で、両行ともに20％以上であり、寧波市商業銀行は22.4％、南充市商業銀行は22.2％であった[22]。その後の増資に伴い政府保有が徐々に減少し、寧波市商業銀行は2009年に10.8％に減少した。地方政府に対して株式増発を行わなかった南充市商業銀行は2005年に7.2％まで急減した。その後2009年までは株式資本の構成は変化しなかった。

法人株主割合は両行とも高い割合であったが、寧波市商業銀行は2003年の74％から2009年の35.8％に低下した。これは銀行上場によって、流通株が発行済株式の4割を占めるようになり、法人による株式の保有が少なくなっていったためである。南充市商業銀行は60％以上を維持し、2003年の68.8％から2009年の64.2％に微減した。最も興味深いのは、職員（退職者を含む）などによる個人保有である。2003年の寧波市商業銀行の個人保有はわずか3.6％であったが、2004年からの株式増発で2005年における個人保有の株式は20.7％に急増した。すなわち株式増発のほとんどは内部職員向けであった。2006年の株式市場上場などによって内部職員の株式保有は少し低下しているが、2009年における寧波市商業銀行の発行済株式20億株のうち、職員による株式の保有は3.98億株であり、そのほとんどは流通株である[23]。南充市商業銀行の職員株式保有にも同様の現象がみられ、株式増発で2003年の9％から2005年の13.3％まで増加した。

銀行株主の詳細（表7-9）を見れば、上位株主による株式保有は非常に高いことがわかる。寧波市商業銀行の場合は外資導入前後には上位10位株主の株

式保有は大きな変化がなく、その割合は若干高くなって74.3%から75.7%になった[24]。これに職員保有の20%前後を加えると、寧波市商業銀行の9割以上の株式は、特定の関係者に集中していることがわかる。そのなかで、地方政府の保有は相対的に減少しているが、依然最大の株主であり続けている。他の株主企業も

表7-8　銀行資本構成の推移

(単位：%)

		2003	2005	2007	2009
寧波市商業銀行	政府保有	22.4	15.0	13.2	10.8
	法人保有	74.0	64.3	44.8	35.8
	個人保有	3.6	20.7	17.9	19.9
	外資保有	—	—	12.2	10.0
南充市商業銀行	政府保有	22.2	7.2	7.2	7.2
	法人保有	68.8	64.2	64.2	64.2
	個人保有	9.0	13.3	13.3	13.3
	外資保有	—	13.3	13.3	13.3

注：寧波市商業銀行は上場したため、2007年以降における個人所有株式は銀行職員による持株の割合によって算出した。
出所：『寧波市商業銀行年報』、『南充市商業銀行年報』各年版。

基本的に変わっていない。寧波三星集団株式公司が保有株式を他の株主に譲渡したため、上位10位株主の中から消えただけである。寧波杉杉株式有限公司、雅戈尓集団株式有限公司、寧波富邦株式集団有限公司、寧波市電力開発公司、寧波華茂投資株式有限公司の地元有力企業5社は寧波市商業銀行の設立当初から銀行の大株主であり続け、寧波市商業銀行はこれらの大株主に対して5億元の与信額を与えている[25]。

　寧波市商業銀行と対照的に、南充市商業銀行では外資導入前後に上位10位株主に大きな変化が見られた。まず上位10位株主の株式保有は77.9%から67%まで低下し、株式所有の分散が見られる。最大株主は地方政府から外国金融機関へ移り、株式増発の際に、新たな株式購入を行わなかった地方政府財政局は、上位10位株主にとどまったものの保有シェアはわずか3.3%となった。これと同様に増資に応じられなかった企業も最大株主の地位から転落した。これらの企業の特徴を見ると、貿易商社が多い。例えば南充市瑞迪貿易有限公司と三順実業有限公司が挙げられる。

　これに対して、新たに上位10位株主となった企業は不動産開発の企業がほとんどである。例えば成都雲集不動産開発有限責任公司と南充大地建築工程有限公司が挙げられる[26]。こうして、貿易商社が上位株主の多くを占める構造から、

表7-9　外資導入後における銀行上位株主の変化

(単位：%)

	上位株主10社	シェア	上位株主10社	シェア
	2001年12月～2005年12月		2006年1月～2007年12月	
寧波市商業銀行	寧波市財政局	15.0	寧波市財政局	13.2
	寧波杉杉株式有限公司	9.0	華僑銀行（シンガポール）	12.2
	雅戈爾集団株式有限公司	9.0	寧波杉杉株式有限公司	8.7
	寧波富邦株式集団有限公司	9.0	雅戈爾集団株式有限公司	8.7
	寧波市電力開発公司	9.0	寧波富邦株式集団有限公司	8.7
	寧波華茂投資株式有限公司	9.0	寧波市電力開発公司	8.7
	寧波三星集団株式有限公司	7.5	寧波華茂投資株式有限公司	8.7
	寧波韵昇株式有限公司	3.4	寧波韵昇株式有限公司	3.0
	寧波市市場投資有限公司	2.2	浙江卓力電器集団有限公司	2.6
	寧波経済技術開発区株式有限公司	1.2	寧波経済技術開発区株式有限公司	1.1
	合　計	74.3	合　計	75.7
	2001年12月～2005年11月		2005年12月～2009年12月	
南充市商業銀行	南充市財政局	9.9	ドイツ復興開発公庫 DEG	10.0
	四川明宇集団有限公司	9.9	四川明宇集団有限公司	10.0
	南充市三順実業有限公司	9.9	南充聯銀貿易有限公司	10.0
	南充聯銀貿易有限公司	9.4	四川嘉信貿易有限責任公司	10.0
	四川世隆集団実業投資有限公司	8.9	成都雲集不動産開発有限責任公司	9.3
	南充金誠有限公司	7.0	南充大地建築工程有限公司	4.3
	四川海山科技有限公司	7.0	ドイツ貯蓄銀行グループ SIDT	3.3
	南充市順慶区財政局	7.0	南充市瑞迪貿易有限公司	3.3
	南充市老実人商貿有限公司	6.0	南充市財政局	3.3
	四川馬回電力株式有限公司	3.0	南充市三順実業有限公司	3.3
	合　計	77.9	合　計	66.9

出所：『寧波市商業銀行年報』、『南充市商業銀行年報』各年版。

不動産ブームで資金潤沢になった不動産開発企業が上位株主となる構造へ変わりつつある。ただし、年報の情報のみからでは、これらの大株主と南充市商業銀行との間に大規模な関連融資は確認できない。

3．統治機構としての取締役会と経営陣

両行の経営システムは外資を導入する前後でどのように変化したのだろうか。ここで銀行取締役会の構成から外資導入による変化を明らかにする。まず寧波市商業銀行の取締役会の構成（表7-10）を見てみよう。2006年1月に寧波市

表 7-10　外資導入前後における銀行取締役会の変化

		外資導入以前			外資導入以後	
	人　名	会社名等	役　職	人　名	会社名等	役　職
寧波市商業銀行	経営陣			経営陣		
	陸華裕	寧波市商業銀行	会長	陸華裕	寧波市商業銀行	会長
	兪鳳英	寧波市商業銀行	頭取	兪鳳英	寧波市商業銀行	頭取
	洪立峰	寧波市商業銀行	副頭取	洪立峰	寧波市商業銀行	副頭取
				羅維明	寧波市商業銀行	頭取補佐
	地方政府			地方政府		
	周海銘	寧波市財政局	主任課員	王崢	寧波開発投資集団有限公司	副総経理
	法人株主			法人株主		
	宋漢平	寧波富邦株式集団有限公司	会長	宋漢平	寧波富邦株式集団有限公司	会長
	李如成	雅戈尓集団株式有限公司	会長	李如成	雅戈尓集団株式有限公司	会長
	時利衆	寧波市電力開発公司	総経理	時利衆	寧波市電力開発公司	総経理
	鄭永剛	寧波杉杉株式有限公司	会長	鄭永剛	寧波杉杉株式有限公司	会長
	徐万茂	寧波華茂投資株式有限公司	会長	徐万茂	寧波華茂投資株式有限公司	取締役会主席
	鄭堅江	寧波三星集団株式有限公司	会長	外資株主		
				孫澤群	華僑銀行	副総裁
	社外取締役			社外取締役		
	萬建華	中国銀聯株式有限公司	総裁	陳永富	中国人民銀行上海支店	元副支店長
	李多森	香港華僑商業有限公司	取締役	李多森	香港華僑商業有限公司	取締役
	翁礼華	浙江省国税庁	元庁長	翁礼華	浙江省国税庁	元庁長
	韓子栄	深圳融信会計士事務所	公認会計士	韓子栄	深圳融信会計士事務所	公認会計士
				劉亜	対外経済貿易大学	副学長
	楊晨	寧波市商業銀行	取締役会秘書	楊晨	寧波市商業銀行	取締役会秘書
南充市商業銀行	経営陣			経営陣		
	黄光偉	南充市商業銀行	会長	黄光偉	南充市商業銀行	会長
	邢敏	南充市商業銀行	頭取	邢敏	南充市商業銀行	頭取
	地方政府			地方政府		
	王星照	南充市順慶区政府	区長	杜鈞	南充市国有資産管理公司	総経理
	謝和友	南充市財政局	局長			
	法人株主			法人株主		
	張建明	四川明宇集団有限公司	会長	張建明	四川明宇集団有限公司	会長
	李強	四川世隆集団実業投資有限公司	会長	張斌	四川嘉信貿易有限公司	会長
	鄭綱	四川海山科技有限公司	会長	王仁果	南充市瑞迪貿易有限公司	会長
	劉波	南充金誠有限公司	会長	外資株主		
	厳仕剛	南充市老実人商貿有限公司	会長	顧琳	DEG	副総裁
	曾剛	南充市三順実業有限公司	会長	Stephen	SIDT	執行役員
	職員代表			社外取締役		
	毛暁峰	南充市商業銀行営業部	総経理	朱増進	江蘇世紀同仁弁護師事務所	副主任
	羅素英	南充市商業銀行順慶支店	支店長	胡小平	西南財経大学経済研究所	所長
	劉蘭	南充市商業銀行西城支店	支店長			

注：南充市商業銀行頭取の邢敏は2003年4月より取締役に就いた。
出所：『寧波市商業銀行年報』、『南充市商業銀行年報』各年版。

商業銀行はシンガポールの華僑銀行を外資のパートナーとして受け入れ、これによって取締役に外資株主である華僑銀行から孫澤群副総裁を受け入れた。取締役の数は外資導入以前の15名から17名に増えた。また、銀行経営陣のメンバーから羅維開CFO（財務最高責任者）を取締役に昇格させた。取締役の経営陣メンバーは外資導入前の3名から4名に増えた。大株主の取締役の人数は、外資導入の前後で7名のままであるが、具体的な構成では外資株主が1名を占め、国内企業の株主が6名から5名に減り、地方政府の株主取締役は1名のままである。

　国内企業の株主取締役を退いたのは、寧波三星集団株式有限公司の会長鄭堅江である。地方政府の株主取締役も、寧波市財政局の幹部から地方政府系の投資会社の副総経理（副社長）になった。実は寧波開発投資集団有限公司の総経理も寧波市商業銀行の取締役であるが、彼は寧波市電力開発公司の総経理も兼任していたため、寧波市商業銀行の取締役会では寧波市電力開発公司を代表して取締役を務めた。中国銀行業監督管理委員会が推進する社外取締役の導入に応えて、寧波市商業銀行では外資導入後、これを4名から5名に増やした。その構成は中国人民銀行の元官僚や商業銀行の実務者、財政系統の幹部や公認会計士、最も注目すべきは対外経済貿易大学の教授を社外取締役に受け入れたことである。現在、中国企業の多くは学者や大学教授を社外取締役に受け入れ、企業の知名度や影響力を高めようとしているが、これもまたひとつの問題を引き起こしている。企業の社外取締役になった学者や大学教授はしばしば公の場で企業に有利な発言をすることから、もともと中立の立場に立つべき学者や大学教授の言動に対して大きな批判が巻き起こっている[27]。

　外資導入前後における南充市商業銀行の取締役会の構成を見ると、取締役人数は外資導入後に13名から10名に減少した。外資導入後の取締役会ではドイツ復興開発公庫とドイツ貯蓄銀行グループから1名ずつ取締役に受け入れた。また社外取締役も弁護士と大学教授の2名を起用した。外資導入前と比べると、大株主の取締役数は減少し、地方政府の取締役は2名から1名になり、国内企業の株主取締役は6名から3名になった。もちろん南充市商業銀行と密接な関

係にある大株主の民間企業の会長は、依然として銀行の取締役にとどまった。取締役会から完全に外れたのは職員の代表である。

　ここで彼らを職員の代表と呼ぶのは以下の理由による。すなわち彼らは銀行の経営陣としてではなく、都市信用社を統合・合併した際に元信用社の職員に属すべき株式の部分（9％）を代表して取締役に選ばれていた。その後、銀行職員に対して割り当てた増資によって、個人保有比率が13.3％に上昇したが、この増資を通じて銀行の経営陣である会長の黄光偉と頭取の邢敏が株式を所持するようになった。そのため、彼ら以外の職員代表の取締役を設ける必要がなくなった。

　寧波市商業銀行の経営陣の多くが取締役である一方、南充市商業銀行の経営陣は会長と頭取以外は取締役ではない。この違いは、両銀行の経営システムと大きく関係している。寧波市商業銀行の場合は、経営陣の多くは設立当初からすでに経営陣であり、旧都市信用社の出身者も多く見られる。これに対して、南充市商業銀行の経営陣は地方人民銀行や金融機関の幹部を起用するケースが多い。しかもそのほとんどは設立当初からではなく、確立されつつある経営方針に沿って起用されていくケースが多い。このように、経営陣の起用は銀行の経営システムと緊密な関係がある。

4．経営システムの評価

　寧波市商業銀行の経営システムと南充市商業銀行のそれとの間には、明らかな相違が存在する。寧波市商業銀行では、取締役会の機能が一定程度発揮され、銀行経営のリスクを各部署まで分散する形を取っている。南充市商業銀行では経営意思決定権が会長頭取を中心とする経営陣に集中しており、逆に言えば経営リスクがかなり集中しているとも言えよう。こうした経営システムにおける差異が生じた原因は、銀行の規模による部分が大きいかと思われるが、両行の経営スタイルの相違も少なからぬ影響を及ぼしていると考えられる。

　寧波市商業銀行では、バランスシートを重視する経営を行っている。寧波市商業銀行は会長や頭取を含めて融資に関わる幹部全員が各自の判断で実施可能

な融資額を決め、各自の総融資額を管理してバランスシートの健全化を目指すシステムを確立した。具体的に言えば、融資に関わる幹部に貸出限度額を定め、各自が責任を持って貸出を管理するシステムを取り入れた。しかも、そのシステムに基づく貸出限度額は職務の階級と関係なく、融資先の状況をより把握できる支店の職員には、経営陣より大きな貸出限度額が与えられている。例えば、会長に与えられる限度額は150万元で、支店の幹部に与えられる限度額は平均して200万元以上である（『寧波市商業銀行2004年度年報』p. 7）。こうして同行は、ポートフォリオバランスを重視する資産保全システムとは異なり、究極の請負制を銀行職員に課すシステムを構築した。もちろん融資を担当するものに対しては、単なる資産保全の目標だけでなく、収益確保の目標も立てられている。

　一方、南充市商業銀行では、取締役会会長である黄光偉を中心とする集権的な経営システムを構築している。というのは、南充市商業銀行の経営にかかわる顧客管理や中小企業融資、人材戦略や外国資本の導入、コーポレート・ガバナンスの改善まで、銀行会長である黄光偉が深く関与しているからである。黄光偉本人は、地方人民銀行支店長の経歴を持つ一方、西南財経大学から経済学の博士号を取得した。銀行設立当初には、旧都市信用社の職員が銀行の経営陣の多数を占めたが、経営方針の変更に伴って地方人民銀行の出身者を銀行の経営陣に抜擢するようになった。これもある意味で、会長を中心とする経営システムの強化につながった。もちろん銀行の経営システム上では、取締役会を中心とする経営陣によって経営を行っているので、一般のワンマン経営とは異なる。ただし、黄光偉本人の地域金融機関における権威が銀行の経営に多大な影響を与えていることは間違いない。

V　おわりに

　本章では浙江省の寧波市商業銀行と四川省の南充市商業銀行の経営実態を事例として取り上げ、両行の経営状況および外資導入のプロセスを比較しながら、

両行の経営システムにおけるそれぞれの特徴を明らかにした。両行とも2003年以降に高い収益性を実現しているが、その内容については、寧波市商業銀行が通常の銀行融資を中心とする収益構造を確立した一方で、南充市商業銀行は投資収益に依存しており、通常の銀行業務を中心とする収益構造を確立していない。このような収益構造は銀行の経営姿勢と関係がある。寧波市商業銀行の場合は、独自の貸出リスク管理や融資の請負を通じて銀行経営を行っているが、南充市商業銀行は経営者の権威によって銀行の経営を維持している。外資導入は寧波市商業銀行の経営に大きな変化をもたらしていない。一方、南充市商業銀行は外資導入によって規模拡大などを通じた商業銀行としての経営基盤を確立しようとしている。

　両行ともに都市商業銀行のなかで高い収益性を維持する銀行であるが、その収益構造と経営構造における相違が明らかになった。営業基盤や経営規模の大きい都市商業銀行にとって、収益性を維持するには資産の健全性を確保する貸出リスク管理やリスク分散を行う必要がある。逆に営業基盤や経営規模の小さい都市商業銀行にとっては、収益性を高めるにはむしろリスクを恐れない経営構造を構築する必要性がある。とはいえ、これによって銀行の収益を改善できる可能性は高くなるとしても、経営リスクの増大や営業基盤の脆弱さは依然大きな課題として残る。営業基盤の弱さを改善するため、南充市商業銀行が成都市などの金融市場に支店を開設し、マイクロファイナンスという新規ビジネスを展開し始めたことは、注目する必要がある。

　両行の外資導入の最大の効果と言えるのは、資本金の増強である。両行は都市商業銀行のなかで高い収益性を有するとはいえ、銀行経営を安定化させるには増資を行う必要がある。この理由から、外資の資金を受け入れることを決定した。これにより、外資金融機関の経営ノウハウを学習することも期待されている。外資導入の際に、両行ともに自ら外資導入を計画し、外資金融機関と交渉していた。外資導入に成功した要因としては、両行それぞれの特徴がある。寧波市商業銀行の場合は良好な経営状況によって外資導入に成功した。南充市商業銀行は経営者の努力や融資アドバイザーの起用などによって外資導入を成

功させた。これによって、南充市商業銀行は「中国銀行業監督管理委員会」が要求する財務指標の達成をクリアし、新たな銀行ビジネスを展開することができるようになった。

　本章の分析からわかるように、外資導入の際にも銀行の立地や性格によって大きな違いが生ずる。そしてまた、出資した外資金融機関も各々性格が異なっていた。寧波市商業銀行のような都市商業銀行は外資を導入しようがしまいが、地域企業の結びつきや融資の請負制などを通じて地域銀行のビジネスモデルをすでに確立している。むしろシンガポールの華僑銀行のほうが寧波市商業銀行への資本参加を通して、中国におけるビジネス展開の機会を得るようになった。一方、「開発金融」を目的とした南充市商業銀行のケースでは、外資の資本増強をきっかけに急速に経営規模を拡大し、商業銀行の経営基盤を確立しようとしている。内陸部の地方都市における銀行経営は、経済発展地域に位置する銀行のように銀行業務を中心に経営基盤を築くことができず、効率的な銀行経営を行うには他の収入源を確保する必要がある。南充市商業銀行の分析から、事業が成功するには経営者の存在と努力が鍵を握るのではないかと思われる。

注
1）『中国銀行業監督管理委員会2006年報』p. 123。
2）1983年から実施された地級市に省級の経済計画権限を与える「計画単列都市」制度では、1993年までに14都市が計画単列都市に指定された。その後計画単列都市に指定された各都市は副省級の権限管理にシフトしたことから、現在の計画単列都市は、大連市、青島市、寧波市、厦門市、深圳市の5都市が残った。
3）寧波市商業銀行は南京市商業銀行と同日（2006年7月19日）に上海株式市場に上場した。
4）二線都市とは厳密の定義がないが、一般に省都等の中心都市以外の地方都市を指す。
5）2007年末における西安市の「常住人口」は830万人である（『西安統計年鑑』2008年版、p. 63）。
6）中国銀行業監督管理委員会は都市商業銀行を6つに分類し、「1類行」に属する銀行は不良債権率10％以下、自己資本比率8％以上を要件としている（『中国証券報』2004年9月1日）。

7) 1995年に中国政府国務院が「関於組建城市合作銀行的通知」（国発［1995］25号）を通達した。
8) 中国人民銀行「関於寧波市開展城市合作銀行組建工作的復函」（銀函［1996］167号）。
9) 法人登記（25410602-4）。
10) 中国人民銀行浙江省分行「関於寧波城市合作銀行更名為寧波市商業銀行的批復」（甬銀復字［1998］第99号）。
11) 中国銀行業監督管理委員会「中国銀監会関於寧波市商業銀行更名的批復」（銀監復［2007］64号）。
12) 『第一財経報』2005年1月12日。
13) 『寧波日報』2006年1月12日。
14) 天華通宝投資顧問公司の会長は郝明瑋氏、副総経理である馬天驕氏はドイツの留学経験を持ち、国務院発展研究センター金融研究所副所長の巴曙松氏とも共著論文を公刊した（巴曙松ほか［2006］）。現在、郝明瑋氏と巴曙松氏はそれぞれ南充市商業銀行の社外取締役と社外監査役を務めている（『南充市商業銀行2010年年度報告』）。
15) 南充市商業銀行はSIDTが投資した唯一の商業銀行である（"Finanzgruppe Sparkassenstiftung fur internationale Kooperation Annual Report 2007" p. 27）。
16) 『浙江金融年鑑』1998年版より1997年の寧波市商業銀行データを得た。
17) 中国では、銀行の自己資本比率の計算は基本的にBIS規制に従うものとされるが、銀行のリスク資産を公表していないため、その算出方法は厳密に明示することができない。
18) 『南充市商業銀行2005年年度報告』を参照されたい。
19) 2005年までの年報では製造業向け融資は工業向け融資として計上されている。
20) 国有企業改革における「現代企業制度」の導入と確立過程については、唐燕霞［2004］が詳細である。
21) 詳しくは附表(4)を参照されたい。
22) ここでいう地方政府の株式保有は地方政府財政局による株式の保有を指すもので、国有法人による株式の保有は含まれていない。国有法人による株式保有は法人保有に計上されている。
23) 銀行経営陣などの管理層が保有する株式の一部は取引制限（年間取引株数は保有株数の25％以下）をかけられている。
24) 2006年に寧波市商業銀行が上場したため、銀行の株式は流通株と非流通株に分けられている。ここでは非流通株のみを検討する。

25) 一回の貸出は3.5億元を限度としている（『寧波銀行2009年年度報告』p. 65）。
26) 株式保有シェアを維持する四川明宇集団有限公司も不動産開発を主要業務とする会社である。
27) 北京大学の張維迎教授などが批判の的となっていた（『第一財経報道』2007年4月1日）。

終章

中国の金融発展と銀行経営

I　地域金融からみた銀行経営

　周知のように、中国の金融システムにおいては国有銀行の支配的構造が維持されており、政府によるコントロールが依然として強い。この点は、本書が分析対象とする中国の都市商業銀行も例外ではない。政府のコントロール下にある都市商業銀行の経営はどのように行われているのか、そして都市信用社から転換してきた非国有の商業銀行として資金配分においてどのような役割と機能を果たしているのか。これらの点について、本書では、都市商業銀行の成立と経営に関する歴史や金融市場構造、地域経済、そして銀行の所有・統治、さらに外資の影響といった点に注目して検討を積み重ねてきた。その分析の重点は主にミクロレベルにおける銀行の経営実態の解明にあったが、金融発展のダイナミズムを理解するためにマクロの側面にも及んだ。そのなかで、地域金融の視点に立ち銀行経営の実像について金融市場の地域分断、政府の関与、地域経済の発展不均衡という3点からその特徴と様相を明らかにした。以下では、この3点を中心に本書の主な結論と成果を総括する。

1．市場分断と銀行経営

　地域金融が成立するには、一般に金融市場の地域分断が前提条件となる。本書では、投資貯蓄への依存度から市場分断を検討した従来の研究とは異なり、金融機関の視点に立って貸出金利の差および金融行政のヒエラルキーから金融市場の地域分断を実証した。そしてこうした地域分断を前提として、各章では

都市商業銀行の成立と経営を分析した。まず、金融市場が地域的に分断されている状況下において、都市商業銀行に要求される経営は、規模の追及よりも地域の金融機関としてのビジネスモデルの確立であることを明らかにした。とりわけ第4章では、都市商業銀行の経営においては規模の経済性が検出できず、規模の小さい都市商業銀行は統合・合併よりも地域経済に密着する経営システムを構築することが重要であることを指摘している。のちの第5章、第7章の分析でも同様のことを指摘している。

また地域分断によって、中国の金融市場の環境はきわめて複雑になっている。最大の規模を誇る国有商業銀行は、経営構造において分散化しており、店舗あたりと職員あたりの資産規模はいずれも都市商業銀行のそれを下回る。これと関連して、第5章では、一部の地方都市における都市商業銀行の貸出シェアは国有商業銀行の地方都市支店の平均シェアよりも高いことが確認されている。銀行間の市場構造は必ずしも従来の研究が指摘したような寡占構造ではない。金融機関相互には全体として棲み分けの関係（国有商業銀行－株式商業銀行－都市商業銀行の棲み分け）が存在するとしても、域内（局部）においては競争の激化も観察されている。

ただし、これをもって中国の銀行業において市場メカニズムが機能し始めたというのは妥当ではない。歴史を振り返ると、中国の金融発展の過程において、国有商業銀行は行政区分に従って出店し、組織の膨張を通じて規模を拡大してきた。これは一般的な金融発展において観察される自然独占とはかなり異なるものである。一方、地域経済のなかで都市信用社の設立を通じて成長してきた都市商業銀行の多くも、市場の発展に応じて誕生したものではない。都市商業銀行の成立過程を踏まえれば、1995-2006年の成立期以降、それは経営基盤を強化しつつあり、金融市場において市場メカニズムが機能する基礎条件をつくり上げたと言える。一方で、今後中国の金融市場は大きく変動していくことが予想されるが、そのなかで都市商業銀行が直面する経営課題は、安定的かつ効率的な経営システムをいかに構築するかという点であろう。

2．政府の関与と銀行経営

中国の金融業における政府の関与は、今後も長期的に継続すると見られるが、その方法と役割とが都市商業銀行の分析を通じて明らかになった。まず、都市信用社の設立では、設立機関（多くは政府とつながりを持つ）はさまざまな目的を持って都市信用社を開設した。都市信用社から都市商業銀行に転換する過程においては、地方政府や地方人民銀行が中心となって関与していた。これらの設立機関は、所有制度が明確に確立されていないなかで共同出資の形を採ることにより既存の関係者の利害を調整した。複数の利害関係者間の調整にはコストを支払うこともあり、都市信用社の元職員に対して内部蓄積（純資産）の一部を分配したことはその象徴である。ただし、政府は民間の金融機関の設立に対しては一貫して慎重な姿勢を貫いてきた。「保留社」（都市信用社）のうち都市商業銀行に転換したのはわずか6社であり、しかもこれらの都市信用社は設立当初から地方政府と良好な関係を維持してきた。

都市商業銀行の経営における地方政府の役割については、プラス面を見れば、地方政府による出資や「地方財政信用」の運用を都市商業銀行に移したことにより、都市商業銀行経営の安定に貢献した点を挙げられる。その一方、地方政府の所有に関する定量分析では、銀行の経営における地方政府の株式保有の非効率性が検出された。ただし、地方政府が最大の株主となった場合は、自己資本比率と不良債権比率の改善によい効果を持つことから、地方政府には銀行経営を健全化するインセンティブが存在することも確認した。とくに第6章で明らかにしたのは、取締役会と監査役会の2層型統治機構を取り入れた都市商業銀行では、地方政府の幹部という人的要素が依然として大きく作用している点である。銀行経営の安定化に欠かせない経営者の権威の維持は、政府の官僚システムに金融幹部の専門性を加えた形で実現された。また都市商業銀行の外資導入でも、経営者の影響力が大きい都市商業銀行は容易に経営計画を展開できるという側面が存在することが南充市商業銀行の事例から確認できた。ただし、都市商業銀行の経営には地域間の格差が大きく、経済が発展した浙江省では経

営上の自主権が比較的大きいようである。

このように、銀行の経営における政府の支配が堅持されている一方、金融幹部をトップとする都市商業銀行の内部職員も銀行経営に与える自身の影響力を発揮しようとしている。とくに、一部の都市商業銀行では、内部職員向けの株式増発などによって、銀行経営における内部職員、いわゆるインサイダーの影響が増大している。とりわけ、都市商業銀行の自主経営が拡大しつつあるなか、金融幹部をトップとする内部職員の意思決定問題もこれから注目すべき点であろう。

3. 経済発展の不均衡と銀行経営

中国経済には大きな地域格差が存在する。都市商業銀行の分析でもその格差を確認できた。地域経済の発展の不均衡は、中国の金融発展と銀行経営にさまざまな影響を与えている。まず都市商業銀行の設立と立地をみれば、早期に設立された都市商業銀行は沿岸部や省都などの中心都市であったことがわかる。その後、都市商業銀行の設立は地方都市や中西部地域に広がったが、西北の内陸部では省都にしか設立されていないのが現状である。第5章で確認したのは、中西部の内陸地域にいくほど省都（中心都市）と地方都市の経済格差が大きいという点である。経済が発展している東部では、都市間の経済格差が大きくない。東部地域には数多くの銀行が設立され、金融活動は活発で銀行の経営業績も良い状況にある。このため、浙江省の都市商業銀行は自主権が比較的大きいのである。その一方、中西部に設立された都市商業銀行は、省都に立地するものと地方都市に立地するもので大きな規模の差があり、地方都市の都市商業銀行の一部は赤字経営を強いられた。

こうした地域経済の発展の不均衡は、一般に言われるような経済発達地域と未発達地域の間だけではなく、省内における中心都市と地方都市の間にも存在する。近年、地方都市に立地する規模の小さい都市商業銀行が地域の金融市場において預金の吸収と貸出の拡大を通じて影響力を強めている。しかも、そのシェア拡大がある程度銀行の経営業績によい影響をもたらしていることが、湖

終　章　中国の金融発展と銀行経営　261

北省や四川省を対象とした分析で明らかとなった。ただし、第6章における銀行の経営者と意思決定に関する分析では、内陸部の都市商業銀行の経営者がリスク中立的な経営を行っていることも指摘した。南充市商業銀行のように、地方都市に立地しながら積極的に外資導入を進める内陸部の都市商業銀行はみられない。ここからは、地域特性を活かせる銀行経営の重要性がうかがえる。そして経済未発達の地域に立地する銀行こそ、大胆な経営を行える経営者の手腕が問われるようである。

　第5章、第7章で示したように、西部地域や地方都市における都市商業銀行の成長は、地域経済の発展を促進するものとして捉えられる。この種の効果は金融発展理論を用いて解釈することが可能である。今後、西部地域や地方都市の経済成長における都市商業銀行の役割が期待できよう。他方、東部地域や中心都市に立地する都市商業銀行が直面する課題は、日々激しくなっている銀行間の競争の中から、特徴のある経営基盤を構築することであると言える。

II　さらなる課題

　本書は、都市部に成立した都市商業銀行を研究対象として、従来にない視点から中国金融発展のダイナミズムを検討した。そこから、従来の研究では明確でなかった事実を数多く明らかにした。しかし、分析の視点をミクロレベルにおける銀行経営の実態解明に置いたため、分析の前提条件となる金融市場の分断構造に対しては立ち入った検討ができなかった。つまり、金融市場の地域分断における銀行経営の課題を浮き彫りにしたが、その反面、銀行の発展と成長に伴う金融市場の変化の方向性を示すことができていない。また政府の役割等に関する分析には依然として曖昧さが残っている。これは、中国経済においては初期条件として政官民一体型の生産企業や金融組織が数多く存在し、政府の概念と範囲を厳密に定義、規定するのが極めて困難であることと関係している。それゆえ、政府の役割等に関する分析については異なる分析手法を用いて再検討する必要性がある。以下では、上記の2点に基づき本書の課題と展望を述べ

る。

1. 銀行業における競争と効率性

　金融発展理論では、金融発展と経済成長の関連が実証されている。ただし、社会全体にとって望ましい資金配分の達成は、ただちに金融機関の経営健全化の達成を意味するわけではない。すなわち金融構造の主体均衡のほかにも、銀行経営の個体均衡を重要視しなければならない。中国の場合、国有銀行を通じて資金を動員し、政府主導の工業化を実現するために資金の配分をコントロールしてきた。しかし、国有銀行の非効率性による経営の行き詰まりは、政府資金の補てんによってようやく打開された。銀行の経営効率性を改善するため、市場メカニズムや内部統治の強化が講じられるようになった。とりわけ出店規制や業務規制の緩和による銀行間の競争激化がみられ、金融市場の地域分断構造には変化が生じ始めた。

　銀行間の競争は、銀行の経営を規律化する効果があるが、必ずしも社会全体の資金配分や金融仲介機能の効率を改善する効果があるとは限らない。「金融抑制」に関する議論では、政府の金利規制を通じて実質金利を正の水準に保つことによって、銀行に経営基盤を強化するためのレントをもたらし、銀行の資金配分を効率化させることの重要性が指摘されている。すなわち、経済成長を持続させるには、競争を通じて銀行の経営効率を高めるだけでなく、効率的な資金配分を行う金融仲介機能の強化が重要であり、そのためには銀行経営の健全化を促進する銀行行政の制度設計が課題になる。しかし、中国では行政区分に従って数多くの地方人民銀行と銀監局が設置されており、統一的な規制政策や銀行行政を行うには膨大なコストがかかる。この点は銀行行政の制度改革における重要なテーマである。

　この問題については、都市商業銀行のような地域金融機関の成長によって中国の銀行業の市場構造と経営効率にどのような変化が表れてきたのかという点を明らかにし、銀行行政のあり方に対して政策提言を行う必要がある。本書から導き出される新たな課題として、より詳細なデータを用いて中国銀行業の市

場構造および資金運用の効率性における変化を明らかにすべき点が挙げられる。そして、競争度や非効率性の推計という従来の産業組織論の伝統手法以外に、経済地理学の観点に基づいて銀行の立地要因などを分析し、従来の研究では示せなかった銀行店舗の最適規模などを推計することにより、具体的な政策提言のための実証研究を行うことを今後の研究課題としたい。

2．地域金融と産業

　本書は、都市商業銀行の経営実態の解明を通じて、地域経済に影響を及ぼす地域金融機関の成立を実証した。しかし、都市商業銀行を介した資金の配分がどのように地域の産業発展を促進したのかという点については明らかにできなかった。つまり金融と産業との関係については明確に示せなかったのである。一般に、地域金融市場には、金融機関と企業の間の長期取引を通じた情報非対称性の改善によって取引コストを低減し資金運用効率を高める効果がある。これはいわゆるリレーションシップ・バンキングとして、地域金融研究では重視されている。中国の地域経済発展には、これに類する資金配分のメカニズムが形成されているであろうか。この点については、本書は都市商業銀行の貸出において地方政府と上位株主との間に関連融資が存在することを確認したのみにとどまっている。

　こうしたことから、本書から導かれる今後の研究課題のひとつとして挙げられるのが、地域経済における金融機関と企業との長期的関係を明らかにすることである。資料の制約により、金融機関の貸出行動から直接的にこれを解明することはできない。それゆえ、従来の研究とは異なる方法でこの課題を究明する必要がある。筆者が地域金融研究と同時進行で行ってきた地域の産業発展に関する研究では、各産業の地方史（地方誌）や地方の専門誌を用いた。一部の資料は、企業間、企業と政府間の関係、およびそれに関わる政府幹部との関係が詳細に示されている。これらの情報を手掛かりとして、地域経済における企業のネットワークおよび政府幹部のネットワークを示すことができる。そして、これらのネットワークから、政府と企業、政府と金融機関のつながりを示し、

さらに政府を介する金融と産業の関係を明示することができよう。

　すなわち、今後の展望としては、本書では曖昧さが残った政府の役割に関する分析に関して、地域における各経済主体のネットワークから、地域経済発展の担い手とメカニズムを分析することにより実証の精度を高めていくことが課題として挙げられる。中国の経済開発は、政府の関与のもと他の発展途上国では類をみない形で行われてきた。それゆえ、開発経済学でいう市場、政府の概念をそのまま援用して中国経済の市場発展と政府の関係を明らかにすることはできない。そのため、中国の市場経済が復活しはじめた1980年代に戻り地域経済発展の歴史を振り返る必要がある。近年では地方史などの専門資料の公開が進んだことによって、都市を単位とした経済発展過程の源流を辿ることが可能となり、成長を持続させる効率的かつ機能的な経済運営の仕組みを究明することが可能になった。本書が示しうる新たな課題は、こうした政府を介した銀行の資金配分メカニズムを解明することである。そこではネットワークの分析が重要な要素になるだろう。

　より中長期的には、こうしたネットワークの解明を基礎に、地域経済を単位として、資金循環の観点からミクロレベルにおける部門間の資金構造と資金運用効率の変化を詳細に検討したい。資金黒字主体の家計から資金を調達し資金赤字主体の企業へ資金を供給する金融機関は、かかる資金循環の中間に位置する。金融機関の資金運用効率は、直接的に企業部門の投資行動と家計部門の貯蓄行動に作用し、地域経済に大きな影響を与えている。こうした金融機関を介する貯蓄投資および資本形成のメカニズムを解明することが、今後の研究の最も主要な課題である。

附表(1) 都市信用社の貸借対照表 (1986-2005年)

(単位：億元)

		1986	1987	1988	1989	1990	1991	1992	1993	1994	1995
資産の部	準備資産	1.4	5.3	16.1	25.4	36.1	51.6	88.9	331.2	498.2	662.7
	預金準備	1.3	4.6	14.3	22.8	32.4	46.6	80.1	134.2	230.5	332.1
	中央銀行預り								176.3	214.5	282.6
	現金	0.1	0.7	1.8	2.6	3.7	5.0	8.8	20.6	33.0	48.0
	中央銀行債券			3.0	5.4	9.6	22.1	38.2	0.0	20.2	20.5
	対政府債権	11.0	21.7	32.2	57.1	77.6	107.6	177.9	73.8	67.9	98.2
	対非金融機関債権	19.5	63.4	133.9	196.3	248.8	316.2	487.2	777.4	1,442.8	2,068.2
	特定預金機構債権										
	他の金融機関債権								0.0	139.6	189.6
	その他資産										
	資産合計	31.9	90.4	185.2	284.2	372.1	497.5	792.2	1,182.4	2,168.7	3,039.2
負債および資本の部	預金負債	29.5	75.6	157.1	220.9	309.7	447.8	821.3	1,339.7	2,353.5	3,357.4
	普通預金	0.9	8.1	20.7	49.5	85.6	134.6	212.6	622.0	999.2	1,172.4
	定期預金	3.5	6.2	9.5	11.4	16.8	25.2	47.5	68.7	204.4	407.2
	積立預金	17.5	34.4	64.2	77.4	100.5	132.0	204.8	375.8	733.7	1,259.5
	その他預金	7.6	26.9	62.7	82.6	106.9	156.0	357.0	273.2	416.2	518.3
	中央銀行負債	1.0	6.9	12.7	14.6	14.3	13.7	27.6	23.1	34.7	29.7
	特定預金機構負債										
	他の金融機関負債	0.8	1.1	0.7	12.6	1.7	△12.5	△100.4	0.0	44.0	57.6
	債券								0.0	0.0	0.2
	他の負債	△1.6	2.3	3.4	7.5	9.7	4.4	△16.7	△264.5	△445.2	△606.5
	資本金	2.1	2.8	7.1	18.8	28.2	35.2	47.9	84.1	111.1	136.0
	負債・資本合計	31.9	90.4	185.2	284.2	372.1	497.5	792.2	1,182.4	2,098.1	2,974.4
預金構成	預金合計	29.5	75.6	157.1	220.9	309.7	447.8	821.3	1,339.7	2,353.5	3,357.4
	企業部門	17.5	34.4	64.2	77.4	100.5	132.0	243.5	554.5	893.1	1,031.5
	当座預金										
	定期預金										
	集団企業	17.5	34.4	64.2	77.4	100.5	132.0	224.0	501.8	773.8	871.6
	国有企業							19.4	52.7	119.3	159.9
	家計部門	0.9	8.1	20.7	49.5	85.6	134.6	212.6	375.8	733.7	1,259.5
	普通預金	0.4	3.1	9.0	16.2	25.7	41.6	76.9	137.3	248.0	355.3
	定期預金	0.5	5.0	11.7	33.3	59.9	93.0	135.7	238.5	485.8	904.2
	農業部門										
	自営業者	3.5	6.2	9.5	11.4	16.8	25.2	47.5	67.5	106.2	140.9
	非営利組織							39.0	68.7	204.4	407.2
	その他	7.6	26.9	62.7	82.6	106.9	156.0	279.4	273.2	416.2	518.3
貸出金構成	貸出金合計	19.5	63.4	133.9	196.3	248.8	316.2	487.2	777.4	1,323.6	1,929.0
	短期貸出	15.6	48.4	97.0	145.3	186.1	235.3	419.1	665.1	1,029.8	1,417.3
	集団企業	13.3	41.6	84.8	127.9	161.5	202.7	346.3	536.9	803.2	1,079.7
	国有企業							28.0	60.6	126.1	181.5
	私営・自営業	2.3	6.8	12.2	17.4	24.6	32.6	44.7	67.6	100.5	156.2
	郷鎮企業										
	三資企業										
	工業										
	商業										
	建築業										
	農業										
	その他										
	中長期貸出										41.4
	基本建設										
	技術改造										
	その他										
	買入手形										
	その他	3.9	15.0	36.8	51.0	62.8	80.9	68.2	112.3	293.9	470.3
	預貸率 (％)	66.1	83.9	85.2	88.9	80.3	70.6	59.3	58.0	56.2	57.5

		1996	1997	1998	1999	2000	2001	2002	2003	2004	2005
資産の部	準備資産	779.0	1,002.8	982.5	1,042.9	1,078.3	1,047.5	157.0	201.2	280.9	330.4
	預金準備	394.7	525.5	908.4	939.6	989.4	976.2	147.4	186.7	264.0	311.3
	中央銀行預り	341.6	411.3								
	現金	42.7	66.0	74.1	103.3	88.9	71.4	12.6	14.6	16.9	19.1
	中央銀行債券	0.0	3.3	2.1	1.2	1.2	0.0	0.1	2.6	2.1	2.5
	対政府債権	99.4	245.8	388.2	502.7	623.9	890.9	35.8	51.4	46.4	64.4
	対非金融機関債権	2,631.1	3,516.8	4,007.6	4,460.0	4,695.1	5,495.5	674.5	856.5	1,024.2	1,148.4
	特定預金機構債権							7.4	12.6	20.5	17.6
	他の金融機関債権	238.3	220.7	225.9	294.7	386.4	366.3	4.2	4.4	6.3	5.5
	その他資産							310.3	358.6	419.3	481.7
	資産合計	3,747.8	4,989.4	5,606.3	6,301.5	6,784.9	7,800.2	1,192.3	1,487.2	1,799.8	2,050.5
負債および資本の部	預金負債	3,998.3	5,382.5	6,084.9	6,638.8	6,786.6	7,812.4	1,010.6	1,270.6	1,588.9	1,813.1
	普通預金	1,171.9	2,232.5	2,583.8	2,972.3	3,475.7	4,051.1	333.9	440.3	555.4	613.4
	定期預金	474.6	631.1	683.5	728.0	792.3	1,020.1	103.4	126.5	170.8	202.3
	積立預金	1,833.0	2,419.7	2,719.5	2,819.9	2,403.3	2,512.6	549.5	647.6	791.0	926.4
	その他預金	518.8	99.2	98.1	118.6	115.3	228.7	23.7	56.3	71.7	71.0
	中央銀行負債	33.7	37.8	39.1	143.1	314.3	316.3	35.7	37.2	31.2	16.9
	特定預金機構負債							0.5	0.4	0.5	0.1
	他の金融機関負債	177.8	139.6	116.2	154.6	177.2	70.1	3.6	6.1	2.0	3.0
	債券	0.4	2.7	0.7	0.4	0.0	0.0	1.3			
	他の負債	△674.3	△854.0	△908.5	△950.1	△817.3	△762.2	102.8	133.5	128.8	164.7
	資本金	158.4	252.6	273.9	314.7	324.1	363.7	37.9	38.8	48.5	52.7
	負債・資本合計	3,694.3	4,961.2	5,606.3	6,301.5	6,784.9	7,800.3	1,192.3	1,487.2	1,799.8	2,032.7
預金構成	預金合計	3,998.3	2,846.7	2,461.9	2,248.8	1,529.2	1,071.4	1,010.6	1,270.6	1,588.9	1,817.7
	企業部門	1,008.9	1,107.1	866.3	753.8	565.6	426.6	429.2	549.8	691.9	766.3
	当座預金		850.9	689.1	610.9	460.4	340.3	326.0	423.3	521.2	563.9
	定期預金		256.2	177.2	142.9	105.2	86.3	103.4	126.5	170.8	202.3
	集団企業	815.4									
	国有企業	193.4									
	家計部門	1,833.0	1,681.7	1,559.9	1,456.9	931.9	630.9	549.6	647.6	791.0	926.4
	普通預金	475.4	385.5	374.5	367.7	238.0	155.5	141.3	162.3	193.4	212.8
	定期預金	1,357.6	1,296.2	1,185.4	1,089.2	693.9	475.4	408.2	485.3	597.6	713.6
	農業部門		0.4	1.0	10.1	13.2	2.2	1.0	1.8	1.6	2.8
	自営業者	163.0									
	非営利組織	474.6					2.1	6.9	15.2	32.6	47.0
	その他	518.8	57.5	34.6	28.1	18.6	9.6	23.5	56.2	71.6	75.6
貸出金構成	貸出金合計	2,445.2	1,933.9	1,689.6	1,609.5	1,056.7	725.4	664.4	837.0	1,014.5	1,131.1
	短期貸出	1,651.7	1,295.8	1,047.2	854.2	563.7	630.7	555.4	678.4	782.7	831.2
	集団企業	1,215.7									
	国有企業	223.3									
	私営・自営業	212.7	162.6	160.9	144.2	102.5	99.0	93.3	128.0	174.9	205.1
	郷鎮企業		22.4	24.9	18.6	14.1	15.8	7.5	8.3	7.3	8.9
	三資企業		3.1	6.7	1.2	0.9	1.7	1.1	1.1	1.9	1.8
	工業		351.2	272.9	211.7	130.1	164.2	153.9	184.2	211.5	216.0
	商業		338.0	241.4	172.7	104.8	152.9	117.4	133.8	147.6	132.3
	建築業		11.3	10.3	8.6	6.5	15.1	17.4	30.5	38.4	48.0
	農業		1.1	0.8	3.7	4.4	5.5	1.6	2.0	3.4	2.6
	その他		406.2	329.2	293.6	200.5	176.6	163.4	190.5	197.9	216.5
	中長期貸出	63.4	49.6	49.5	46.1	34.7	86.3	81.6	119.7	164.9	232.5
	基本建設		6.4	4.8	6.0	7.6	11.1	11.0	16.5	26.2	32.7
	技術改造		0.6	1.1	1.0	0.9	2.5	2.0	4.8	6.9	6.9
	その他		42.5	43.6	39.2	26.1	72.6	68.6	98.4	131.8	192.8
	買入手形		6.4	1.8	3.1	5.0	8.4	27.4	38.8	66.9	67.3
	その他	730.1	582.1	591.1	706.1	453.4	0.0	0.0	0.0	0.1	0.2
	預貸率（%）	61.2	67.9	68.6	71.6	69.1	67.7	65.7	65.9	63.9	62.2

注：1997-2001年における資産、負債および資本の統計は、都市商業銀行の一部も集計した可能性が大きく、数字に誤りが存在する可能性が高い。

出所：『中国金融統計1949-2005』、『中国金融年鑑』各年版。

附表(2)　都市商業銀行の貸借対照表（1995-2005年）

(単位：億元)

		1995	1998	1999	2000	2001	2002	2003	2004	2005
資産の部	現金	0.9	36.8	67.4	61.3	56.3	71.4	86.3	94.2	107.1
	中央銀行預け金	9.6	541.4	671.4	824.5	834.5	994.3	1,428.3	1,987.9	2,090.8
	同業預け金	48.4	183.2	154.1	168.4	228.8	344.4	415.4	371.9	703.0
	コールローン	6.5	159.6	162.4	174.6	218.0	157.7	173.2	116.8	117.4
	特定取引資産	1.2	2.0	2.2	84.7	23.1	6.5		9.7	8.9
	貸出金	51.3	2,281.9	2,704.0	3,469.9	4,527.4	5,893.4	7,661.6	8,955.0	10,812.7
	短期貸出	34.9	1,277.2	1,419.0	1,705.0	3,011.5	3,538.5	4,319.7	4,673.0	5,327.0
	工業		222.5	246.9	303.6	574.9	615.9	755.9	878.5	1,048.7
	商業		450.3	405.6	369.6	745.0	814.4	965.0	889.6	925.4
	建築業		53.6	74.2	101.3	204.4	272.4	330.0	339.0	435.2
	農業		1.4	3.5	6.5	9.1	12.4	28.1	20.6	17.4
	郷鎮企業		30.2	37.9	51.1	81.2	94.9	107.7	93.4	94.8
	三資企業		53.7	54.1	50.6	88.9	90.4	90.3	82.5	92.3
	私営・自営業		72.5	83.0	106.4	217.4	283.1	342.9	443.1	494.4
	その他		412.3	514.0	716.0	1,090.8	1,354.9	1,699.8	1,926.3	2,218.9
	中期流動資金		37.1	55.4	52.6	79.3	180.7	270.0	350.2	361.8
	中長期貸出	4.9	156.5	294.9	522.6	1,092.0	1,377.5	2,245.8	3,054.5	3,733.9
	基本建設		71.4	102.7	175.0	252.0	348.0	553.6	767.3	1,048.5
	技術改造		4.0	8.4	17.6	35.3	38.7	61.7	81.9	90.9
	その他		81.2	183.9	330.1	804.7	990.8	1,630.6	2,205.4	2,594.4
	その他（期限切れ）	11.5	777.7	915.5	1,063.2	344.6	796.7	826.2	877.3	1,390.0
	買入手形	0.0	14.2	19.3	126.5	340.5	783.8	813.9	863.2	1,368.7
	投資（有価証券）	6.9	558.7	758.9	1,010.8	1,497.7	2,303.7	2,955.7	3,519.1	4,103.6
	現先勘定					268.1	520.1	257.5	313.6	476.6
	未収金	6.2				238.8	236.7	211.1	178.8	166.4
	外為ポジション		0.9	6.6	8.9	5.5	9.4	16.7	18.0	17.1
	その他資産	2.6	1,163.2	953.8	857.1	△49.5	202.2	751.0	817.2	619.0
	資産合計	133.6	4,941.8	5,500.0	6,786.6	8,189.2	11,523.5	14,777.9	17,245.3	20,591.2
負債の部	預金	69.0	3,760.5	4,387.4	5,278.6	6,789.9	8,890.3	11,607.3	13,990.2	17,029.2
	企業預金		2,457.6	2,923.3	3,659.8	4,631.4	5,973.4	7,640.4	8,947.7	10,311.7
	貯蓄預金	11.3	1,220.6	1,363.0	1,471.4	1,881.8	2,442.2	3,105.8	3,816.6	4,901.9
	外為預金		1.8	3.1	5.7	7.4	11.2	14.3	18.8	21.0
	その他	57.7	82.3	101.1	147.4	276.7	474.7	861.1	1,225.9	1,815.6
	同業者預り金	38.1	118.3	172.1	317.2	316.2	389.9	489.9	336.2	463.5
	コールマネー	4.0	98.5	83.2	96.2	94.9	48.8	75.7	16.7	7.9
	借用金（中央銀行）	6.1	21.9	114.2	277.7	282.7	165.7	177.8	119.3	65.4
	銀行債		5.0	76.0	95.4	455.2	1,111.1	883.9	1,012.6	757.8
	特定取引負債	1.7	4.2	5.7	66.2	5.0	△12.9	△16.6	13.6	48.5
	未払い金	2.6			133.1	130.7	139.8	149.7	170.5	267.6
	その他負債		709.3	415.6	261.9	△189.8	389.4	939.2	1,018.0	1,139.7
	負債合計	121.6	4,717.7	5,254.2	6,526.4	7,884.8	11,122.1	14,306.9	16,677.1	19,779.6
資本の部	払込資本	10.9	200.2	238.4	274.6	325.5	357.9	407.3	462.4	589.9
	資本余剰									
	利益余剰	0.1								
	未払い利益	1.1	0.0	△5.8	5.8	17.3	35.9	47.3	81.7	112.9
	所有者持分合計	12.0	224.1	245.8	260.2	304.4	401.4	471.0	568.2	811.6
	負債・資本合計	133.6	4,941.8	5,500.0	6,786.6	8,189.2	11,523.5	14,777.9	17,245.3	20,591.2

注：その他資産およびその他負債は調整項目として設けたもので、財務諸表に計上されていない固定資産や無形資産、繰延税金などが含まれる。

出所：『中国金融年鑑』1996年版、『中国金融統計1949-2005』より筆者整理作成。

附表(3)　都市商業銀行設立都市の一覧（2011年3月末時点）

	所在地	備考[1]		所在地	備考
直轄市	北京市 上海市 天津市 重慶市 重慶市万州区	北京銀行 上海銀行 天津銀行 重慶銀行 重慶三峡銀行	江 蘇	南京市 常州市 淮安市 連雲港市 南通市 蘇州市 無錫市 徐州市 塩城市 揚州市 鎮江市 靖江市（2008）	南京銀行 江蘇銀行（2007） 江蘇長江商業銀行
河 北	石家荘市 承徳市 廊坊市 秦皇島市 唐山市 張家口市 滄州市 邢台市（2007） 邯鄲市（2007） 保定市（2007） 衡水市（2009）	河北銀行 承徳銀行 廊坊銀行 滄州銀行 邢台銀行 邯鄲銀行			
山 西	太原市 大同市 長治市 晋城市（2006） 晋中市（2007） 陽泉市（2007）	晋商銀行	浙 江	杭州市 湖州市 嘉興市 寧波市 紹興市 温州市 金華市 台州市 義烏市（2006） 温嶺市（2006） 台州市（2006）	杭州銀行 湖州銀行 嘉興銀行 寧波銀行 紹興銀行 温州銀行 金華銀行 台州銀行 浙江稠州商業銀行 浙江民泰商業銀行 浙江泰隆商業銀行
内モンゴル	フフホト市 包頭市 烏海市（2006） オルドス市（2007）	内蒙古銀行 包商銀行 烏海銀行 鄂爾多斯銀行	安 徽	合肥市 蚌埠市 馬鞍山市 安慶市 淮北市 蕪湖市	徽商銀行（2005）
黒龍江	ハルビン市 大慶市 チチハル市 牡丹江市（2006） 七台河市信用社	哈爾濱銀行 龍江銀行（2009）	江 西	南昌市 贛州市 九江市 上饒市	南昌銀行 贛州銀行 九江銀行 上饒銀行
吉 林	長春市 吉林市 遼源市信用社	吉林銀行（2007）	福 建	福州市 アモイ市 泉州市	福建海峡銀行 廈門銀行 泉州銀行
遼 寧	瀋陽市 大連市 営口市 錦州市 鞍山市 丹東市 撫順市 阜新市 葫蘆島市 遼陽市 盤錦市 鉄嶺市（2007） 朝陽市（2008） 本渓市（2010）	盛京銀行 大連銀行 営口銀行 錦州銀行 鞍山銀行 丹東銀行 撫順銀行 阜新銀行 葫蘆島銀行 遼陽銀行	広 東	広州市 深圳市 東莞市 湛江市 珠海市 仏山市[2] 汕頭市	広州銀行 平安銀行 東莞銀行 珠海華潤銀行 2001年清算
			広 西	南寧市 桂林市 柳州市	広西北部湾銀行 桂林銀行 柳州銀行
			四 川	成都市 楽山市	成都銀行

文末附表　269

	所在地	備考		所在地	備考
山　東	済南市 青島市 煙台市 徳州市 臨沂市 東営市 莱蕪市 日照市 淄博市 濰坊市 威海市 済寧市（2006） 泰安市（2007） 棗荘市（2007）	斉魯銀行 青島銀行 煙台銀行 徳州銀行 臨商銀行 莱商銀行 日照銀行 斉商銀行 濰坊銀行 済寧銀行	四　川	瀘州市 攀枝花市 徳陽市 綿陽市 自貢市 南充市 宜賓市（2006） 涼山州（2008） 雅安市（2008） 遂寧市（2009） 達州市（2010）	徳陽銀行
河　南	鄭州市 開封市 洛陽市 焦作市 南陽市 新郷市 信陽市（2007） 許昌市（2007） 平頂山市（2008） 鶴壁市（2008） 安陽市（2008） 周口市（2009） 漯河市（2009） 商丘市（2009） 三門峡市（2009） 駐馬店市（2009） 濮陽市（2010）	鄭州銀行 洛陽銀行 新郷銀行 許昌銀行 平頂山銀行	貴　州	貴陽市 遵義市 六盤水市（2008） 安順市（2009）	貴陽銀行
			雲　南	昆明市 玉渓市（2006） 曲靖市（2006）	富滇銀行
			陝　西	西安市 宝鶏市 咸陽市 渭南市信用社 漢中市信用社 楡林市信用社	西安銀行 長安銀行（2009）
			甘　粛	蘭州市 平涼山市（2009）	蘭州銀行
			青　海	西寧市	青海銀行
			寧　夏	銀川市 石咀山市（2009）	寧夏銀行
湖　北	武漢市 黄石市 荊州市 宜昌市 孝感市 襄樊市（2007）	漢口銀行 湖北銀行（2011）	新　疆	ウルムチ市 カラマイ市 コルラ市（2008） クイトゥン市（2009）	昆侖銀行
湖　南	長沙市 湘潭市 衡陽市 岳陽市 株洲市 邵陽市信用社	長沙銀行 華融湘江銀行（2010）			

注：1）1998年以降、都市商業銀行の名称は基本的に＊＊市商業銀行に統一されたが、近年になって多くの都市商業銀行は業務内容の拡大に従って改名し、都市商業銀行同士における統合・合併も多くみられる。これらについては備考欄に明記する。なお2006年以降に設立された都市商業銀行については（　）に設立年を記す。
　　2）興業銀行により買収統合されたが、詳細は興業銀行年報（2004）を参照されたい。
出所：『中国金融年鑑』2006年版（金融機関目録）、中国銀行業監督管理委員会および各都市商業銀行関連資料より筆者整理作成。

附表(4) 金融体制改革関連年表 (1995-2006年)

		主要事項	備 考
1995年以前			
銀行システム		1978年 中国人民銀行・国務院直轄部門に昇格 1979年 中国農業銀行・中国銀行・中国人民建設銀行営業再開 1984年 中国工商銀行開業 1987年 株式商業銀行設立開始	
金融体制改革		1980年 固定資産投資・政府資金から銀行融資へ 1984年 中国人民銀行・中央銀行機能確立へ 1994年 金融体制改革始動	
1995年	2月 3月 5月 6月 7月 10月	中国人民銀行・株式商業銀行ALM (資産・負債) 管理実行へ 全国人民代表大会・「中国人民銀行法」 全国人民代表大会・「中国商業銀行法」、「中国手形法」 全国人民代表大会・「中国保険法」 全国銀行業経営管理会議 中国人民銀行・海南発展銀行開業認可 国務院・北京、天津、上海、瀋陽、石家荘の都市合作銀行設立を許可 中国人民銀行・「融資通則」公表 深圳市城市合作銀行開業 (最初の都市商業銀行)	中国人民銀行総裁 朱鎔基 中国人民銀行総裁 戴相龍
1996年	1月 6月 7月 11月	中国民生銀行開業 (最初の民間商業銀行) 中国人民銀行・『融資通則』実施へ 国務院・「農村金融体制改革に関する決定」 中国人民銀行・BIS加入 中国光大銀行・アジア開発銀行と資本調達調印	
1997年	1月 5月 6月 7月 11月 12月	中国人民銀行・外資金融機関4社に上海浦東での人民元業務認可 全国金融工作会議 中国人民銀行・「金融機関内部統制を強化する指導原則」公表 中国人民銀行・「都市合作銀行管理条例」 中国人民銀行・貨幣政策委員会初会合 全国金融工作会議にて金融体制改革段階目標提出 中国人民銀行金融決済センター設立	
1998年	1月 4月 6月 10月 12月	中国人民銀行・国有商業銀行貸出総量制限撤廃 中国人民銀行・「貸出リスク分類の指導原則」公表 (五級分類へ) 中国人民銀行・外資銀行8社に国内コール市場の参加許可 共産党中央・中共中央金融工作委員会設立 中国人民銀行・広東国際信託投資公司破綻処理 全国人民代表大会・「中国証券法」	中央金融工作委員会 書記 温家宝
1999年	1月 3月 4月 7月 8月 9月	中国人民銀行・地域ブロック管理体制開始 中国光大銀行・中国投資銀行接収 中国人民銀行・「人民元金利管理規定」発表・実行へ 信達資産管理公社設立、公的機関による不良債権処理の開始 「中国証券法」施行へ 上海、深圳外資銀行の人民元取引拡大 (中国人民銀行決定) IFC・上海銀行に資本参加調印 共産党15期4中全会・「国有企業改革と発展の若干重大問題に関する決定」	

		主要事項	備考
1999年	10月	東方資産管理公社、長城資産管理公社、華融資産管理公社設立 上海浦東発展銀行・上海市場上場 中国人民銀行・「全面的に貸出五級分類方法を推し進める通達」	
2000年	1月	国務院常務会議・「国有重点金融機関監査役会暫定条例」 中国人民銀行・全国信用記録システム構築へ	
	2月	国務院・「個人預金口座実名制規定」実行へ	
	4月	中国人民銀行・外為金利管理体制改革	
	9月	中国民生銀行上海市場上場へ（株式商業銀行3行目） 中国人民銀行・中国証券業監督管理委員会・中国保険業監督管理委員会連席会議	
	11月	国務院・「金融資産管理公社管理条例」	
2001年	1月	中国人民銀行・「信託投資公司管理方法」	
	4月	全国人民代表大会・「中国信託法」	
	5月	中国人民銀行・『中国貨幣政策執行報告』公表開始	
	8月	中国証券業監督管理委員会・「上場企業に社外取締役制度を導入する指導意見について」	
2001年	11月	中国人民銀行・WTO加盟後の銀行業規制緩和計画を発表	
	12月	中国人民銀行・中国証券業監督管理委員会・中国保険業監督管理委員会・WTO加盟後の金融業開放承諾公表 中国人民銀行・「中国外資金融機関管理条例」	
2002年	1月	財政部・「金融企業会計制度」実行 中国人民銀行・貸出リスク分類管理全面実行	
	2月	全国金融工作会議・国有商業銀行株式改造決定	
	3月	中共中央・国務院・「金融監督を強化し、金融企業の改革を深化させ、金融業の健全な発展を促進する若干意見について」	
	6月	中国人民銀行・「株式制商業銀行コーポレート・ガバナンスガイドライン」、「株式制商業銀行社外取締役・監査役制度ガイドライン」	
	9月	中国人民銀行・「商業銀行内部統制ガイドライン」公表	
	11月	中国証券業・財政部・国家経貿委員会　外国投資家に国有・法人株式の譲渡許可 QFII制度実施（外国機関投資家に国内資本市場開放）	
2003年	4月	中国銀行業監督管理委員会設立	中国人民銀行総裁 周小川 中国銀行業監督管理委員会主席 劉明康
	6月	国務院・「農村信用社改革テストを深化させる方案」	
	8月	中国銀行業監督管理委員会・「農村商業銀行管理暫定規定」、「農村合作銀行管理暫定規定」	
	10月	全国人民代表大会・「中国証券投資基金法」	
	12月	国務院・中央匯金投資有限責任公司設立許可 全国人民代表大会・「中国銀行業監督管理法」、「中国人民銀行法（改定）」、「中国商業銀行法（改定）」	
2004年	1月	国務院・「資本市場の改革開放と安定を推進する若干意見について」	
	2月	中国銀行業監督管理委員会・「商業銀行自己資本比率管理方法」	
	6月	中国人民銀行・中国銀行業監督管理委員会　「商業銀行劣後債発行管理方法」	
	8月	中国銀行株式法人化	
	9月	中国建設銀行株式法人化	
	11月	都市商業銀行劣後債発行	

		主要事項	備考
2005年	1月	中国人民銀行・「金利政策市場化を推し進める報告」公表	
	4月	中国工商銀行株式化改革	
		中国証券業監督管理委員会・「上場企業株式・議決権分離管理のテスト業務に関する関連問題の通達」	
		中国人民銀行・「全国銀行間債券市場金融債券発行管理方法」	
		中国人民銀行・中国銀行業監督管理委員会「貸出資産証券化テスト管理方法」	
	5月	中国人民銀行・「全国銀行間債券市場債券オプション取引管理方法」	
	7月	国務院・郵政体制改革方案承認	
		中国人民銀行・管理下の変動相場制移行へ	
	8月	中国証券業監督管理委員会・国有資産監督管理委員会・財政部・中国人民銀行・「上場企業株式・議決権分離管理の指導意見について」	
		中国証券業監督管理委員会・「上場企業株式・議決権分離管理方法」	
		上海銀行・寧波支店開設	
	9月	中国銀行業監督管理委員会・「株式商業銀行取締役会責務ガイドライン（試案）」	
	10月	中国建設銀行・香港市場上場	
	12月	徽商銀行設立（安徽省内の都市商業銀行6行、都市信用社7社合併）	
2006年	4月	国務院・国有保険業・銀行業・証券業の株式持ち合い承認へ	
	6月	中国銀行・香港市場上場	
		国務院・「保険業改革発展に関する若干意見について」発表	
	7月	中国銀行・上海市場上場	
		寧波市商業銀行・南京市商業銀行　深圳・上海市場上場	
	10月	中国工商銀行・香港／上海市場同時上場	
	12月	中国銀行業監督管理委員会・「外資銀行管理条例」公表	
		国務院・海南省農村信用社テスト改革案承認	

出所：『中国金融年鑑』各年版、尚明（2000年、pp. 615-673）、呉暁霊（2008年、pp. 366-405）より筆者整理作成。

あとがき

　本書は、筆者が平成22年度に東京大学大学院経済学研究科に提出した博士学位論文を書き直して再構成したものである。一部データを補足し、図表などを差し替え、また読者にとって読みやすいように、日本語の表現や全体の論述を統一したものである。本書は、1995年以降、中国の都市部に数多く設立された都市商業銀行を考察対象として、中国における地域の金融機関の経営実態を実証した初めての研究書である。

　都市商業銀行の研究を手掛けた2005年から、本書の原稿を書き上げるまで実に5年以上の歳月を要した。これほど長い期間を要したのは、もちろん筆者の惰性によるところも大きいが、それ以上に、能力を超える研究テーマを選んでしまったその愚かさのためであると言えよう。とりわけデータの収集や方法論の模索に悩み、彷徨う時間のロスが大きかった。振り返ってみれば、分析視角にしても、方法論にしても、従来の研究を踏襲したものにすぎず、3年以上かけて収集・整理したデータベースを十分に活かせないまま、実証の密度や精度に課題を残すものとなってしまった。このように本書には多くの欠点が存在するが、それにもかかわらずこれを早く世に問いたかったのは、長年育てていただいた大学院の恩師たちの学恩に報いたい、そして励ましをいただいた研究者仲間や中国経済の研究者に、新たな研究材料を提供したいという筆者の思いがあったからである。

　筆者は2002年4月から東京大学大学院経済学研究科に在籍し、指導教授である伊藤正直先生のもと、金融制度分析の視角から、国際金融と日本金融史を系統的に学んできた。おそらく日本金融史に親しまれる方は、本書が地方金融史、地方銀行の研究から多くの影響を受けていることに気づかれるであろう。まさに日本金融発展のダイナミズムからさまざまな感銘を受けたことが、本書執筆

の直接のきっかけになったのである。伊藤先生の講義から吸収した知識やゼミの議論で得た知見・論点は、本書の各章に結実していると言えよう。また伊藤先生は、学問のみならず、筆者の日本での生活にまで格別に気を配ってくださるなど、公私にわたって学究生活を支えてくださった。恩師に深くお礼を申し上げたい。

中国経済に強い興味を持ちはじめたのは、東京大学社会科学研究所田島俊雄教授の大学院ゼミに通い始めた頃からである。東京大学大学院に進学して以降、さまざまな経済理論と分析ツールに出会ったが、はたしてそれらをどうやって現実の経済現象と結びつけるかについては、長く悩む時期があった。田島先生の大学院ゼミに参加してから、中国で日々起こる「不可解な経済現象」、そして中国人でさえ知らない中国知識が毎回のように紹介され、研究意欲を刺激される楽しい時間を過ごした。田島先生は中国の農業経済および農村工業化を専門とする代表的な研究者であり、「属地的経済システム」は先生が発明された造語である。本書が展開している地域経済の論点はまさに先生からの「盗用」である。先生の研究に貢献できるところと言えば、「地方金融」という未開拓の分野であろう。また田島先生は、学問だけでなく、研究の場、具体的には若手の中国研究者と交流できる場も設けてくださった。2004年以降、田島先生は「東アジア経済史研究会」を組織し、若手研究者による研究交流や成果発表の場を提供してくださった。この研究会を通じて、さまざまな分野における中国経済の若手研究者と出会えたが、彼らとは研究仲間というだけでなく、人生の友と呼ぶべき関係を築くことができた。これによって筆者は、研究者を目指す意思を固めるように至った。そして仲間の励ましや刺激を受け、2006年からようやく成果を出せるようになった。このようにして私を研究者に育ててくださった田島先生に感謝したい。

地域研究の難しさと面白さ、そして奥深さを知るようになったのは、東京大学社会科学研究所末廣昭教授の大学院ゼミに参加してからである。同ゼミはアジア産業経済をメインテーマとしており、主に地域研究を目指す院生が参加する。末廣先生はゼミにおいて地域研究の最先端を教えるだけでなく、地域研究

の基礎知識、統計データの整理方法、さらには図表のつくり方までとことん学生に教え込んでくださった。筆者にとって同ゼミはまさに地域研究の研究者になるための修業場であった。また末廣先生には博士論文の副査としてご助言をいただくとともに、論文の細部にわたってご指導いただいた。ここで感謝の意を表したい。

同様に、博士論文の副査として論文の細部にわたりご指導をいただいたのは、東京大学大学院総合文化研究科荒巻健二教授と東京大学社会科学研究所丸川知雄教授の両先生である。荒巻先生には建設的なコメントをいただき、これは論文完成度を高めることにつながった。また丸川先生には、博士論文だけでなく、研究会やワークショップの場を通じてさまざまなご助言をいただき、さらに論文の審査を快諾してくださった。ここで両先生に深くお礼を申し上げたい。

このように、来日してからさまざまな方々に出会い、そしてさまざまな方々から励ましや応援をいただいたことにより、ようやく本書を書き上げることができた。来日当初は慶応義塾大学に留学し、同大学国際センターの岬里美、村田年諸先生より日本社会や日本文化を教えていただいた。その後、東京大学大学院総合文化研究科教授丸山真人先生が筆者を外国人研究生として受け入れてくださり、奨学金の申請など細部にわたりご配慮いただいた。東京大学大学院経済学研究科に進学してからは、上記の先生方をはじめ、経済学研究科の諸先生よりさまざまなご教示とご支援をいただいた。澤田康幸先生は、開発経済の専門知識とフィールド調査のイロハを教えてくださった。持田信樹先生は、奨学金の申請など格別に面倒をみてくださった。また経済学研究科大学院掛や留学生担当の方々には、学業と生活の双方をサポートしていただき、さまざまな場面において助けていただいた。

2008年からは東京大学インテリジェント・モデリング・ラボラトリーに在籍した。担当准教授の中島和義先生をはじめ、同ラボの特任研究員たちから研究に関するさまざまな励ましと応援をいただいた。また同ラボは筆者の銀行データベース研究にとって快適な研究環境を提供してくれた。ここに感謝の意を表したい。さらに筆者がリサーチアシスタントとして勤務していた東京大学社会

科学研究所システム管理室の皆様に感謝したい。当時在室していた古谷真介（現大阪産業大学准教授）、宮島良明（現北海学園大学准教授）、大堀研、森田英嗣各氏にシステム管理の基本を教えていただき、PCに関するスキルが鍛えられた。

　日本での生活や勉学の費用は、ほとんどアルバイトと奨学金によってまかなわれる。これに関わってこられた方々に感謝したい。まず日本政策投資銀行和田敬記氏には、嘱託の仕事を任せられ、中国の産業調査を依頼していただいた。そして、ほぼ同時期に、東京大学工学系研究科教授元橋一之先生の研究プロジェクトに参加し、データ整理など一部の仕事を任せていただいた。また中国語を教える機会を通じて、知り合った村上汎、澤村駿朔、高橋志朗、大嶋正義などの諸氏に深く感謝したい。こうした方々の支えによって研究に専念でき、本書を完成することができた。また博士課程を修了するまで、三菱信託山室記念奨学財団（現三菱UFJ信託奨学財団）、阪和育英会、社会科学国際交流江草基金より奨学金や助成金をいただいた。ここに感謝の意を記したい。

　本書の研究は、中国国内の先生や友人の協力なくしては実現できなかった。まず北京大学教授銭淦栄先生に感謝したい。先生の協力によって一部銀行の調査を実現できた。そして中国共産党中央党校教授徐祥臨先生には、銀行年報や調査資料の収集に格別な便宜を図っていただいた。厚くお礼申し上げたい。さらに復旦大学教授朱蔭貴先生、中国社会科学院経済研究所研究員袁鋼明先生には日頃のご鞭撻に感謝したい。両先生は筆者の研究生活に対してさまざまにご指導くださった。また南開大学教授倪志良先生、張思先生、李長英先生（現山東大学教授）は、来日などの際に格別な便宜を図ってくださった。ここに感謝の意を表したい。また大学の後輩にあたる南開大学副教授馬静氏には、関連情報や中国語論文を提供していただいたことに、改めてお礼を申し上げたい。

　本書の完成に最も貢献してくださったのは、東京大学大学院で知り合った研究仲間と友人たちである。まず大学院自主ゼミ国際部屋に所属する同期の布田功治（現東海大学専任講師）、石川耕三（現山口大学准教授）、参川城穂の各氏に感謝したい。各氏には日頃より有益なご助言をいただいた。とりわけ布田氏

には初稿の段階から日本語の修正のみならず、論文の細部にわたり有益なコメントをいただき、また改稿のたびにサポートしていただいた。また、本書の完成に最後まで貢献してくださったのは「東アジア経済史研究会」のメンバーの方々である。峰毅、湊照宏（大阪産業大学准教授）、加島潤（東京大学社会科学研究所特任助教）、松村史穂（流通経済大学専任所員）の各氏には日本語のチェックや内容の確認など、さまざまな面でサポートしていただいた。とりわけ加島潤、松村史穂の両氏は本書全体にわたって修正点などをチェックしてくださった。深くお礼を申し上げたい。そして堀井伸浩（九州大学准教授）、王京濱（大阪産業大学准教授）、山口真美（アジア経済研究所研究員）、王頴琳（日本学術振興会外国人特別研究員・東京大学社会科学研究所客員研究員）、洪紹洋の各氏は日頃より有益なご助言をいただいた。ここに感謝の意を表したい。日本経済評論社の谷口京延氏は粘り強く原稿をチェックしてくださった。谷口氏のご尽力がなければ、本書が完成することはなかっただろう。

　最後に、本書は2011年度の日本学術振興会科学研究費補助金研究成果公開促進費（課題番号：235187）の交付を受けた。ここに感謝の意を表したい。

参考文献

〈日本語〉

1. 青木昌彦・奥野正寛［1996］『経済システムの比較制度分析』東京大学出版会.
2. 伊東光晴［2004］『現代経済学事典』岩波書店.
3. 今井健一・丁可編著［2008］『現代中国分析シリーズ1：中国　産業高度化の潮流』アジア経済研究所.
4. 今井健一・渡邉真理子［2006］『シリーズ現代中国経済4：企業の成長と金融制度』名古屋大学出版会.
5. 石井寛治［1999］『近代日本金融史序説』東京大学出版会.
6. 伊藤正直［1982］「大正期・昭和初期の信用組合論」『立命館経済学』第30巻3・4・5号、pp. 451-491.
7. 伊藤正直［1983］「昭和農業恐慌前後の勧銀・農銀論、大正期・昭和戦前期の信用組合論」加藤俊彦編『日本金融論の史的研究』東京大学出版会.
8. 王京濱［2005］『中国国有企業の金融構造』御茶の水書房.
9. 粕谷宗久［1993］『日本の金融機関経営：範囲の経済性、非効率性、技術進歩』東洋経済新報社.
10. 加瀬和俊［1983］「第二次大戦後の信用組合研究史・市街地信用組合」加藤俊彦編『日本金融論の史的研究』東京大学出版会.
11. 加藤俊彦編［1983］『日本金融論の史的研究』東京大学出版会.
12. 川井伸一［2003］『中国上場企業：内部者支配のガバナンス』創土社.
13. 計聡［2006］「金融システムと経済発展：中国の中小企業金融のケーススタディを中心に」財務省財務総合政策研究所『フィナンシャル・レビュー』第83号、pp. 37-57.
14. 渋谷隆一［1983］「明治期の信用組合研究」加藤俊彦編『日本金融論の史的研究』東京大学出版会.
15. 朱蔭貴［2005］「近代中国における株式制企業の資金調達」『中国研究月報』第693号、pp. 1-11.
16. 末廣昭［2006］『ファミリービジネス論：後発工業化の担い手』名古屋大学出版会.
17. 関満博編（経営労働協会監修）［2006］『現代中国の民営中小企業』新評論.
18. 高木仁・渡辺良夫・黒田晁生［1999］『金融システムの国際比較分析』（明治大学社会科学研究所叢書）東洋経済新報社.

19. 武田晴人編［2003］『地域の社会経済史：産業化と地域社会のダイナミズム』有斐閣.
20. 戴相龍責任編集（桑田良望訳）［1999］『中国金融読本』中央経済社.（原著：戴相龍『領導幹部金融知識読本』北京：中国金融出版社、1997年）
21. 田島俊雄［1978］「中国における中小鋼鉄企業の存立条件」『中国研究月報』第369号、pp. 11-24.
22. 田島俊雄［1990a］「中国鉄鋼業の展開と産業組織」山内一男・菊池道樹編『中国経済の新局面』法政大学出版局.
23. 田島俊雄［1990b］「中国の経済変動：大躍進・小躍進と経済改革」『アジア経済』第31巻第4号、pp. 41-60.
24. 田島俊雄［1991］「中国自動車産業の展開と産業組織」『社会科学研究』第42巻第5号、pp. 1-64.
25. 田島俊雄［1995］「中国的産業組織の形成と変容：小型トラック産業の事例分析」DISCUSSION PAPER SERIES J-43、東京大学社会科学研究所.
26. 田島俊雄［2000］「中国の財政金融制度改革：属地的経済システムの形成と変容」中兼和津次編『現代中国の構造変動2　経済：構造変動と市場化』東京大学出版会.
27. 田島俊雄［2003］「重工業：移行経済期の「五小工業」」田島俊雄・江小涓・丸川知雄著『中国の体制転換と産業発展』東京大学社会科学研究所.
28. 田島俊雄・江小涓・丸川知雄［2003］『中国の体制転換と産業発展』調査研究シリーズNo. 6、東京大学社会科学研究所.
29. 田島俊雄編著［2005］『20世紀の中国化学工業：永利化学・天原電化とその時代』ISS Research Series No. 17、東京大学社会科学研究所.
30. 田島俊雄編著［2008］『現代中国の電力産業：「不足の経済」と産業組織』昭和堂.
31. 田島俊雄・朱蔭貴・加島潤編著［2010］『中国セメント産業の発展：産業組織と構造変動』御茶の水書房.
32. 張任忠［2002］『現代中国の政府間財政関係』御茶の水書房.
33. 陳玉雄［2002］「中国の金融システムの形成過程における「下からの変革」」『世界経済評論』11月号、pp. 55-63.
34. 陳玉雄［2004］「中国の民間金融：温州を中心とする東南沿海部における民間金融の実態と地域経済」『三田学会雑誌』第96巻第4号、pp. 149-170.
35. 陳玉雄［2006］「中国における金融改革と民間対応」『金融構造研究』第28号、pp. 26-34.
36. 陳玉雄［2010］『中国のインフォーマル金融と市場化』麗澤大学出版会.
37. 筒井義郎［2001］『金融』東洋経済新報社.
38. 筒井義郎・植村修一編［2007］『リレーションシップ・バンキングと地域金融』日

本経済新聞出版社.
39. 露口洋介［2006］「銀行システムの改革」深尾光洋編『シリーズ現代経済研究25：中国経済のマクロ分析』日本経済新聞社.
40. 唐燕霞［2004］『中国の企業統治システム』御茶の水書房.
41. 中兼和津次［1999］『中国経済発展論』有斐閣.
42. 中兼和津次［2002a］『シリーズ現代中国経済1：経済発展と体制移行』名古屋大学出版会.
43. 中兼和津次［2002b］「中国における金融発展とその課題」『中国の金融制度改革とその課題』（委託調査）財団法人国際金融情報センター.
44. 西川俊作［1973］「銀行：競争とその規制」熊谷尚夫編『日本の産業組織1』中央公論社.
45. 樊勇明・岡正生［1998］『中国の金融改革』東洋経済新報社.
46. 星野妙子・末廣昭編［2006］『ファミリービジネスのトップマネジメント：アジアとラテンアメリカにおける企業経営』岩波書店.
47. 丸川知雄［1999］『市場発生のダイナミックス：移行期の中国経済』アジア経済研究所.
48. 丸川知雄編［2002］『中国企業の所有と経営』アジア経済研究所.
49. 門闖［2004］「中国の不良債権処理と「債転株」に関する実証研究：「債転株」企業の分析を中心に」東京大学大学院経済学研究科修士論文.
50. 門闖［2007a］「デット・エクイティー・スワップと銀行のリスク・インセンティブ：金融資産管理公社による中国国有商業銀行の不良債権処理を中心に」東京大学『経済学研究』第49号、pp. 13–24.
51. 門闖［2007b］「中国銀行業の組織構造：歴史的視点による分析」アジア政経学会東日本大会.
52. 門闖［2008］「地域金融機関と地方政府：浙江・湖北・四川三省都市商業銀行に関するアンケート調査を中心に」東京大学『経済学研究』第50号、pp. 55-71.
53. 村岡範男［1997］『ドイツ農村信用組合の成立：ライファイゼン・システムの軌跡』日本経済評論社.
54. 村本孜［2005］『リレーションシップ・バンキングと金融システム』東洋経済新報社.
55. 渡辺慎一［2004］「中国における市場経済化と金融市場の発達：Feldstein-Horiokaモデルによる石川仮説の検証」アジ研ワーキングペーパーシリーズ No. 6.
56. 渡邉真理子［2000］「中国の金融システム改革：不良債権の発生と処理の視点から」露見誠良編『アジアの金融危機とシステム改革』法政大学出版局.
57. 渡邉真理子［2003］「銀行業」丸川知雄編『中国産業ハンドブック2003-2004年版』

蒼蒼社.
58. 渡邉真理子［2006a］「ミクロの問題（2）：金融機関の再生と成長」今井健一・渡邉真理子『シリーズ現代中国経済4：企業の成長と金融制度』名古屋大学出版会.
59. 渡邉真理子［2006b］「企業統治制度と企業行動：支配株主としての政府の存在」深尾光洋編『シリーズ現代経済研究25：中国経済のマクロ分析』日本経済新聞社.
60. 劉徳強［2002］「国有企業における経営者の能力・努力と経営効率：中国鉄鋼企業に関する実証研究」『アジア経済』第43巻第3号、pp. 2-28.

〈中国語〉

1. 巴曙松・馬天驍・尹竹青［2006］「構建聯合協調機制：中国担保業監管框架的制度選択」『国際貿易』2006年第1期、pp. 14-19.
2. 蔡顎生・王立顔・竇洪権［2003］『銀行公司治理与控制』北京：経済科学出版社.
3. 遅国泰・孫秀峰・盧丹［2005］「中国商業銀行成本効率実証研究」『経済研究』2005年6月期、pp. 104-114.
4. 崔暁峰［2005］『銀行産業組織理論与政策研究』北京：機械工業出版社.
5. 戴相竜・桂世庸編［1997］『中国金融改革与発展』北京：中国金融出版社.
6. 代擁軍・周艶麗・趙新軍［2007］「地方性金融機構生存与発展問題研究―以襄樊市城市信用社為例」『武漢金融』2007年第9期、pp. 65-66.
7. 傅建華［2005］『上海銀行発展之路』北京：中国金融出版社.
8. 馮涛［1993］「人民銀行応当如何管理城市信用社：全国首例城市信用社訴人民銀行侵権的啓示」『四川金融』1993年第8期、pp. 47-48.
9. 馮先受・儲学軍［1990］「我国首家民間股份制城市合作銀行的求索」『遼望週刊』1990年第5期、pp. 18-19.
10. 甘粛銀監局調研組［2005］「関於甘粛轄内城市信用社的調査与思考」『中国金融』2005年第3期、pp. 37-38.
11. 郭暁鳴・趙昌文［2000］『以農民合作的名義：1986-1999四川省農村合作基金会存亡里程』香港中文大学香港亜太研究所.
12. 何広文［2005］『中国農村金融発展与制度変遷』北京：中国財政経済出版社.
13. 黄金木［2007］「長江航船駛大海」『金融縦横』2007年第24期、pp. 54-55.
14. 黄毅・蔡輝明・張暁華［2006］「随機性金融擠兌的合約分析：泰隆城市信用社的案例」張曙光・金祥栄編『中国制度変遷的案例研究（第五集）』北京：中国財経出版社、pp. 275-327.
15. 黄冬・渡生［2007］「専訪南充市商業銀行董事長黄光偉：跨域搶占中小企業金融先機」『中国経済週刊』2007年第42期、pp. 34-35.

16. 黄光偉［2005］「南充市商業銀行探求未来路」『銀行家』2005年第10期、pp. 56-58.
17. 焦謹璞［2002a］『中国銀行業国際競争力研究』北京：中国審計出版社.
18. 焦謹璞［2002b］『中国銀行業競争力比較』北京：中国金融出版社.
19. 金建棟［1992］「簡論我国城市信用社的発展」『中国金融』1992年11月期、pp. 40-42.
20. 金建棟編著［1993］『中国都市信用合作社』北京：中国金融出版社.
21. 寛平［1999］「浙江省象山県緑葉都市信用社調査報告」『経済社会体制比較』1999年第6期、pp. 50-52.
22. 李利明・曾人雄［2007］『1979-2006中国金融大変革』上海：上海人民出版社.
23. 李揚［2008］『中国金融改革30年』北京：社会科学文献出版社.
24. 林明・王海雲・王経華編［2004］『海口市志（上・下）』北京：方志出版社.
25. 林毅夫・李永軍［2001］「中小金融機構発展与中小企業融資」『経済研究』2001年第1期、pp. 17-22.
26. 劉鴻儒［2000］『劉鴻儒論中国金融体制改革（上・下巻）』北京：中国金融出版社.
27. 劉欣・殷孟波［1990］「民間股份制金融機構的経営管理：来自匯通城市合作銀行的報告」『経済体制改革』1990年第2期、pp. 77-86.
28. 盧漢川・王福珍［1990］『我国銀行業務四十年』北京：中国金融出版社.
29. 盧峰・姚洋［2004］「金融圧抑下的法治、金融発展和経済増長」『中国社会科学』2004年第1期、pp. 42-55.
30. 潘修平［2005］『存款保険法律制度的理論与実務』北京：法律出版社.
31. 任正㸃［1986］「適応形勢需要辦好城市信用社」『中国金融』1986年12月期、p. 7、p. 42.
32. 上海城市合作銀行籌備領導小組辦公室編［1996］『歴史与創造：上海城市合作銀行籌建工作実録』上海：学林出版社.
33. 尚明編［2000］『新中国金融50年』北京：中国財政経済出版社.
34. 潘松泉［1988］「労働部門興辦城市信用社的実践」『中国労働』1988年第6期、pp. 33-34.
35. 潘紹真［2006］「楊嘉興：中国城市信用社第一人」『光彩』2006年第6期、pp. 16-18.
36. 宋安平［2005］『商業銀行核心競争力研究』北京：中国金融出版社.
37. 西南財経大学［1987］「一家教学実験銀行的誕生」『中国高等教育』1987年11月期、p. 29.
38. 夏斌［2000］『転軌時期中国金融問題研究』北京：中国金融出版社.
39. 向力力［2006］『城市商業銀行与地方経済発展』長沙：湖南人民出版社.

40. 謝海波［2002］「論広西的金融風険及其防範」広西大学修士論文.
41. 謝平［1992］「中国金融資産構造分析」『経済研究』1992年第11期、p. 13、pp. 31-37.
42. 謝平［1998］『中国金融制度的選択』上海：上海遠東出版社.
43. 汪世壁［1990］「我省清理整頓城市信用社取得成効」『四川金融』1990年11月期、p. 70.
44. 王世豪［1993］「上海市城市信用社聯社実行帰口領導和管理的探索」『上海金融』1993年第12期、pp. 14-16.
45. 魏煜・王麗［2000］「中国商業銀行効率研究：一種非参数的分析」『金融研究』2000年第3期、pp. 88-96.
46. 呉暁霊編［2008］『中国金融体制改革30年的回顧与展望』北京：人民出版社.
47. 呉星南・金力勝［1988］「一個城市信用社的堀起：対義烏市稠州城市信用社的調査」『中国城市金融』1988年第10期、pp. 41-42.
48. 楊徳勇［2004］『金融産業組織理論研究』北京：中国金融出版社.
49. 楊家才［2007］『中国城市商業銀行平購与重組：徽商銀行模式研究』北京：中国人民大学出版社.
50. 姚叔潔・馮根福・姜春霞［2004］「中国銀行業効率性的実証分析」『経済研究』2004年第8期、pp. 4-15.
51. 易綱［1996］『中国的貨幣、銀行和金融市場』上海：上海三聯出版社.
52. 鄒汝堅・朱成［1991］「城市信用社現状分析与対策思考：対成都市城市信用社経営情況的調査」『四川金融』1991年9月期、pp. 14-16、p. 63.
53. 袁純清［2002］『金融共生理論与城市商業銀行改革』北京：商務印書館.
54. 張健華［2003］「我国商業銀行効率研究的DEA方法：1997-2001年効率的実証分析」『金融研究』2003年第3期、pp. 11-25.
55. 張軍［2005］『資本形成、投資効率与中国的経済増長（実証研究）』北京：清華大学出版社.
56. 張明莉［2005］「与中国的中小銀行一起成長：訪徳国投資与開発有限公司（DEG）駐華首席代表盧培旭」『銀行家』2005年第9期、pp. 19-20.
57. 張紹瑞・白建林［1992］「切実加強対城市信用社的帰口領導和管理」『中国金融』1992年5月期、p. 13、p. 48.
58. 張寿寧［1992］「従匯通股份銀行看推行股份制的光明前景」『財経科学』1992年4月期、pp. 39-42.
59. 張天祀［2004］「甘粛省城市信用経営情況調査」『甘粛金融』2004年第7期、pp. 25-27.
60. 張亦春編［1994］『中国金融改革沉思録』北京：中国社会科学出版社.

61. 鄭江淮［2004］『企業家行為的制度分析』北京：人民出版社.
62. 中国人民銀行編著［2008］『中国人民銀行六十年1948-2008』北京：中国金融出版社.
63. 中国人民銀行研究局・日本国際協力機構［2005］『中国中小企業金融制度報告』北京：中信出版社.
64. 中国人民銀行政策研究室編［1995］『銀行与企業債務重組問題研究』北京：中国経済出版社.
65. 周立［2003］『中国各地区金融発展与経済増長』北京：清華大学出版社.
66. 朱蔭貴・戴鞍鋼編［2006］『近代中国：経済与社会研究』上海：復旦大学出版社.

〈英語〉

1. Aigner, D. J., C. A. K. Lovell, and P. Schmidt [1977] "Formulation and estimation of stochastic frontier production function models," *Journal of Econometrics*, 6, pp. 21-37.
2. Allen, F. and D. Gale [2001] *Comparing Financial System*, Cambridge, MA: The MIT Press.
3. Allen, F., J. Qian and M. Qian [2005] "Law, finance and economic growth in China," *Journal of Financial Economics*, 77, pp. 55-116.
4. Allen, F., J. Qian and M. Qian [2008] "China's financial system: Past, present and future," in *China's Great Economic Transformation*, edited by Brandt, L. and T. Rawski, New York: Cambridge University Press.
5. Amsden, A. [1989] *Asia's Next Giant: South Korea and Late Industrialization*, New York: Oxford University Press.
6. Aoki, M. [2001] *Toward a Comparative Institutional Analysis*, Cambridge, MA: The MIT Press.（瀧澤弘和・谷口和弘訳『比較制度分析に向けて』NTT出版、2001年）.
7. Baltagi, B. H. [2001] *Econometric Analysis of Panel Data*, Hoboken, NJ: John Wiley & Sons.
8. Barle, A. Jr. and G. C. Means [1932] *The Modern Corporation and Private Property*, New York: Macmillan.（北島忠男訳『近代株式会社と私有財産』文雅堂書店、1958年）.
9. Berger, A. N. and L. J. Mester [1997] "Inside the black box: What explains differences in the efficiencies of financial institutions," *Journal of Banking & Finance*, 21, pp. 895-947.
10. Berger, A. N., G. R. G. Clarke, R. Cull, L. Klapper, and G. F. Udell [2005] "Corporate

governance and bank performance: A joint analysis of the static, selection, and dynamic effects of domestic, foreign, and state ownership," *Journal of Banking & Finance*, 29, pp. 2179-2221.
11. Berger, A. N., I. Hasan and M. Zhou [2009] "Bank ownership and efficiency in China: What will happen in the world's largest nation?," *Journal of Banking & Finance*, 33, pp. 113-130.
12. Boyreau-Debray, G. [2003] "Financial intermediation and growth: Chinese style," *World Bank Working Paper*, No. 3027.
13. Boyreau-Debray, G. and S. Wei [2004] "Can China grow faster? A diagnosis on the fragmentation of the domestic capital market," *IMF Working Paper*, No. 76.
14. Chen, C., L. Chang and Y. Zhang [1995] "The role of foreign direct investment in China's post-1978 economic development," *World Development*, 23, pp. 691-703.
15. Chen, X., M. Skully and K. Brown [2005] "Banking efficiency in China: Application of DEA to pre-and post-deregulation eras: 1993-2000," *China Economic Review*, 16, pp. 229-245.
16. Cheng, L. [2003] *Banking in Modern China: Entrepreneurs, Professional Managers, and the Development of Chinese Banks*, New York: Cambridge University Press.
17. Cheung, K. and P. Lin [2004] "Spillover effects of FDI on innovation in China: Evidence from the provincial data," *China Economic Review*, 15, pp. 25-44.
18. Chow, G. [2002] *China's Economic Transformation*, Oxford: Blackwell Publishing.
19. Cull, R. and Colin L. Xu [2000] "Bureaucrats, state banks and the efficiency of credit allocation: The experience of Chinese state-owned enterprises," *Journal of Comparative Economics*, 28, pp. 1-31.
20. Cull, R. and Colin L. Xu [2003] "Who gets credit? The behavior of bureaucrats and state banks in allocation credit to Chinese state-owned enterprises," *Journal of Development Economics*, 71, pp. 533-559.
21. Fei, H-T. [1983] *China Studies Series: Chinese Village Close-up*, Beijing: New World Press.
22. Ferri, G. [2009] "Are New Tigers supplanting Old Mammoths in China's banking system? Evidence from a sample of city commercial banks," *Journal of Banking & Finance*, 33, pp. 131-140.
23. Feldstein, M. and C. Horioka [1980] "Domestic saving and international capital flows," *Economic Journal*, 90, pp. 314-329.
24. Fu, X. and S. Heffernan [2007] "Cost X-efficiency in China's banking sector," *Chi-

na Economic Review, 18, pp. 35-53.
25. Garnaut, R., L. Song, Y. Yao, X. Wang [2001] *Private Enterprise in China*, Beijing: Asia Pacific Press, China Center for Economic Research.
26. Garnaut, R., L. Song, S. Tenev, and Y. Yao [2005] *China's Ownership Transformation: Process, Outcomes, Prospects*, International Finance Corporation.
27. Goldsmith, R. W. [1969] *Financial Structure and Development*, New Haven, CT: Yale University Press.
28. Helleman, T., K. Murdock, and J. Stiglitz [1997] "Financial restraint: Towards a new paradigm," in Aoki, M., H-K. Kim and M. Okuno-Fujiwara eds., *The Role of Government in East Asian Economic Development: Comparative Institutional Analysis*, New York: Oxford University Press, pp. 163-207.（青木・金・奥野（藤原）編『東アジアの経済発展と政府の役割：比較制度分析アプローチ』日本経済新聞社、1997年）.
29. Helleman, T., K. Murdock and J. Stiglitz [1998] "Financial restrain and the market enhancing view," in Hayami, Y. and M. Aoki eds., *The Institutional Foundations of East Asian Economic Development*, New York: Macmillan, pp. 255-279.
30. Hu, Y. and X. Zhou [2008] "The performance effect of managerial ownership: Evidence from China," *Journal of Banking & Finance*, 32, pp. 2099-2110.
31. IFC [2000] *China's Emerging Private Enterprises: Prospects for The New Century*, International Finance Corporation.
32. Jefferson, G. H. and I. Singh [1999] *Enterprise Reform in China: Ownership, Transition, and Performance*, New York: Oxford University Press.
33. Jia, C. [2009] "The effect of ownership on the prudential behavior of banks: The case of China," *Journal of Banking & Finance*, 33, pp. 77-87.
34. La Porta, R., F. Lopez-de-Silanes, A. Shleifer, and R. Vishny [1997] "Legal determinants and external finance," *Journal of Finance*, 52, pp. 1131-1150.
35. La Porta, R., F. Lopez-de-Silanes, A. Shleifer, and R. Vishny [1998] "Law and finance," *Journal of Political Economics*, 106, pp. 1113-1153.
36. Lardy, Nicholas R. [1998] *China's Unfinished Economic Revolution*, Washington, DC: Brookings Institution Press.
37. Leibenstein, H. [1966] "Allocative efficiency vs 'X-efficiency'," *American Economic Review*, 56, pp. 392-415.
38. Li, J. and S. Hsu [2009] *Informal Finance in China: American and Chinese Perspectives*, New York: Oxford University Press.
39. Lin, S. and X. Zhu [2007] *Private Enterprises and China's Economic Development*,

London: Routledge.
40. Lin, X. and Y. Zhang [2009] "Bank ownership reform and bank performance in China," *Journal of Banking & Finance*, 33, pp. 20-29.
41. McKinnon, Ronald I. [1973] *Money and Capital in Economic Development*, Washington, DC: Brookings Institution Press.
42. McKinnon, Ronald I. [1993] *The Order of Economic Liberalization: Financial Control in the Transition to a Market Economy*, Baltimore, MD: Johns Hopkins University Press.
43. McKinnon, Ronald I. [1994] "Financial growth and macroeconomic stability in China, 1978-92: Implications for Russia and other transitional economies," *Journal of Comparative Economics*, 18, pp. 438-469.
44. Men, C. [2009] "Local government control and managerial decision making: Evidence from Chinese city commercial banks," Proceedings of CES 2009 annual conference.
45. Naughton, B. [2006] *The Chinese Economy: Transition and Growth*, Cambridge, MA: The MIT Press.
46. Park, Albert F. and K. Sehrt [2001] "Test of financial intermediation and banking reform in China," *Journal of Comparative Economics*, 29, pp. 608-644.
47. Qian, Y. and C. Xu [1993a] "Why China's economic reforms differ: The M-form hierarchy and entry/expansion of the non-state sector," *The Economics of Transition*, 1, pp. 135-170.
48. Qian, Y. and C. Xu [1993b] "The M-form hierarchy and China's economic reform," *European Economic Review*, 37, pp. 541-548.
49. Roland, G. [2000] *Transition and Economics*, Cambridge, MA: The MIT Press.
50. Shaw, E. [1973] *Financial Deepening in Economic Development*, New York: Oxford University Press.
51. Shih, V., Q. Zhang and M. Liu [2006] "Comparing the performance of Chinese banks: A principal component approach," *China Economic Review*, 18, pp. 15-34.
52. Stevenson, R. E. [1980] "Likelihood functions for generalized stochastic frontier estimation," *Journal of Econometrics*, 13, pp. 57-66.
53. Stiglitz, J. E. and A. Weiss [1981] "Credit rationing in markets with imperfect information," *American Economic Review*, 17, pp. 393-410.
54. Tsai, Kelle S. [2002] *Back-alley Banking: Private Entrepreneurs in China*, New York: Cornell University Press.

55. Varian, H. R. [1992] *Microeconomic Analysis: Third Edition*, New York: Norton.
56. Wade, R. [1992] *Governing the Market: Economic Theory and the Role of Government in East Asian Industrialization*, Princeton, NJ: Princeton University Press.
57. Watanabe, S. [2000] *China's non-performing loan problem*, IDE spot survey, Tokyo: IDE. (渡辺真理子編『中国の不良債権問題』アジ研トピックレポート、2000年).
58. Watanabe, M. [2002] "Holding company risk in China: A final step of state-owned enterprises reform and an emerging problem of corporate governance," *China Economic Review*, 13, pp. 373-381.
59. Watanabe, S. [2006] "Inter-provincial Capital Flows in China: Before and After the transition to a market economy," in Watanabe, M. ed. *Recovering Financial Systems: China and Asian Transition Economies*, Basingstoke: Palgrave-Macmillan.
60. Watanabe, M., ed. [2006a] *Recovering Financial Systems: China and Asian Transition Economies*, Basingstoke: Palgrave-Macmillan.
61. Yi, G. [1994] *Money, Banking and Financial Markets in China*, Boulder, CO: Westview Press.
62. Yuan, Y. [2006] "The state of competition of the Chinese banking industry," *Journal of Asian Economics*, 17, pp. 519-534.

〈年鑑・新聞等〉

1．《中国金融年鑑》編集部『中国金融年鑑』1986-2008年版、北京：中国金融出版社.
2．中国金融学会『中国金融年鑑1986-2005：中国金融年鑑創刊二十周年』CD版、北京：金融年鑑社.
3．国家統計局・中国人民銀行統計司『中国金融統計1952-1991』北京：中国金融出版社.
4．中国人民銀行統計司『中国金融統計1952-1996』北京：中国財政経済出版社.
5．中国人民銀行統計司『中国金融統計1997-1999』北京：中国金融出版社.
6．蘇寧編『中国金融統計1949-2005』北京：中国金融出版社.
7．中国銀行業監督管理委員会『中国銀行業監督管理委員会年報』2006-2010年版.
8．中国人民銀行貨幣政策分析小組『中国貨幣政策執行報告』増刊2005-2008年版、北京：中国金融出版社.
9．国家統計局『中国統計年鑑』1990-2008年版、北京：中国統計出版社.
10．湖北省統計局『湖北統計年鑑』2000-2008年版、北京：中国統計出版社.
11．四川省統計局『四川統計年鑑』2000-2008年版、北京：中国統計出版社.
12．浙江省統計局『浙江統計年鑑』2000-2008年版、北京：中国統計出版社.
13．杭州市統計局『杭州統計年鑑』2000-2008年版、北京：中国統計出版社.

14. 嘉興市統計局『嘉興統計年鑑』2000-2008年版、北京：中国統計出版社.
15. 湖州市統計局『湖州統計年鑑』2000-2008年版、北京：中国統計出版社.
16. 紹興市統計局『紹興統計年鑑』2000-2008年版、北京：中国統計出版社.
17. 温州市統計局『温州統計年鑑』2000-2008年版、北京：中国統計出版社.
18. 金華市統計局『金華統計年鑑』2000-2008年版、北京：中国統計出版社.
19. 台州市路橋区档案局『路橋年鑑』2002-2007年版、台州市路橋区档案局.
20. 武漢市統計局『武漢統計年鑑』2000-2008年版、北京：中国統計出版社.
21. 黄石市地方志編纂委員会『黄石年鑑』2001-2007年版、武漢：湖北人民出版社.
22. 宜昌市統計局『宜昌統計年鑑』2000-2008年版、北京：中国統計出版社.
23. 《孝感年鑑》編纂委員会『孝感年鑑』2002-2005年版、北京：中華書局.
24. 荆州市統計局『荆州統計年鑑』2000-2008年版、北京：中国統計出版社.
25. 成都市統計局『成都統計年鑑』2000-2008年版、北京：中国統計出版社.
26. 《自貢年鑑》編集委員会『自貢年鑑』2000-2008年版、成都：四川大学出版社.
27. 攀枝花市統計局『攀枝花統計年鑑』2001、2002年版、北京：中国統計出版社.
28. 西安市統計局『西安統計年鑑』2008年版、北京：中国統計出版社.
29. 《寧波金融年鑑》編集委員会『寧波金融年鑑』1996-2003年版、北京：中国金融出版社.
30. Finanzgruppe『Sparkassenstiftung fur internationale Kooperation Annual Report 2007』
31. 『金融時報』
32. 『南方週末』
33. 『東方時報』
34. 『靖江日報』
35. 『中国証券報』
36. 『寧波日報』
37. 『第一財経報』
38. 『第一財経報道』

図表一覧

表補-1　都市商業銀行データベースの地域分布　20
表補-2　都市商業銀行データベースのサンプル数と設立時期　20
表補-3　都市商業銀行データベースの収録銀行一覧　21
表1-1　銀行金融機関の構成（2006年末時点）　30
表1-2　地域別都市商業銀行設立状況　36
表1-3　商業銀行の市場シェア推移（資産・預金・貸付）　38
表1-4　商業銀行の収益指標比較　39
表1-5　地域別の商業銀行資産・店舗・職員統計（2006年末時点）　40,41
表1-6　回帰分析の結果（OLS）　49
表1-7　商業銀行資産運用の内訳　55
表1-8　2005年末における商業銀行貸出金の構成　56
表1-9　非国有セクターへの貸付における各商業銀行の割合　59
表2-1　非国有セクターへの貸出における各金融機関の割合　74
表2-2　預金・貸出金における集団企業・自営業者の割合　75
表2-3　都市信用社の設立機関と職員採用ルート（1989年末時点）　77
表2-4　都市信用社に対する「帰口管理」　83
表2-5　都市信用社聯合社の設立　85
表2-6　重慶銀行設立時の出資者と出資額（1996年時点）　89
表2-7　保留社の所在地　91
表2-8　保留社経営者の一覧（2006年）　93
附表2-1　都市信用社運営状況の推移　97
表3-1　株式商業銀行の類型　110
表3-2　2007年末時点における各上場銀行の株式構成　112
表3-3　上場銀行の取締役会・監査役会の構成（2007末時点）　116
表3-4　上場銀行の財務指標（2007年末時点）　117
表3-5　上場株式商業銀行の資産増加と総資産利益率の推移　118
表3-6　都市商業銀行データベースの詳細　120
表3-7　データの記述統計　121
表3-8　都市商業銀行の財務指標　122
表3-9　都市商業銀行の所有構造とガバナンス構造（2006年）　124

表3-10　都市商業銀行の財務状況と貸出分布（2006年）　125
表3-11　政府所有の非効率性に関する実証結果(1)　129
表3-12　政府所有の非効率性に関する実証結果(2)　130
表3-13　政府支配の諸要因に関する実証結果　131
表4-1　データセットの構成　141
表4-2　要約統計量　142
表4-3　都市商業銀行の生産・費用構造　144
表4-4　商業銀行の経営構造比較（2006年）　146
表4-5　各商業銀行の生産・費用構造の変化　147
表4-6　費用関数の推計結果　150
表4-7　ストック生産物の推計結果　152
表4-8　地域別の推計結果　153
表4-9　費用非効率性の時系列変化　154
表4-10　費用非効率性の地域比較　154
表4-11　費用効率性と収益性上位10行の比較（2006年）　155
表5-1　各省都市商業銀行の一覧（2006年末時点）　165
表5-2　各省金融市場の概況（2006年末時点）　171
表5-3　金融機関別の資産割合（2006年末時点）　175
表5-4　金融機関貸出金利（倍率値）の分布（2006年）　176
表5-5　各都市預金市場における都市商業銀行シェアの推移　181
表5-6　各都市貸出金市場における都市商業銀行シェアの推移　183
表5-7　各都市商業銀行の貸出金利と総資産利益率　191
表5-8　融資先別の貸出構成（2004年）　195
表5-9　産業別の貸出構成（2004年）　196
表6-1　各省都市商業銀行の所有構造（2004年）　203
表6-2　各省都市商業銀行取締役会の構成（2004年）　205
表6-3　都市商業銀行の経営者交替（2003-08年）　207
表6-4　都市商業銀行の経営意思決定および地方政府の影響（2004年調査）　211
表6-5　企業信用記録の取得と取得ルートの重要度　213
表6-6　都市商業銀行の融資決定部門　215
表6-7　融資決定時における企業側要因の重要度　217
表6-8　都市商業銀行の人事・賃金マネジメント　219
表6-9　融資担当者のリクルートと業績評価　220
附表6-1　各省都市商業銀行の会長・頭取名簿（2006年）　223

図表一覧

表7-1	外資株主を受け入れた都市商業銀行の一覧（2006年末時点）	228
表7-2	外資導入都市商業銀行の財務指標比較（2006年）	230
表7-3	銀行主要財務指標の推移	235
表7-4	銀行経常利益と純利益の推移	238
表7-5	銀行資金運用内訳の推移	240
表7-6	分野・産業別貸出と上位貸出先の割合推移	241
表7-7	上位貸出先10社の変化	242
表7-8	銀行資本構成の推移	247
表7-9	外資導入後における銀行上位株主の変化	248
表7-10	外資導入前後における銀行取締役会の変化	249
附表(1)	都市信用社の貸借対照表（1986-2005年）	265, 266
附表(2)	都市商業銀行の貸借対照表（1995-2005年）	267
附表(3)	都市商業銀行設立都市の一覧（2011年3月末時点）	268, 269
附表(4)	金融体制改革関連年表（1995-2006年）	270-272

図1-1	中国経済の金融深化	27
図1-2	各部門の資金過不足と企業部門の資金調達	29
図1-3	都市商業銀行の設立と平均資産規模の推移	35
図1-4	基準貸出金利の推移	46
図1-5	地域別（省自治区、直轄市）の貸出金利倍率	47
図1-6	中国の銀行システムと銀行統制	52
図2-1	都市信用社と都市商業銀行の推移	71
図2-2	都市信用社の預金・貸出金の市場シェアと預貸率	72
図2-3	都市信用社の組織構造	79
図3-1	2層型ガバナンスと設置委員会	114
図3-2	都市商業銀行所有構造の変化（平均値）	123
図4-1	生産構造の時系列変化	145
図4-2	費用構造の時系列変化	145
図4-3	資産規模と費用の非効率性	156
図4-4	不良債権比率と費用の非効率性（2006年）	157
図5-1	各都市の経済規模と経済発展水準（2006年）	169
図5-2	経済発展水準と都市商業銀行の規模（2006年）	170
図5-3	各省の預金・貸出金増加率と預貸率の推移	173
図5-4	都市商業銀行と国有商業銀行の預金・貸出金シェア（対数値）の推移	178

図 5-5　地域金融市場の市場規模と都市商業銀行の預金・貸出金シェア　186
図 5-6　地域金融市場の預貸率と都市商業銀行の預金・貸出金シェア　187
図 5-7　都市商業銀行の位置づけ（2006年）　189
図 5-8　貸出金シェアと銀行の貸出金利・総資本利益率の関連　193
図 5-9　地域経済の成長と都市商業銀行の貸出金シェア（2006年）　198
図 6-1　都市商業銀行経営者の交替と影響力　209
図 7-1　外資導入・非外資導入別都市商業銀行の収益性比較　229
図 7-2　銀行経営組織の比較図（2006年）　244

索　引

(中国語は日本語読み)

あ行

- ING グループ ……………………………… 228
- アジア金融危機 ……………………………… 33
- アメリカ ……………………………………… 1
- 安徽（省）………………………… 8,35,77,139
- 移行経済 ……………………………………… 1
- 内モンゴル（自治区）……………………… 77
- 雲南省 ……………………………………… 77
- SIDT（Sparkassen International Development Trust）…………………………… 232,233
- X 非効率性 ………………………………… 139
- M-Form …………………………………… 18,108
- 王鈞 ………………………………………… 93
- 王世豪 ……………………………………… 88
- オーストラリア …………………………… 228
- オーバーローン ………………………… 73,172
- 温州市 …………………………… 91,164,197
- 温州市商業銀行 …… 165-167,180,190,194,203-206,214,216,218,219
- 温嶺市 ………………………………… 91,164
- 温嶺市国有資産投資公司 ………………… 95
- 温嶺都市信用社（温嶺社）……… 90,92,95

か行

- 改革の順序 ………………………………… 3
- 匯金公司 ……………………………… 111,112
- 海口市 ……………………………………… 84
- 海南（省）………………………………… 77,84
- 海南発展銀行 ……………………………… 32
- 外部登用 ………………………………… 208
- 華僑銀行（OCBC）………… 226,232,250,254
- 確率的フロンティア費用関数（SFA）…… 138-140,148,158
- 華建敏 ……………………………………… 88
- 嘉興市 ………………………………… 164,197
- 嘉興市商業銀行 …… 180,182,190,194,196,204,208,216,218-221
- カナダ ……………………………………… 228
- 華夏銀行 ………………………… 32,109,111,116
- 河南（省）………………… 6,44,67,71,77,81,86
- 株式商業銀行 ……… 6,10,30-32,37-39,42,43,138,146,147,159,174,175,177,258
- 株式商業銀行公司治理指引 ………… 114,244
- 河北（省）…………………………… 36,48,77,81
- 華融湘江銀行 …………………………… 8,36
- 漢口銀行 ………………………………… 166
- 甘粛省 ………………………………… 77,90
- 韓正 ………………………………………… 88
- 間接金融 ……………………………… 2,14,28
- 広東（省）………………………………… 43,50,77
- 広東省広州市 …………………………… 84
- 広東発展銀行 …………………………… 32
- 義烏市 ………………………… 91,164,165,180
- 帰口管理 ……………………………… 82-84,86,87
- 貴州（省）………………………………… 77
- 徽商銀行 ………………………………… 8,35
- 宜昌市 ……………………………… 165,197
- 宜昌市商業銀行 …… 180,182,188,191,192,205,206,208,217,218
- 宜賓市 …………………………………… 166
- 宜賓市商業銀行 ………………………… 166
- 北三行南四行 …………………………… 108
- 吉林銀行 ………………………………… 35
- 吉林市商業銀行 ………………………… 35
- 吉林省 ………………………… 8,35,77,139
- 規模の経済性 ……………… 12,138-140,149,153
- 儀隴恵民貸款公司 ……………………… 233
- 吉利集団 ……………………………… 91,94
- 行政許可法 ……………………………… 25
- 金華市 ………………… 91,164,165,180,182,197
- 金華市商業銀行 …… 166,180,182,188,190,199,205,208,214,216
- 銀監局 …………………………………… 262
- 銀行主導型 ……………………………… 2
- 銀座都市信用社（銀座社）……… 90,92-95,180,203,209
- 金子軍 …………………………………… 92
- 金融幹部 ………… 10,79,96,201,202,221,259,260
- 金融共生理論 …………………………… 58
- 金融構造理論 ………………………… 3,14
- 金融時報 ………………………………… 19

金融深化 ………………………………… 26-28
金融体制改革 ……………… 31,33,34,45,103,201
金融発展理論 ……………………… 15,261,262
金融抑圧 ……………………………………… 15
金融抑制 ……………………………… 15,262
計画単列市 ……………………… 34,225,227
経済特区 ……………………………… 32,34
荊州市 ……………………… 165,166,168,197
荊州市商業銀行 …… 180,182,191,194-196,205, 212,214,216,217,220
邢敏 ………………………………………… 251
県級市 …………………………………… 91,179
現代企業制度 ……………………………… 243
広域支店（地区分行） ………………… 50,53
孝感市 ……………………… 165,168,197,205
孝感市商業銀行 ………… 180,182,191,192,195, 204,216-218
工業化の担い手 ……………………………… 4
江建法 ………………………………………… 93
黄光偉 ……………… 209,233,234,251,252
杭州市 ……………… 164,166,168,170,184,197,231
杭州市商業銀行 …… 167,180,182,190,204,206, 216,218,225
黄石市 ……………………………… 165,166,197
黄石市商業銀行 ………… 167,180,182,188,191, 192,195,199,204,217
五小工業 ……………………………………… 5
江西省 ………………………………………… 77
広西（チワン族）自治区 ……………… 7,44,77
江蘇（省） ……… 8,35,36,43,68,70,86,90,91, 139,232
江蘇銀行 ……………………………………… 8
江蘇南通市 ………………………………… 80
構造仮説 …………………………………… 38
光大集団 …………………………………… 32
郷鎮企業 ………………………………… 4,59
交通銀行 …………… 30,32,74,111,112,116
合肥市商業銀行 …………………………… 35
恒豊銀行 ……………………………… 32,109
国際金融公社（IFC） ………………… 228
国内機関投資家 ……………………… 203-207
国務院 ……………………………………… 82
国有企業改革 ……………………… 103,243
国有商業銀行 ………… 3,6,9,10,28,30-32,37-39, 42,43,70,138,146,147,159,163,164,174-177,199,258
黒龍江省 ……………………………… 8,36
湖州市 …………………………………… 164
湖州市商業銀行 …… 180,182,190,204,206,208, 210,212,214,215,219
個体工商戸 ………………………………… 73
個体工商信貸部 …………………………… 73
国家開発銀行 ……………………………… 27
国家銀行 ……………………………………… 6,10
湖南（省） ……………………… 8,36,77,83
湖北（省） ……… 8,36,77,86,90,157,158,163-168,170-172,174-177,179,180,182,185, 190-192,194,196-199,201,202,204,208, 210,212,214,216-220,225,261
湖北銀行 ……………………………… 8,36
コミュニティバンク（社区銀行） ……… 90
コモンウェルス銀行 ……………………… 228
根拠地時期 ………………………………… 68

さ行

蔡暁虹 ……………………………………… 88
済南市商業銀行 ………………………… 230
三資企業 ………………………………… 57,59
三順実業有限公司 ……………………… 247
山西省 …………………………………… 48,81
山東（省） ……………………… 36,48,77,83
山東省煙台市 …………………………… 109
市街信用組合 …………………………… 67,95
資金循環 ……………………… 26,28,163,264
資金不足 …………………………………… 28
資金余剰 …………………………………… 28
自貢市 ………………………………… 166,197
自貢市商業銀行 …… 166,167,180,183,192,196, 204-206,212,214,215,217
市場分断 ……………………… 25,45,46,257
市場主導型 ………………………………… 2
四川儀隴恵民村鎮銀行 ………………… 233
四川（省） …… 44,77,79,84,86,157,158,163, 164,166-168,170-172,174-180,182,184, 190,192,194,196-199,201,202,204,208, 210,212,214,216-219,221,225,232,243, 261
四川省社会科学院 ………………………… 98
下からの変革 ……………………………… 4
シティバンクグループ ………………… 113

索　引　297

社会主義改造 …………………………… 69
上海浦東発展銀行（浦発銀行）…… 32, 111-113, 118, 119
上海銀行 ………………………… 87, 88, 227-230
上海財経学院 ……………………………… 201
上海（市）…… 34, 36, 43, 48, 50, 77, 87, 227, 231
上海市城市合作銀行 ……………………… 87
上海市中小企業服務中心 ………………… 58
上海証券取引所 …………………………… 111
11期3中全会 ……………………………… 6
就業安定資金 ……………………………… 80
重慶市商業銀行 …………………………… 89
重慶鉄道局 ………………………………… 89
周正慶 ……………………………………… 87
住宅貯蓄銀行 ………………………… 32, 109
集団所有制企業（集団企業）……… 6, 67, 73-76, 79, 83
朱恵建 ……………………………………… 92
首鋼総公司 …………………………… 32, 109, 112
朱小華 ……………………………………… 87
朱鎔基 ……………………………………… 86
シュルツェ ………………………………… 67
上市公司治理準則 ………………………… 114, 115
紹興市 ……………………………………… 164
紹興市商業銀行 ……… 166, 180, 182, 190, 196, 204-206, 208, 214, 216
象山県 ……………………………………… 91
招商局（集団）……………………… 32, 109
招商銀行 …………………… 32, 109, 111, 112, 117
所有と経営 ………………………………… 7, 8, 103
所有と支配 ………………………………… 105
シンガポール ………………… 226, 232, 248, 254
新疆（自治区）…………………………… 77
深圳（市）…………………………… 34, 87, 231
深圳市城市合作銀行 ………… 25, 34, 87, 107
深圳証券取引所 …………………………… 110
深圳発展銀行 ……………… 32, 110, 112, 118, 119
沈斌 ………………………………………… 88
瀋陽合作銀行 ……………………………… 86
Scotiabank ………………………………… 228
西安市 ……………………………………… 227
西安市商業銀行 …………………………… 227, 230
青海（省）………………………………… 77
政官民一体型 ……………………………… 261
靖江県 ……………………………………… 91

政策金融機関 ………………… 27, 30, 31, 174
生産アプローチ …………………………… 141
成都雲集不動産開発有限責任公司 ………… 247
成都市 …………… 166, 168, 170, 184, 197, 199, 233, 242, 253
成都市商業銀行 …… 167, 180, 182, 192, 194, 204, 208, 214-218, 220
成都市匯通城市合作銀行 ………………… 98
成都市匯通城市金融公司 ………………… 98
西南財経学院（大学）…………… 98, 201, 252
世銀グループ ……………………………… 228
石家荘市 …………………………………… 87
浙江（省）…… 36, 43, 68-70, 77, 90, 91, 157, 158, 163, 164, 166-168, 171, 172, 174-177, 179, 182, 184, 190, 192, 195-199, 201, 202, 204, 206, 208-210, 212, 214-216, 218, 219, 221, 225, 232, 259, 260
浙江泰隆商業銀行 ………………………… 164, 180
浙江稠州商業銀行 ………………………… 165
浙江民泰商業銀行 ………………………… 93, 164
浙商銀行 ……………………………… 32, 109
専業銀行 …… 27, 31, 32, 51, 70, 73-75, 77, 81, 82, 94, 96
全国工商連合会 …………………………… 32
陝西省 ……………………………………… 8, 36
陝西省咸陽市 ……………………………… 80
専門教育機関 ……………………………… 201
戦略的投資家 …………………… 106, 232, 233
属地性 ………………………………… 5, 26, 33, 50
孫澤群 ……………………………………… 250

た行

対外貿易大学 ……………………………… 250
泰州市 ……………………………………… 91
泰州都市信用社 …………………………… 94
大衆運動 …………………………………… 68
台州市 ………………… 91, 164, 180, 197, 203
台州市商業銀行 …… 90, 166, 180, 182, 188, 190, 194, 199, 203, 204, 209, 212, 214, 216, 219-221
泰隆都市信用社（泰隆社）……… 90, 92-94, 180
単営主義 ………………………………… 67, 82
地域金融機関 …………… 5, 12, 17, 133, 262, 263
地域金融市場 …………… 11, 163, 177, 187, 188, 190, 192, 193, 195, 197-199

地域分断 …………… 26,45,104,257,258,262
地下金融 ………………………………… 69
地区級市 ………………… 19,72,91,168
地方財政信用 ………………………… 107,259
地方人民銀行 ……… 10,34,69,71,77,79,81-84,
　　86,87,91,93,94,96,208,233,251,259,262
地方都市 …………… 6,53,168,170,184,185,187,188,
　　198,199,226,231,260
中央財経学院 ………………………………… 201
中小企業金融 ……………………… 32,57,61
中心都市 …………… 6,53,168,170,184,199,226,231,
　　260
仲介アプローチ ……………………………… 141
中華人民共和国 ……………………… 68,108
中華民国期 …………………………… 2,108
中国貨幣政策執行報告 …………………… 25
中国銀行 ……………………………… 32,111
中国銀行業監督管理委員会 ……… 7,10,25,33,
　　36,137,254
中国銀行業監督管理委員会年報 ……………… 25
中国共産党 …………………………… 6,68
中国金融学会 ……………………………… 25
中国金融統計 ……………………………… 25
中国金融年鑑 …………………………… 25,76
中国工商銀行 …………… 7,32,51,73,74,111
(中国) 光大銀行 ………………………… 32,109
中国公司 (会社) 法 ……………………… 244
中国商業銀行法 ……………………… 9,31,244
中国小商品批発市場 (義烏小商品批発市場) …
　　91,93
中国人民銀行 ……6,10,14,31,35,46,47,51,53,
　　54,73,74,77,81,82,95,109,138,201,203,
　　231,250
中国人民銀行法 ……………………… 9,14,31,244
中国 (人民) 建設銀行 ………………… 32,111
中国農業銀行 ……………………………… 32
(中国) 民生銀行 …… 32,109,111,112,116,119
中山都市信用社 ……………………………… 80
稠州都市信用社 (稠州社) ……… 90,92,93
中信 (実業) 銀行 ………… 32,74,109,112,118
中信集団 …………………………… 32,109
長安汽車 …………………………………… 89
長安銀行 …………………………………… 8,36
長江都市信用社 (長江社) ……… 90,92,94
長春市商業銀行 …………………………… 35

貯蓄銀行グループ ……………………… 232,233
貯蓄超過 …………………………………… 28
直轄市 …………………………………… 34,77
陳小軍 …………………………………… 93,209
程静萍 ……………………………………… 88
DEG (Deutsche Investitions-und
　　Entwicklungsgesellschaft) ……… 232,233
天華通宝投資顧問公司 ……………………… 233
天津 (市) …………………………… 36,77,87
都市合作銀行 ……………… 6,10,68,35,72,87
都市信用社 ……… 28,32-35,67-72,164,202,259
都市信用社管理規定 ………………… 33,71,79,82,84
都市信用社管理暫定規定 ………… 6,33,67,81
都市信用社聯合社 ……… 77,81,85-87,91
ドイツ ……………………… 2,6,67,227,232
董強友 ……………………………………… 92
徳陽市 …………………………………… 166,197
徳陽市商業銀行 …… 166,181,183,188,192,194,
　　196,199,204,206,208,214,215,217,219

な行

内部昇進 …………………………………… 208
南京市 …………………………………… 231
南京市商業銀行 …………… 111,112,228,230
南充市 …………………………… 166,168,197,227
南充市商業銀行 …… 166,167,182,183,188,192,
　　194,199,204-206,209,214-217,221,225,
　　226,228,230-248,250-254,259,261
南充市瑞迪貿易有限公司 …………………… 247
南充大地建築工程有限公司 ………………… 247
南通市労働都市信用社 ……………………… 80
二線都市 …………………………………… 227
日本 ……………………………………… 1,2,95
寧夏 (自治区) ……………………………… 77
寧波開発投資集団有限公司 ………………… 250
寧波華茂投資株式有限公司 ………………… 247
寧波三星集団株式会社 …………………… 247,250
寧波市 …………… 91,164,168,197,227,231,243
寧波市財政局 ……………………………… 250
寧波市城市合作銀行 ……………………… 231
寧波市商業銀行 ……111,112,165-167,180,
　　182,190,194,225,226,228,230-232,234-
　　248,250-254
寧波市電力開発公司 ………………… 247,250
寧波杉杉株式有限公司 ……………………… 247

寧波富邦株式集団有限公司 ……………… 247
農村合作基金 ………………………………… 69
農村合作銀行 ………………………………… 30
農村商業銀行 ……………………………… 27,28
農村信用社 ……………… 27,28,34,68,69,72,174

は行

バーリ ………………………………………… 105
範囲の経済性 ……………… 12,138-140,149,153
攀枝花市 ……………………… 166,168,181,183,197
攀枝花市商業銀行 ……… 166,167,181,183,188,
　　192,194-196,199,204,214,215,217,219-
　　221
ヒエラルキー ……………………………… 26,51,257
比較金融システム …………………………………… 2
費用の補完性 …………………… 138,140,149,153
武漢市 ………………… 71,165,166,170,184,197,199
武漢市漢正街 ……………………………………… 71,81
武漢市商業銀行 ………… 166,167,180,182,191,
　　196,205,206,208,212,216,218-221
福建（省） ………………………………………… 44,77
（福建）興業銀行 ……………… 32,112,117,119
復興開発公庫（KfW Bankengruppe）……… 232,
　　233
馮国勤 …………………………………………… 88
北京銀行 ………………… 111,112,227,229,230
北京（市） …………… 34,36,43,48,50,77,87
北京市城市合作銀行 ……………………………… 87
北海市 ……………………………………………… 7
北戴河会議 ……………………………………… 86
保留山 ………………………………… 90,91,259
香港上海銀行（HSBC）………………… 112,228

ま行

Markus ……………………………………… 233,234

マッキノン ……………………………………… 3
ミーンズ ……………………………………… 105
綿陽市 ………………………………………… 166,197
綿陽市商業銀行 ……… 166,167,181,183,192,
　　197,204-206,208,212,215,217,219
毛応梁 ………………………………………… 88
モノバンク（システム）………… 14,31,54,108
モラルハザード ……………………………… 69

や行

雅戈尓集団株式有限公司 …………………… 247
雅戈尓（YOUNGOR）グループ ………… 94
郵政貯蓄銀行 ………………………………… 30,174
緩い集権 ……………………………………… 107
預金金融機関 …………………………… 7,27,171

ら行

羅維開 ………………………………………… 250
漯河（県） …………………………………………… 6
楽山市 ………………………………………… 166,197
楽山市商業銀行 ……… 166,182,183,192,196,
　　205,206,208,215-217,219
陸華裕 ………………………………………… 232
李書福 ………………………………………… 94
龍江銀行 ……………………………………… 18,36
劉紅薇 ………………………………………… 88
遼源市都市信用社 …………………………… 35
両小経済 ………………………………… 73,74,81
遼寧（省） ………………………… 36,77,84,86
緑葉都市信用社（緑葉社）………… 90,92-94
リレーションシップ・バンキング ……… 18,263
路橋区 …………………………… 91,164,180,182
瀘州市 ………………………………………… 166,168,197
瀘州市商業銀行 ……… 166,181,183,192,194,
　　197,204,206,212,215,217

【著者紹介】

門　闖（Men Chuang）

1975年　中国吉林省生まれ
1998年　南開大学外国語学部卒業
2004年　東京大学大学院経済学研究科修士課程修了
2008年　東京大学大学院経済学研究科博士課程単位取得退学
　　　　東京大学インテリジェント・モデリング・ラボラトリー特任研究員を経て
現　在　東京大学社会科学研究所非常勤講師（経済学博士）
〈主要業績〉（分担）『現代中国の電力産業──「不足の経済」と産業組織』田島俊雄編著、昭和堂、2008年、（分担）『中国セメント産業の発展──産業組織と構造変化』田島俊雄・朱蔭貴・加島潤編著、御茶の水書房、2010年。

中国都市商業銀行の成立と経営

2011年10月27日　第1刷発行　　　　定価（本体6600円＋税）

著　者　門　　　　闖
発行者　栗　原　哲　也
発行所　株式会社　日本経済評論社
〒101-0051　東京都千代田区神田神保町3-2
電話　03-3230-1661　FAX　03-3265-2993
info8188@nikkeihyo.co.jp
URL：http://www.nikkeihyo.co.jp

装幀＊渡辺美知子　　　　　印刷＊文昇堂・製本＊高地製本所

乱丁・落丁本はお取替えいたします。　　　Printed in Japan
Ⓒ Men Chuang, 2011　　　　　ISBN978-4-8188-2179-8

・本書の複製権・翻訳権・上映権・譲渡権・公衆送信権（送信可能化権を含む）は、㈱日本経済評論社が保有します。

・JCOPY 〈㈳出版者著作権管理機構　委託出版物〉
本書の無断複写は著作権法上での例外を除き禁じられています。複写される場合は、そのつど事前に、㈳出版者著作権管理機構（電話03-3513-6969、FAX03-3513-6979、e-mail: info@jcopy.or.jp）の許諾を得てください。